:: 음양오행 사주 비결서 ::

지천명리

격과 그릇

저자 덕연

도서출판 지천명

:: 음양오행 사주 비결서 ::

지천명리
격과 그릇

음양오행 사주 비결서

지천명리 격과 그릇

입문편에서는 기초 과정에 대해 공부하였다. 기초 과정에서 공부했던 이론은 격과 그릇편을 비롯하여 앞으로 출간하게 될 지천명리 후속 과정을 공부하는 도구로 사용하게 될 것이다. 이번 격과그릇 편은 제목 그대로 사주 그릇을 보는 방법에 대해 중점적으로 설명한 책이다. 사주 그릇이란 타고난 여덟 글자 즉 운을 제외한 사주원국의 여덟 자를 의미한다. 사주 원국은 모든 변화의 주체로서 변화의 씨앗을 담고 있는 주체이다. 그런 사주 원국을 보는 방법은 중국 송나라 서자평 [徐子平] 이후, 격국(格局)이라는 큰 틀로 만들어지게 되면서 사람의 그릇을 어떤 틀로 규정지어 해석하여 왔다. 그러나 그런 방식은 소우주인 인간을 음양오행이라는 변화의 주체로 바라보기보다는 어떤 틀로서 결론을 내리게 되어 암기나 형식 위주의 공부가 되어 진정한 음양오행의 깊은 세계로 들어가는데 오히려 걸림돌이 되고 있는 듯하다. 하여 필자는 사주를 격국보다는 음양오행의 틀에서 보는 방식으로 독자 여러분께 전달하고자 한다.

사주학은 음양오행 오운육기학이다. 그러므로 사주학은 반드시 음양오행으로 해석되어야 한다. 고전 격국용신을 위주로 해석하였던 분들도 본서를 통해 음양오행의 깊은 세계를 이해하고 참고하여 학문연구에 발전적 도움이 되길 바란다.

지천명리는 하늘과 땅, 그리고 그 안에서 운행되고 있는 인간의 길흉화복의 원리와 이치를 설명한 책이다. 그동안 시중에 있는 명리 서적에서 배울 수 없었던 새롭고 심오한 음양오행의 세계에 다가갈 수 있으며, 필자가 연구하고 깨달은 내용을 하나하나 타이핑하여 적어 놓은 책이니만큼 정성도 많이 들였다. 책을 쓰는 과정에서 오랫동안 앓아 오던 병이 도져 잠시 집필을 멈추고 요양과 치료를 할 수밖에 없었지만 최고의 명리서적을 완성하기 위하여 몸이 잠시 회복되면 쓰고 다시 멈추길 반복하면서 『지천명리 격과 그릇』을 완성하고자 노력하였다. 나의 육체적 고통은 더 깊은 겸허함과 깨우침을 주었고, 오히려 병중에 이 책을 완성함으로 많은 애착과 자부심을 가질 수 있었다.

나는 이 책을 통하여 대한민국 명리학의 접근 방식이 새로워지길 바란다. 또 음양오행의 깊은 원리를 헤아려 명리를 공부하는 사람들의 학문적 깊이가 더욱 깊어지길 원한다. 물론 문자로 복잡한 인간과 우주의 원리를 설명하는 일은 그리 쉽지 않았다. 인간과 우주의 구성 원리는 4차원 이상의 개념으로 형성되어 있으나 사람의 의식과 사고의 원리는 겨우 3차원인 시간과 공간에 머물러 있으니 3차원의 의식과 사고로 4차원을 이해하기가 쉽지 않기 때문에 명리공부가 어려운 것이다. 명리학을 잘하기 위해서는 우선 자신의 마음부터 잘 다스려야 한다. '수신제가치국평천하(修身齊家治國平天下)'라는 말이 있듯이 깊은 원리를 헤아리기 위해서는 자신의 마음과 인격이 다스려져야만 한다. 그 이후에야 더 깊고 오묘한 세계를 이해할 수 있는 것이다. 이것은 웃어른이나 옛 선인들께서 항상 하셨던 말씀이지만 실상 그 말을 이해하는 사람은 드물다고 하겠다. 그것은 자신이 그러한 경지에 이르러 경험과 이치를 체험하고 깨닫지 못하였기에 좋은 말씀으로만 치부하고 있을 뿐

실제 자신의 삶에 적용하지는 않기 때문이다. 또한 삶의 많은 경험을 통해 자신의 세계에서 벗어나야만 명리공부가 발전한다. 자신의 삶에 갇혀 사는 사람들의 대표적인 의식은 남들도 그렇게 생각할 것이라 믿기 때문에 자신이 생각하는 기준이 마치 모든 사람의 기준일 것이라 착각하는 것이다. 고로 많은 사람의 기준과 가치를 모두 이해하고 받아들일 수 있어야만 공부가 더 깊어질 수 있다. 훌륭한 과학자나 물리학자들이 이루어낸 위대한 발견은 모두 자신의 갇힌 생각에서 벗어나 다양한 관점으로 사고하였기 때문에 가능했던 일이다. 현재 우리가 누리고 있는 것이 결코 우리 조상들보다 지혜롭고 현명한 문명이라 말할 수 없다. 과거와 고전을 무시하는 태도를 버려야 하고, 그들이 남겨준 지혜를 배우고 익혀나가면서 지금의 현대 문명을 살아가야 한다. 과거의 것을 버리고 미래의 것만을 찾는 것은 자칫 쾌락주의와 이상주의로 흘러갈 수 있다. 현대 사회가 정신병이 늘어나고 괴질이 더 많은 것도 모두 과거의 지혜를 버린 결과라 할 수 있다. 아무리 좋은 의료시설과 법과 제도를 만든다 하여도 인간의 타락과 고통이 가속화되는 것을 막을 수 없는 것은 인간의 근본 원리를 무시한 것에서 비롯된다. 명리학을 공부한다는 것은 인간의 근본 원리를 깨우쳐 현실 세계를 보다 현명하게 잘 살아가기 위함이다. 단순히 점이나 보고 막연한 미래만을 예측하려함이 아니라 현명한 판단을 하기 위하여 꼭 해야 하는 공부이다. 그래서 조선시대 인간이 알아야 할 덕목과 지혜의 학문 중에 『역경』이 포함되어 있었던 것이다.

『지천명리 격과 그릇』에서는 이제까지 묻혀 있던 육십갑자의 생성 원리와 그로 인한 상(象)을 알아가는 방법에 대해 밝혀 놓았다. 기원 전부터 내려온 황제내경의 오행 삼오분기(三五分紀)와 그것을 사주 명리학에 적용하는 방식에 대해서도 설명해 놓았다. 또한 오운육기(五運六氣)의 기본 원리를 설명하고, 그에 관한 계시(啓示)에 대해서도 고전의 자료를 토대로 설명해 놓았다. 또 그동안 육친중심적인 사주해석의 틀을 벗어나 음양오행을 토대로 한 사주해석을 하였고, 육친과 간지를 적용하여 최종적으로 사주를 어떻게 판단하여야 할지 설명하였다.

사주해석은 먼저 그릇을 볼 줄 알아야 하고, 그 다음 운을 보는 법을 익혀 나가야 한다. 가령 인(寅)을 반갑게 쓰는 팔자라 하더라도 A가 운을 만났을 때, B가 운을 만났을 때 반드시 차이가 나게 된다. 그 차이점은 그릇에 있으며 그릇에 이미 그 운을 소화할 능력을 갖추고 있어야 富하고 貴할 수 있는 것이다.

독자들이 사주공부를 하며 잊어서는 안 되는 것이 있다. 사주해석을 하다보면 자연적으로 글자 해석에 치우치는 경향이 있는데 사주해석보다 더 중요하게 공부하고 알아야 하는 것은 보통사람들의 삶을 많이 듣고, 보고, 이해하며 배우는 것이다. 아무리 공부를 많이 했어도 요즘 시대에 사람들이 추구하는 생각과 트렌드(trend)를 이해하지 못한다면 고리타분한 해석으로 귀결이 날 수밖에 없다.

이혼을 하면 어떠한 이유에서 이혼을 하는지? 돈 많은 사람들은 어떤 라이프스타일을 가지고 살아가는지? 돈 없는 사람들은 어떻게 살아가는지?

등등 모든 일에 관심을 두어야 할 것이다. 지금까지는 나와 관계없다고 생각했던 것들에 대해서도 이제부터는 관심을 가져야만 한다.

사람의 운명을 판단하겠다고 나서는 공부를 하면서 정작 사람에게 관심을 두지 않는 사람은 머리로만 운명을 해석하는 사람이 될 수 있다. 머리로만 아는 운명은 독선적 판단으로 해석하게 되고 자기 기준으로 세상을 바라보며 운을 판단할 수밖에 없으므로 팔자 공부를 시작한 사람이라면 반드시 지금 이 순간부터 사람 공부를 하기 시작함을 권한다. 그렇지 않는다면 시시비비만 판단할 줄 알지 사람들에게 좋은 길을 인도해 줄 수 있는 사람은 되지 못할 것이다.

나를 비롯하여 여러분들은 사람의 운명을 알아가는 엄청난 공부에 도전

장을 낸 사람들이다. 어찌 보면 계란으로 바위 치기하는 것처럼 무모한 도전
일 수 있다. 이것은 신의 영역에 도전하는 것이고, 인간이 신의 영역을 훔쳐
보고자 하는 갈망에서 비롯된 것이다. 그래서 이 공부는 아무리 해도 결론
이 날 수 없으며 평생을 하여도 풀지 못하는 '숙제'라고 할 수 있다. 그러나
어느 정도의 수준에 도달한다면 자신의 운명을 예측하고 판단할 수 있는 지
혜를 얻게 될 것이다. 그 과정에서 진리를 알게 되고 또 세상을 바라보는 눈
도 변하게 될 것이다.

이 책을 보고 공부하시는 여러분이 한줄 깨달음을 얻는 계기가 마련이 되
었으면 하는 바람이다. 앞으로 사주학 공부를 함에 있어서 본서가 많은 도움
이 되었으면 좋겠다. 책이 출간되기까지 주변에서 아껴주고 도와주고 성원

해주신 모든 분께 감사드리고 특히 교정과 출간에 도움을 주신 정화, 빨간양파, 감로화, 민서, 과천지기님께 감사드린다.

甲午年 淸明　德緣 拜上

제 **1** 장

음양오행　오운육기
(陰陽五行　五運六氣)

제 1 장 음양오행(陰陽五行) 오운육기(五運六氣)

1. 동양철학의 개관

동양철학에서는 만물을 음양의 개념으로 바라본다. 음양이란 사물의 운동성을 말한다. 물의 변화 과정처럼 기온에 따라서 수증기로 바뀌면 눈에서 보이지 않고 다시 기온이 낮아지면 물의 상태로 바뀌며 기온이 더 낮아지면 얼음의 상태로 바뀌게 된다. 이것은 우주 자체가 파동에 따라 율려(律呂)를 통해 율동하고 변화해 가기 때문이다. 고체일수록 파동이 낮아져서 눈으로 식별할 수 있는 사물로 바뀌고 액체, 기체 상태는 점점 파동이 높아져 있는 상태를 말하는 것이다. 액체의 수증기나 꽁꽁 언 얼음이나 모두 H_2O라는 점에서는 다를 바 없다. 이 세상만물은 모두 이러한 관점에서 움직이고 있다. 결국은 돌고 도는 순환의 과정을 반복하며 이 세상을 살아가는 것이다. 결국 인간도 하늘과 땅이라는 공간 안에서 돌고 도는 이치를 벗어나지 못하고 그 변화의 과정에서 오늘도 한걸음씩 나아가고 있을 뿐이다.

이 모든 것은 기의 변화에서 오는 것이다. 사람도 율려(律呂)의 진동수가 높을수록 영적이고 낮을수록 물질적이다. 단전호흡을 하고 마음을 닦는 일도 이러한 율려(律呂) 진동수를 높이는 과정 중 하나이다. 진동수가 높으면 의식도 높아지고 넓어지지만 진동수가 낮으면 좁고 편협해진다.

어떠한 사물을 바라보면서 그것이 '무엇이다'라고 정의하는 순간 그것은 이미 사물의 본질과는 멀어지게 된다. 왜냐하면 사물은 변화하는 것이기에 현재 보이는 개념 이외에 다른 개념도 포함하고 있기 때문이다. 그러나 눈이 어두운 사람들은 보이는 부분만을 파악하고 그것이 그 사물의 본질이라 여기게 되므로 진정한 사물의 본질과 멀어지는 것이다. 만약 물을 보면서 물이 항상 똑같을 것이라고 단정 지으면 물의 본질과는 멀어진 편향적 개념이 들어서게 될 것이다. 물은 얼기도 하고 수증기도 되어 항상 우리 곁에 머물고 있음을 깨닫지 못하는 것과 같다. 동양철학의 이해란 이처럼 사물이 당장 눈에 보이는 현상만 바라보는 것이 아니라 그 이면에 담긴 의미와 변화의 이치까지 판단하고자 하는 것으로서 전체적인 통찰력을 갖게 만드는 것이다. 음양오행을 공부하는 것은 이러한 전체적인 통찰력을 얻기 위함이다. 전체적 통찰력은 변화의 시각을 갖게 한다. 짧은 시간을 놓고 어떠한 현상이나 사물을 관찰하면 그것은 좋다 또는 나쁘다로 결론내리게 되거나 또는 무엇이다 라는 결론에 이르게 될 것이다. 그러나 전체적 시각으로 그것을 바라보면 그것은 좋고 나쁨이 없고, 그 무엇도 아니다라는 결론에 도달하게 된다. 그것은 어떤 시점에서 바라보고 답을 얻느냐에 따라 다른 결론에 도달하게 된다. 이러한 시각은 사물의 개념을 바로 알 수 있는 통찰력을 기르게 한다. 예를 들면 물의 수증기 상태가 어떻게 얼음의 상태가 되는지를 모두 알기 때문에 현재 그것이 물의 상태이건 얼음의 상태이건 그것의 전체적 성질을 모두 이해하고 있기에 물을 어떻게 사용해야 잘 사용할 것인지를 인지하고 있는 것과 같은 것이다.

우리가 사는 세상은 물질문명에만 치우쳐 어느덧 이러한 전체적 통찰력을 상실해 버렸다. 돈이 많으면 좋은 사주라 말하고 운이 좋다고 말한다. 물론 한쪽 측면에서는 맞는 말이겠지만 반대측면을 바라보면 그렇지 않다. 돈이 많아 생기는 괴로움은 못 보는 것이다. 이것은 꼭 돈이 많지 않더라도 통찰력만 키우면 그냥 알게 될 수도 있다. 공자님은 춘추전국시대에 부패와 타락한 세상을 보고 이 문제를 해결하기 위해 제자들에게 "必也正名(필야정명)"이라 말씀하셨다. 그 말은 이름을 바로 세워야 한다는 뜻이다. 이 말에 제자들은 아연실색하면서 공자의 뜻을 잘 이해하지 못하였다. 공자님께서 말씀하신 바른 이름이란 사물의 이치를 정확히 헤아리는 것을 뜻한다. 바른 이름이란 그 사물에 진정 걸맞는 이름을 붙여주어야 한다는 뜻이다. 그래서 공자님께서는 이런 말씀을 하셨다. "子曰 君君 臣臣 父父 子子" 이 말은 임금은 임금다워야 하고, 신하는 신하다워야 하며, 아버지는 아버지다워야 하고, 자식은 자식다워야 한다는 뜻이다. 즉 이름에 걸맞게 행동해야 한다는 뜻이다. 그 이름에 걸맞지 않게 살게 되면 세상이 바로 서지 못하고 혼란이 오기 때문이다. 임금이 임금답지 못하면 나라가 어지러워지고, 신하가 신하답지 않으면 임금을 기망하고, 나라를 어지럽게 만들 것이기 때문이다. 또 아버지가 아버지답지 않으면 가정이 어지러워지고, 자식이 자식답지 않으면 이 또한 가정이 편치 않기 때문이다.

오늘날에도 사회적 혼란과 어지러움이 점점 심화되어 간다. 그것은 모두 정명하지 못한 데에서 비롯된 것이다. 조기 교육이란 말로 아이들을 아침부터 밤늦도록 공부하는 기계로 전락시키는 사례도 모두 정명하지 못한 데에서 비롯된 것이다. 아이들은 오행적으로 木이다. 木이란 명랑하고 자유롭게 뛰어다니는 것이다. 미래를 향한 무한한 꿈과 희망을 갖는 것이 木이다. 木이란 결코 경직되고 억제되어 있는 형태가 아니다. 木이 木으로서 살지 못하는 것은 모두 그 이름에 걸맞지 않게 살아가는 모습이다. 이렇게 자란 아이는 학교에서 공부도 잘하고 부모가 원하는 대학도 갈 수 있다. 좋은 직장에도 취직할 수 있다. 그러나 결국 木의 과정을 통해 얻을 수 있는 인간됨과 인자함은 없다. 부모가 필요없으면 버릴 수도 있다. 내 성장에 방해가 되는 것에 대해서는 참을 수가 없게 된다. 이렇듯 인간성이 결여된 사람으로 성장할 수도 있다. 요즘 사회적으로 부모를 해치거나 버리며 힘든 것을 참지 못하고 범죄를 저지르는 젊은 사람들을 보면서 부모가 정명(正明)하지 못하여 그렇게 된 그 사람의 삶이 안타깝게 생각된다. 그것은 모두 부모의 욕심과 어리석음에서 비롯된 것이라 할 수 있다.

이 세상 만물은 木火土金水의 조화에 의해 완성된다. 이 모든 과정이 반드시 있어야 질서가 잡히고 안정이 되는 것이다. 마음 급하다고 木이나 火의 과정을 건너뛰고 바로 결실의 金을 얻으려 한다면 아무것도 얻어지지 않는다. 어떠한 과정이 결여된 내 인생은 불안정해질 수 밖에 없다. '우리는 철학을 왜 공부하는가?', '사주 명리학을 왜 공부하는가?'에 대한 답을 얻을 필요가 있다. 단지 '돈은 언제 버는지?', '언제 결혼하고 성공하는지?'에 대한 답을 원한다면 그것은 정명하지 못한 생각에서 나온 발상이다. 이 모든 것은 그 내면 속에 모두 행복과 평화라는 것을 얻고 싶은 바람을 전제하고 있다. 그래서 '돈을 얻으면 행복해지지 않을까!', '결혼을 하면 행복하고 평화로워지지 않을까!'라고 결론내리기 때문에 그렇게 접근하는 것이다. 사주를 공부하는 것은 인생의 전체적인 통찰력을 길러주기 위한 도구이다. 돈은 언제 벌고 언제 결혼하는지는 알 수 있지만 그것이 행복이나 평화를 가져다주지는 않는다. 다만 아는 것이다. 언제 이혼하는지 언제 돈을 잃어버리는지를 아는 것이다. 알기 때문에 문제 될 것이 없다. 왜 잃어버리고 왜 헤어지는지에 대한 이유를 알기 때문에 고통이 적다. 이 세상 살면서 고통이 큰 것은 모두 내가 모르기 때문에 이해하지 못하여 괴로운 것이다. 작은 사건에서부터 큰 사건까지 그리고 인생의 흐름과 생사를 판단하는 전체적인 통찰력을 기르는 데 있다. 첨단 스마트폰이 아마존 원주민에게는 무용지물이듯이 명리학도 어떻게 쓰느냐에 따라 철학이 될 수도 있고, 한낱 심심풀이 사주놀이로 전락할 수도 있는 것이다. 무엇으로 만드는가는 여러분의 몫이다.

2. 음양의 발생

무극은 허공 상태의 中이며 空의 모체로서 아무 것도 없다는 상태를 말한다. 아무 것도 없는 것은 영원히 없는 것이 아니다. 현재 없다는 의미의 절대적 개념이 아닌 상대적 개념의 없음이다. 무극의 중립은 양도 음도 아닌 상태를 의미하며 시간이 흐르면 어느덧 무극의 균형이 무너지게 되고 율려(律呂) 운동이 일어나면서 태극으로 변화하게 된다. 변화한 태극은 투쟁과 모순의 대립 작용을 통해 만물의 작용을 열어가는 것이다. 이러한 태극은 천하 만상(萬象)을 의미하고 역상으로는 건(乾)으로부터 생겨나 태역(太易), 태초(太初), 태시(太始), 태소(太素)의 순으로 이루어진다. 태역(太易)은 기(氣)가 생기기 이전을 말하고, 태초(太初)는 기(氣)의 처음이 되며, 태시(太始)는 형(形)의 처음이 되고, 태소(太素)는 질(質)의 처음이 되어 형체를 이루어가는 과정을 밟는다.

무극에서 태극의 과정을 홍몽(鴻濛)[1]이라 하고 태극은 혼륜(混淪)[2]이라 하고, 이 태극은 양의로 갈라져서 하늘(乾)과 땅(坤)이란 음양(陰陽)을 만들었다.

열자(列子)는 「태초는 기(氣)의 처음이 되고, 태시(太始)는 형(形)의 처음이 된다」 하였으니 기(氣)는 양(陽)으로 먼저 동하고 음(陰)으로 완성된다는 의미이다.

---

1) 홍몽(鴻濛)_하늘과 땅이 아직 갈리지 아니한 혼돈의 상태
2) 혼륜(混淪)_하늘과 땅이 갈라진 혼돈의 상태

무극과 태극의 이론은 삼라만상이 모두 무극과 태극의 범주 안에 있다는 뜻으로서 크게는 우주부터 작게는 개개인의 삶과 일상생활, 하루, 한 호흡에 이르기까지 모든 운동을 포괄한다.

한 생각을 한다면 이게 무극이 깨진 것이다. 이것은 곧장 태초와 태시의 과정을 밟게 되고 더 나아가 음양과 오행의 대립과 모순의 인생사로 이어져 나가는 것이다. 이러한 모순과 대립을 반복한 후 다시 무극으로 되돌아가는 순환 반복의 과정 속에 놓이게 된다. 예를 들면 예전에는 직장을 다녔는데 지금은 그만뒀다면 직장에 대한 율려의 반응은 없어진 것이다. 다시 말해 직장으로 인한 희노애락(喜怒哀樂)은 더 이상 나에게 영향을 미치지 않게 된다. 그렇게 없어진 것은 원래 없었던 제자리로 돌아간 것이다. 다시 무극의 상태가 되어버린 것이다. 그러다 다시 구직을 생각하고 움직이면 무극은 깨지고 다시 태극의 모순과 대립의 과정을 밟게 된다.

태극은 음양을 낳고, 음양은 오행을 낳으며, 오행은 다시 팔괘(八卦)를 낳아 건(乾), 곤(坤), 감(坎), 리(離), 간(艮), 손(巽), 태(兌), 진(震)의 상을 갖게 된다. 그래서 건(乾)-하늘, 곤(坤)-땅, 감(坎)-물, 리(離)-불, 간(艮)-산, 손(巽)-바람, 태(兌)-연못, 진(震)-우뢰가 되어 만물의 상(象)이 만들어진다. 이러한 팔괘는 천지인(天地人) 사상과 어우러져 소성괘(小成卦)를 이루고 소성괘가 합쳐 대성괘(大成卦)를 이루어 주역 64괘를 만들어 만물의 변화과정을 그리게 되는 것이다.

그러므로 모든 역(易)의 뿌리는 태극이며 음양이다. 易이란 '日'+'月'이 합쳐진 것이며, 勿(물)은 '月'이 변형된 것으로 깃발을 뜻하고, 펄럭이며 날아가려는 상을 의미하고 있다.

3. 음양(陰陽)의 표리부동

음양(陰陽)은 홀로 존재하지 않는다. 함께 해야만 존재할 수 있다. 내 몸을 이루는 성분 자체도 모두 음양으로 이루어졌다. 양전자와 음전자가 모여 하나의 원자를 이루고 그 원자가 음양으로 결합하여 다시 세포를 이루고 그 세포가 결합하여 오장육부를 만들어 음양을 만들고 오장 육부의 조화가 여성과 남성의 음양을 만들었으며, 여성과 남성은 다시 만나 또 하나의 가정을 만들어내고 사회를 만들어 가는 것처럼 음양은 홀로 존재하지 않는다. 반드시 서로 유기적인 관계를 이루며 발전해 간다. 그래서 양중음(陽中陰)이 있고, 음중양(陰中陽)이 있으며 음은 양으로 전환하려하고 양은 음으로 전환하려는 특성을 갖게 되는 것이다. 음과 양은 서로 이질적인 특성을 갖고 있으면서도 음은 양이 있어야 쓰임과 가치가 높아지고, 양은 음이 있어야 쓰임과 가치가 높아진다. 그러니 어떻게 음과 양이 홀로 존재하려 고집을 피우겠는가? 더 나은 진화발전을 위해 음양은 끊임없이 율동하고 만남과 이별을 반복하는 것이다.

이 세상에 양(陽), 밝음이라 하는 것은 그 이면에 공허(空虛)와 허식(虛飾)의 음(陰)이 있기 마련이다. 원하는 것이 있으면 그 사람 앞에서 밝은 척하고 더 돋보이려 노력한다. 사기꾼 치고 처음부터 잘하지 않는 사람 없으며, 자기자랑하고 설치는 사람치고 끝까지 가는 사람이 없다. 음양을 공부하는 사람이라면 이런 모습만 보더라도 그 이면을 들여다 볼 수 있어야 한다. 그것은 양(陽)이 양으로서 그 형체를 지키기 위한 최선의 모습이다. 양이 속에 음을 갖고 있지 않다면 양은 모두 흩어져서 형(形)을 이루기 어렵다. 그러므로 양중에 음이 있는 것은 너무나도 당연한 일이고 그럴 수밖에 없는 것이 진리(眞理)다.

음(陰), 어둠이라고 하는 것은 그 이면에 진실(眞實)과 견렴(堅斂)한 성질이 있다. 음이란 내부에 좋은 것을 수렴하고 있기 때문에 겉으로 잘 보일 필요가 없다. 마음이 내부에 집중되어 있는 사람일수록 외모나 대외적 모습에는 관심이 적다. 그래서 잘 보일 필요도 없고 애써 미소를 지을 필요가 없다. 즉, 해도 그만 안 해도 그만이기 때문에 겉이 딱딱하고 투박할 수밖에 없다.

陽이라는 성분은 이상적이고, 진실한 것이고 밝은 것이다.
陰이라는 성분은 실리적이고, 탐욕스러우며 음흉한 것이다.
외적인 것은 먼저 발현되고, 내적인 것은 나중에 나타난다.

木火는 겉은 양(陽)적이고 속은 음(陰)적이다.
金水는 겉은 음(陰)적이고 속은 양(陽)적이다.

기초에서는 木火를 양, 金水를 음으로 배웠으나 그것은 외적인 성향만을 말한 것이다. 木火의 성질은 외적으로는 즐겁고, 진실하고, 명랑하고 솔직하지만 내적으로는 실리적이고 탐욕스러우며 음흉하다. 金水의 성질은 외적으로 투박하고 탐욕스러우며 음흉해 보이지만 내적으로는 인정 있고, 따뜻하고 진실하다. 정리하면 외적인 모습은 현재의 상태이고 내적인 모습은 앞으로 추구하고자 하는 뜻이다. 그러므로 木이 金을 만나면 즉시 받아들여 반응하게 되는 것이며, 그것은 원래 추구하고자 하는 뜻이기에 자연스럽게 반응하게 되는 것이다. 木은 그렇게 金을 만나 소기의 목적을 달성하고 火로 발전 진화할 수 있는 계기를 마련함으로써 성장발전하게 되는 것이다. 전혀 반대 글자를 만나는 것이 극하여 나쁘게 되는 것이 아니라 오히려 발전하게 되는 반가운 일이 될 것이다. 木과 金이 만나면 오행적으로 충(沖)하여 대립과 반목이 일어나지만 그것은 결국 창조와 발전의 화신(化身)으로 변화되는 것이니 전혀 다른 이질적인 성질의 것을 받아들이는 현상은 어쩌면 너무나도 자연스러운 일이 아닐 수 없다.

4. 오행(五行)

오행 이전에 사상적(四象的) 개념이 있었다. 사상은 소양(少陽), 태양(太陽), 소음(少陰), 태음(太陰)으로 음양이 양위로 나뉜 뒤 한 번 더 나누어져 사상의 개념이 생겨났다. 이러한 사상은 태극 변화의 4단계 질서를 거치는 과정에서 오행의 개념이 생겨나게 된 것이다. 오행이란 사상의 중화지기인 土의 역할까지 포함하여 오행이 성립하게 된 것이다.

기초과정에서 설명한 바와 같이 오행은 단순히 나무나 불과 같은 물질만을 나타내는 것이 아니다. 오행은 상(象)과 형(形)으로 존재하며 두 가지가 서로 공존하고 어우러져 운행되고 있다. 그러므로 오행에서 '行'자는 상과 형의 형이상적인 것과 형이하적인 모습을 모두 포괄하는 개념이라 할 수 있다. 오행의 개념을 어느 한쪽으로만 이해한다면 그 개념은 완전한 개념이라 할 수 없고 불완전한 오행의 모습만을 이해하게 되어 진리를 바라보는 눈은 퇴색될 것이다. 오행은 영원한 대자연의 분열과 통합의 반복 운동을 표현하는 것으로 끝없이 변화하는 우주의 질서를 나타내고 있으므로 음양오행의 질서를 공부하는데 더욱 집중하여야한다. 육친이나 신살에만 매달려 음양오행의 본질을 놓치게 되어 해석이 빗나가는 오류를 범하지 않으려면 공부가 어렵고 난해하더라도 음양오행을 더 깊이 연구하는 자세가 필요하다. 이 세상 모든 것은 기본에서 나온다. 기본이 탄탄하지 않으면 넓고 깊은 통찰력을 얻기 힘들다.

1) 목론(木論)

木의 과정은 만물을 열어주는 힘이고 의기를 대표하는 글자이다. 木이 있는 곳에서 새로운 일이 시작된다. 木이란 나아가고 추진하는 것이니 소모와 지출이 따른다. 그것이 돈이 되었건 노력이 되었건 소모되는 성분이다.

시작이기 때문에 용기와 활력은 넘치지만 金水를 뿌리 삼아 움직이는 것이 니 밑천이 닳는 것으로, 즉흥적이고 근시안적이며 만물이 허결해지고 부실 해져 위태로워진다. 수생목(水生木)을 받은 木이라면 지구력이 풍부하겠지 만 그렇지 않은 木이라면 용두사미(龍頭蛇尾)로 끝날 가능성이 높을 것이 다. 水生木을 받은 木이라면 부모덕이 되었건 타인의 후원이 되었건 밑천이 든든한 것이다. 그렇지 않다면 용기만 있는 변화와 개혁이기 때문에 오래 투 쟁하기는 어렵게 될 것이다.

木이라는 것은 용출(溶出)이라 표현하였다. 용출이란 갑자기 솟아오른 다는 의미가 있다. 木이란 성분은 갑자기 생겨나는 것을 말한다. 그래서 깜 짝 놀랄만한 일이다. 모형 로켓을 쏴 올릴 때를 상상해 보라. 처음에는 굉장 히 빠른 속도로 발진한다. 그러다 에너지가 다하면 점점 느려지면서 다시 지 상으로 떨어진다. 처음에는 압력이 꽉 차 힘차게 발진하는 힘이 바로 木을 상징하는 것이다. 그것이 용출이다.

木이 팔자에 있으면 새로운 변화를 추구하는 것을 주저하지 않는다. 木은 水에 그 바탕을 두어 자라는 것이기 때문에 水의 원기(元氣)를 쓰는 것이다. 인생에 투자 지출 등 소모적 영역을 말한다. 그래서 木氣가 발동하면 투자와 지출 소모가 발생된다. 생각은 미래를 향한 것이니 미래의 것을 차용하여 사 용한다. 그러므로 대출이나 외상거래도 서슴지 않는다. 木은 높이 성장해야 하는 의무를 가지고 있다. 그러나 높이 솟아오르기 위해서는 단단해져야 한 다. 단단해지지 않으면 높이 오를 수가 없다. 그래서 木은 金의 상극을 받아

야만 반드시 높이 오를 수가 있고, 그렇게 높이 오른 木의 방향은 결국 火로

化하게 되니 木의 목적은 火를 지향하는 것이다.

『황제내경』 운기편에서 오행의 기운적 성질을 정의하였다. 그 기준을 근

거 삼아 오행의 세 가지 모습을 연구해 보도록 하자. 『황제내경』에서는 오행

의 모습을 평기(平氣), 불급지기(不及之氣), 태과지기(太過之氣)로 나누었

다. 평기는 가장 안정된 모습을 말하고, 불급지기(不及之氣)는 오행이 억제

되어 제 기능을 발휘하지 못하는 상태를 의미하며, 태과지기(太過之氣)는

오행의 기능이 너무 지나쳐 생기는 문제를 말하는 것이다. 이것을 오행의 삼

오분기(三五分紀)라 하는데, 먼저 木의 삼오분기부터 알아보자.

◆ 木의 평기(平氣), 부화(敷和)

> 敷和之紀, 木德周行, 陽舒陰布, 五化宣平.
> 부화지기, 목덕주행, 양서음포, 오화선평.
>
> 其氣端, 其性隨, 其用曲直, 其化生榮,
> 기기단, 기성수, 기용곡직, 기화생영,
>
> 其類草木, 其政發散, 其候溫和, 其令風.
> 기류초목, 기정발산, 기후온화, 기령풍.

木이 水生木을 잘 받아 木으로서의 역할을 잘하고 있는 것을 부화(敷和)

라 한다. 木의 기운이 너무 지나친 것도 아니고, 부족한 상태도 아닌, 木이

木으로서의 역할과 모습이 잘 유지될 때『황제내경』소문 [운기7편]에서는 그것을 부화(敷和)라고 하였다. 木이 水生木을 잘 받았다는 것은 바꿔 말해 水의 조절력을 잘 받고 있다는 뜻으로 튀어나가려는 木의 성질과 억제하려는 水의 성질이 잘 조절되어 있다는 것을 의미한다. 그렇게 되면 원만하게 火를 도울 수 있는 조건이 되어 오행의 조화가 순탄하게 돌아가는 것이다. 木이 부화(敷和)되면 그 기(氣)는 단정하고, 그 성품은 수렴적 태도를 가지며, 그 쓰임은 곧으면서도 유연한 특성을 갖는다. 부화(敷和)된 木의 변화는 만물의 개화(開花)로 이어지고, 그 역할은 발진(發進)과 확산(擴散)이며 온화하면서 화합적이다.

◆ 木의 불급(不及), 위화(委和)

委和之紀, 是謂勝生. 生氣不政, 化氣乃揚,
위화지기, 시위승생. 생기부정, 화기내양,

長氣自平, 收令乃早, 涼雨時降, 風雲並興,
장기자평, 수령내조, 양우시강, 풍운병흥,

草木晚榮, 蒼乾凋落, 物秀而實, 膚肉內充.
초목만영, 창건조락, 물수이실, 부육내충.

其氣斂, 其用聚, 其動緛戾拘緩, 其發驚駭.
기기렴, 기용취, 기동연려구완, 기발경해.

木이 水生木을 못 받거나 金剋木을 너무 받으면 불급하게 되는데 이것을 위화(委和)라고 한다. 위화란 막혀서 木으로서 역할을 충실히 하지 못하는 상태를 의미한다. 木이란 새롭게 창조하고 시작을 열어가는 글자인데 木이 너무 메말라 있다면 木이 木으로서 역할을 못하기 때문에 팔자에 木이 있어도 새롭게 창조하고 열어가는 작용을 못하게 되는 것을 말한다. 그것은 음이 너무 강하게 되어 응고작용이 강하고 양의 승발작용이 약해 생기는 현상이다. 그래서 '委'는 위굴(委屈)이란 의미도 가졌다. '屈'은 굽힌다는 뜻으로 어떤 기운에 억눌려 있는 상태를 말한다. 이러한 木은 火를 열어줄 수 있는 힘이 전혀 없다. 그러한 사주 모양에서 木이 있다하여도 그저 모양일 뿐 木生火로 전개해 나간다고 보지 않는 것이다.

『황제내경』의 내용을 풀이하면 다음과 같다. 위화는 木이 심하게 억제되어 생기가 밖으로 나가지 못하고 평이해지는 모습을 말하니 변화와 개혁이 없어 만물이 오히려 시들게 되는 것이다. 그것은 음기가 강하여 기를 끌어 모으려고만 하니 몸은 살찌고 풍성해 보이나 인색하고 두려움이 많다. 만물의 빼어남이 껍질이나 내부에 갇혀 발산하지 못하여 오히려 움직임이 쪼그라들어 아름답지 못하고 찌그러졌으며, 옹졸하고 느려지게 된다.

◆ 木의 태과(太過), 발생(發生)

> 發生之紀, 是謂啓陳, 土疎泄, 蒼氣達, 陽和布化,
> 발생지기, 시위계진, 토소설, 창기달, 양화포화,
>
> 陰氣乃隨, 生氣淳化, 萬物以榮.
> 음기내수, 생기순화, 만물이영.
>
> 其化生, 其氣美, 其政散, 其令條舒,
> 기화생, 기기미, 기정산, 기령조서,

其動掉眩巓疾, 其德鳴靡啓坼, 其變振拉摧拔.
기동도현전질, 기덕명미계탁, 기변진람최발.

其穀麻稻, 其畜雞犬, 其果李桃, 其色靑黃白.
기곡마도, 기축계견, 기과리도, 기색청황백.

木이 수생목(水生木)을 받지 못하고 목생화(木生火)가 너무 지나쳐 태과한 것을 발생(發生)이라 한다. 발생이란 木이 木生火 하려는 기질이 너무 지나쳐 위로 솟구쳐 오르기만 하려는 모습을 말하는데 水가 火의 확장성을 견제하지 못하니 木이 승(昇)하려는 기운이 너무 지나쳐 폭발해버리는 것을 말한다. 그래서 과격함으로 변하고 지나침이 많으며 외세적 욕망에만 치중하는 상태를 말한다. 모든 물성이 공중에 흩날리게 되며 허상(虛像)과 허식(虛飾)이 되어 결국 그 형체를 유지하지 못하고 결국 산발(散發)해 버리고 만다. 木의 태과는 그 힘이 강렬하여 水로 火를 반드시 견제해야 부화(敷和)가 될 수 있다. 혹, 금극목(金剋木)이라도 받으면 木의 태과함이 조절될 수는 있으나 부화(敷和)는 되지 못한다.

『황제내경』의 내용을 풀이하면 다음과 같다. 발생지기는 土를 무너뜨리고 조절력을 잃어버려 생기는 현상이며 생기가 크게 펼쳐져 겉으로는 가식이 많아 대단히 아름답고 영화로워 보인다. 그러나 끝없는 발산으로 인하여 형체를 유지하지 못하고 결국 흩어지는 것이니 말과 행동이 크고 높으며 행색이 반듯하고 화려하나 곳간은 비었고 부채는 태산과 같다. 외화내곤(外華內困)하여 겉으로는 화려하고 속으로는 곤궁함이 많아 모든 가사를 탕진한다.

2) 화론(火論)

火는 펼치고 드러내고 확장하려는 외세적인 것을 의미한다. 그래서 火는 세속적인 세상으로 나가려는 것을 말하고 유명과 인기, 명예 등을 말한다. 火는 木보다도 더 큰 투자와 지출을 말하고 대외적으로 크게 펼쳐지는 것을 말하는 것이다. 만약 팔자에 火가 없으면 문명사회에 대한 적응이 느리고 진출이 어렵다. 또한 인기와 명예를 이룰 수 없고 관심 또한 없다. 火는 외세적인 아름다움이다. 세속의 사람들은 외세적인 아름다움에 현혹되고 좌지우지되며 모든 것을 외적으로 보이는 것만을 믿고 판단하며 결정한다.

그러나 木과 火는 그 성질이 외세적이고 소모적이지만 만물의 성숙을 위해서 木火의 성장(투자, 확장) 과정이 없다면 온전하고 풍요로운 성숙이란 있을 수 없는 것이다. 만물은 이렇게 반드시 소모적이고 투자적인 요인을 겪은 후에 반드시 큰 결실을 이루는 것이다. 사회적으로 성공하기 위해 공부하고, 학원을 다니며 좋은 교육을 받으려고 투자하는 것도 이러한 木火의 과정이다. 기업을 키우기 위해 투자하여 제품을 개발하고, 홍보 마케팅에 많은 돈을 쓰는 것도 큰 결실을 거두기 위함이다. 만약 이러한 과정에 인색하다면 큰 결실이란 있을 수 없는 것이고 성장, 진화를 이룰 수 없게 된다.

火는 결국 결실을 위해 金으로 化하기 위함이고 金으로 化하는 것은 결과, 가치, 물질을 지향하는 것이다. 火는 木을 뿌리로 삼아 발전하는 것이니 木生火를 받지 못한 火는 오랫동안 그 화려함을 유지하지 못하게 될 것이다. 또한 火는 그 성질이 외세적이기 때문에 水의 조절을 받아야 그 쓰임이 원만하다. 만약 火가 水의 상극을 받지 못한다면 너무 외세적인 것에 치중한 나머지 결국 흩어지고 말 것이다.

◆ 火의 평기(平氣), 승명(升明)

> 升明之紀, 正陽而治, 德施周普, 五化均衡.
> 승명지기, 정양이치, 덕시주보, 오화균형.
>
> 其氣高, 其性速, 其用燔灼, 其化蕃茂,
> 기기고, 기성속, 기용번작, 기화번무,
>
> 其類火, 其政明曜, 其候炎暑, 其令熱.
> 기류화, 기정명요, 기후염서, 기령열.

火가 水生木, 木生火를 잘 받아 火로서의 역할을 잘하고 있는 것을 말한다. 승명이란 火기가 지나치지도 부족하지도 않은 상태를 말하는 것으로 외세적인 활동이 원만하게 펼쳐진 상태를 말한다. 火가 지나치면 흩어지고 부족하면 개화되지 않아 품위가 없어지게 된다.

『황제내경』의 내용을 풀이하면 다음과 같다. 승명지기의 상태는 덕이 퍼지고 베풀어지며 火의 덕성이 고르게 펼쳐지는 것을 말한다. 그 기운의 모습은 높고 빠르며 밝고 울창하다. 빛이 나지만 결코 흩어지는 법이 없으며 뜨겁고 열정적이지만 정도를 넘지 않는다. 이러한 승명만이 생동(生動)하는 생기(生氣)를 성숙의 단계로 원만하게 이끌 수 있는 조건을 갖춘 것이다. 이러한 승명을 이룬 火의 번영과 유명, 인기는 영원한 항구성을 갖게 된다. 오래 오래 죽는 날까지 이름을 남기는 불꽃이 바로 승명이다.

◆ 火의 불급(不及), 복명(伏明)

伏明之紀, 是謂勝長. 長氣不宣, 藏氣反布, 收氣自政,
복명지기, 시위승장. 장기불선, 장기반포, 수기자정,

化令乃衡, 寒淸數擧, 暑令乃薄, 承化物生, 生而不長,
화령내형, 한청수거, 서령내박, 승화물생, 생이부장,

成實而稚, 遇化已老, 陽氣屈伏, 蟄蟲早藏.
성실이치, 우화이노, 양기굴복, 칩충조장.

其氣鬱, 其用暴, 其動彰伏變易, 其發痛, 其藏心.
기기울, 기용폭, 기동창복변이, 기발통, 기장심.

수극화(水剋火)가 지나쳐 火가 火로서의 역할이 억제되어 있는 상태를 복명이라 한다. 水는 火의 분열과 확장을 조절하는 역할을 하지만 그것이 지나치면 火가 불급의 상태에 이르니 만물은 개화하지 못하고 단단한 음기에 갇혀 꼼짝할 수 없는 상태가 된다. 이것을 복명이라 한다.

『황제내경』의 내용을 풀이하면 다음과 같다. 복명(伏明)지기란 火기의 늘어지고 퍼지는 원래의 성질이 발휘되지 못하는 것이다. 복명지기는 스스로 기운을 감추려고 하기 때문에 만물을 변화시키지 못하고 양기가 부족하고 계산적이며, 가난하고 욕망도 적다. 그러므로 작은 것은 이루지만 큰일은 이루지 못하고 큰 꿈을 꾸지도 않는다. 그 모습은 답답하고 우울하며, 그 쓰임은 모질고 인색하고 변화와 움직임을 괴롭게 여겨, 마음을 감추고 새로운 일을 펼치지 않는데 그것은 두려움 때문이다.

◆ 火의 태과(太過), 혁희(赫曦)

> 赫曦之紀, 是謂蕃茂, 陰氣內化, 陽氣外榮,
> 혁희지기, 시위번무, 음기내화, 양기외영,
>
> 炎暑施化, 物得以昌. 其化長, 其氣高, 其政動, 其令鳴顯,
> 염서시화, 물득이창. 기화장, 기기고, 기정동, 기령명현,
>
> 其動炎灼妄擾, 其德暄暑鬱蒸, 其變炎烈沸騰.
> 기동염작망요, 기덕훤서울증, 기변염열비등.

　　木生火가 지나친 가운데 水가 부족하여 火가 지나치게 작열하고 폭사하는 것을 말한다. 혁희란 火의 기운이 너무나도 강왕하여 양기가 土의 수렴 포장작용도 탈출하여 외부로 기운이 모두 방출되는 것을 말한다.

　　『황제내경』의 내용을 풀이하면 다음과 같다. 혁희지기는 양기가 지나치게 우거지고 무성하여, 음기가 안으로 포장된 채 작용하지 못하고 양기만이 득세하는 것을 말한다. 그래서 덥고 뜨거우며 넓게 퍼지고 용모는 아름답다. 그 기운은 높고 넓으며 움직임은 멀리 울려 퍼진다. 그러나 양기가 너무나 뜨겁게 불살라 올라 망령되고 어지러워지며 결국 더위에 모든 것이 마르게 되어 울창함이 사라진다. 사람도 적당한 양기는 몸을 커지게 하고 비대해지게 하지만 지나친 양기는 오히려 몸을 마르고 여위게 한다. 사회적으로도 혁희는 발생과 마찬가지로 모든 가사를 탕진한다. 발생과 다른 점이 있다

면 발생은 水에 바탕으로 두고 있어 지속적으로 오랫동안 상황을 이끌며 분산과 소모를 한다면 혁희는 그 바탕을 木에 두고 있기 때문에 짧고 강렬하며 더 크게 펼쳐진다.

3) 토론(土論)

土는 만물 변화의 주체이다. 우리 몸은 흙에서 나서 흙으로 돌아간다. 우리 몸은 땅에서 난 유기물을 먹고 그 형체를 만들어가는 것이니 결국 土가 변해서 생겨난 것이다. 土는 오행의 주체로서 만물의 생장과 수렴의 주재자 역할을 담당한다. 원만한 土의 변화는 만물이 지나치지도 부족하지도 않게 하며 모든 성정과 기질, 형체와 형질의 변화를 원만히 이루게 함으로써 만물의 생로병사의 주재자가 될 수 있다.

土의 역할은 오행의 모순과 대립을 원만히 조절하는 역할을 하고 있으며 만약 어떠한 오행이 지나치거나 부족할 때 土의 과잉이나 허결이 발생하여 土로서의 역할이 지나치거나 부족함이 생기게 되는 것이다.

土는 그 뿌리를 火에 삼고 있으며 양기를 수렴하여 풍성한 金의 결과를 이루는 데 도움을 주고 있으며 火가 지나치게 金을 극하여 火에 金이 다치지 않도록 하는 역할을 하고 있다.

土는 火의 영향을 받으면 흩어지고, 木의 영향을 받으면 휜칠해지며, 金의 영향을 받으면 풍만해지고, 水의 영향을 받으면 작고 단단해진다.

◆ 土의 평기(平氣), 비화(備化)

> 備化之紀, 氣協天休, 德流四政, 五化齊脩.
> 비화지기, 기협천휴, 덕유사정, 오화제수.
>
> 其氣平, 其性順, 其用高下, 其化豐滿, 其類土,
> 기기평, 기성순, 기용고하, 기화풍만, 기류토,
>
> 其政安靜, 其候溽蒸, 其令濕.
> 기정안정, 기후욕증, 기령습.

비화는 오행의 균형이 잘 맞아 土가 잘 화(化)할 수 있는 조건이 갖추어진 것을 말한다. 만물의 변화는 모두 土의 변화이다. 만물이 살찌거나 마른 모습들은 모두 土의 불급이나 태과에 의해 발생한 것이다. 음양의 균형이 맞아 土로서의 역할이 원만히 잘 이루어지는 것을 비화라고 한다. 土가 원만하면 성장과정에서 성장이 원만하고 꽃도 아름답게 피어날 수 있다. 또한 열매를 맺는 과정에서도 열매가 적당히 알맞게 잘 영글어 풍요로운 결실도 얻게 된다. 이처럼 만물은 土의 변화에 의해 변화가 일어난다. 그러므로 오행의 불균형은 결국 土의 불균형으로 이루어진다.

『황제내경』의 내용을 풀이하면 다음과 같다. 비화지기는 기(氣)가 화합하고 하늘이 휴식하여 덕이 사방에 흘러 오행을 원만하게 다스린다. 그 기(氣)는 바르며, 그 성질은 순하고 그 쓰임은 높은 곳에서 낮은 곳에까지 이른다. 비화는 풍만하게 변화하며 모든 것이 안정된다. 기후는 축축하게 젖어있어 습하다.

◆ 土의 불급(不及), 비감(卑監)

> 卑監之紀, 是謂減化. 化氣不令, 生政獨彰, 長氣整,
> 비감지기, 시위감화. 화기불령, 생정독창, 장기정,
>
> 雨乃愆, 收氣平, 風寒並興, 草木榮美, 秀而不實, 成而秕也.
> 우내건, 수기평, 풍한병흥, 초목영미, 수이부실, 성이비야.
>
> 其氣散, 其用靜定, 其動瘍涌, 分潰癰腫.
> 기기산, 기용정정, 기동양용, 분궤옹종.

수극화(水剋火)가 너무 지나치거나 금생수(金生水)가 지나치면 비감이 된다. 비감은 土가 너무 위축되어 만물의 화생이 잘 이루어지지 못하고 억제되어 있는 상태를 말한다. 그러므로 모든 기운이 하함(下陷)하게 되면서 양기(陽氣)가 발동하지 못해 갇혀버린 상태를 말한다. 그것은 곧 생명의 모태인 木이 변화와 변혁을 이루지 못하게 됨을 의미하는 것으로 답답한 삶으로 전락하게 될 것이다. 그렇게 되면 만물은 마르고 허(虛)함을 면키 어려우며 오행의 소통을 방해받게 됨으로 아무 것도 할 수 없는 무능상태에 빠져버릴 것이다.

『황제내경』의 내용을 풀이하면 다음과 같다. 비감지기는 만물이 수축하게 되는 것을 말한다. 변화할 수 있는 기운이 부족하고, 오랫동안 홀로 있는 기운이 드러나 수축하는 기운이 도리어 병이 되어 평기가 거두어졌다. 그래서 차가운 바람이 일어나고, 초목의 아름다움은 빼어나지만 열매를 맺지 못하고 쭉정이만 생긴다. 그 氣는 흩어지고 쓰임은 고요한 듯하지만 움직임은 곪아서 터지고 흩어져 마치 고치기 힘든 종양과도 같다.

◆ 土의 태과(太過), 돈부(敦阜)

> 敦阜之紀, 是謂廣化, 厚德淸靜, 順長以盈, 至陰內實, 物化充成,
> 돈부지기, 시위광화, 후덕청정, 순장이영, 지음내실, 물화충성,
>
> 煙埃朦鬱, 見於厚土, 大雨時行, 濕氣乃用, 燥政乃辟.
> 연애몽울, 견어후토, 대우시행, 습기내용, 저정내벽.
>
> 其化圓, 其氣豐, 其政靜, 其令周備, 其動濡積幷稸,
> 기화원, 기기풍, 기정정, 기령주비, 기동유적병축,
>
> 其德柔潤重淖, 其變震驚飄驟崩潰, 其穀稷麻, 其畜牛犬,
> 기덕유윤중뇨, 기변진경표취붕궤, 기곡직마, 기축우견,
>
> 其果棗李, 其色黅玄蒼, 其味甘鹹酸, 其象長夏.
> 기과조리, 기색금현창, 기미감함산, 기상장하.

　　화모수(火侮水)가 지나치거나 火生土가 너무 지나쳐 土가 태과해진 것을 돈부라 한다. 돈부는 양기가 지나쳐 土가 지나치게 비대해지는 것을 말한다. 인간이나 동물도 돈부가 되면 지나치게 뚱뚱해지게 되는데 조직이 점점 번식하게 되면서 무성함이 극치에 이른 상태를 말한다. 火의 태과 상태인 혁희(赫曦)와 土의 태과 상태인 돈부가 다른 것은 혁희는 군화(君火)의 소산이기 때문에 빛이 되어 하늘로 날아가려는 특성을 갖고 돈부는 열이기 때문에 지상에서 확산하려는 특징을 갖는 것이다.

　　『황제내경』의 내용을 풀이하면 다음과 같다. 돈부지기는 土가 두터운 것으로 후덕하고 청정하며 오랫동안 지속되어 열매가 안으로 맺히고 만물이 안으로 가득해진 것을 말한다. 그래서 답답하고 우매하며 더러운 연기와 같은 두터운 土라고 할 수 있으며 때때로 큰 비가 오는 것과 같이 습한 기운

을 쓴다(습하다는 것은 욕심이 많고 무엇이든 채우려는 기질로 해석할 수 있음). 그래서 오히려 사람을 귀찮아하고 인정머리가 없다.

그 모양은 동그랗고 기는 풍만하며 모습은 고요하여 많은 것을 두루 갖추었다. 또한 그 움직임은 모든 것을 아우르고 축적하여 그 덕은 부드럽고 윤택하며 조심스러우나 놀랄 만큼 위엄 있고 빠르게 변한다(겉으로는 유순하고 부드러우나 '우레 진'자를 쓴 것은 깜짝 놀랄만한 어떤 행위란 표현이므로 유순할 것 같지만 그렇지 않은 모습으로 해석된다. 그래서 예상외로 화를 잘 낸다. '나부낄 표'자를 쓴 것은 민첩하고 약삭빠른 모습 때문에 놀랍다는 의미로 해석됨).

4) 금론(金論)

金은 만물의 수렴과 결실을 대표하는 글자이다. 金은 또한 만물의 확장을 억제하고 木火의 외세적 활동이 음의 하강하는 기운으로 변하여 오곡백과 결실로 이어지게 하는 운동성을 말한다. 팔자에 金이 있는 곳에서 만물의 가치 높은 결실이 이루어진다. 그래서 금이 있는 곳에서 활동에 대한 결과가 이루어진다. 비단 현금만을 말하는 것이 아니라 학생이라면 성적을 얻어 좋은 대학의 결실을 이루는 자리도 金의 작용에 의해 이루어지는 것이다. 金은 결실이기 때문에 안정과 실리를 중요시 여긴다. 그래서 변화와 개혁을 싫어한다. 그러나 이러한 金도 木火의 조화에 의해 결실을 맺는 것이니 木火의 조화에 따라 金의 결실도 달라지게된다. 木生火를 받은 火가 다시 火剋金을 잘 해주었다면 그 결과는 매우 큰 결과이다. 木生火가 잘되었다면 건실한 사회활동이나 사전 활동을 잘했다는 의미이다. 金이 火를 만났다는 것은 내 상품에 그럴싸한 브랜드를 달았다는 의미다. 그래서 고부가가치가 되는 것이다. 이러한 金이 가려고 하는 방향은 水다. 거둬들인 양식을 잘 저장해야만 내년을 기약할 수 있기 때문에 金은 火로서 부가가치를 내어 저장하려는 마음이 크다. 그러나 결국 음(陰)을 지향하기 때문에 金은 남 앞에 나서거나 내세우는 것을 그리 달가워하지 않는다. 그저 안정이 우선이고 행복하고 단란하게 우리 가정을 먹여 살리고 내 몸을 살찌우면 그만인 것이다.

金은 이렇게 결과적인 글자이므로 풍요로운 결과를 얻기 위한 조건이 까다롭다. 한 세상 살면서 돈을 많이 벌기 힘든 것도 이러한 金의 조화를 잘 갖추기가 어렵기 때문이다. 金이 태과하거나 불급하면 풍요로운 결실을 이룰 수 없다. 金은 평기를 이룰 때만이 비로소 풍요로움을 얻을 수 있기 때문이다.

◆ 金의 평기(平氣) 심평(審平)

> 審平之紀, 收而不爭, 殺而無犯, 五化宣明.
> 심평지기, 수이부쟁, 살이무범, 오화선명.
>
> 其氣潔, 其性剛, 其用散落, 其化堅斂, 其類金,
> 기기결, 기성강, 기용산락, 기화견렴, 기류금,
>
> 其政勁肅, 其候淸切, 其令燥.
> 기정경숙, 기후청절, 기령조.

木生火를 받는 火가 火生土, 土生金이 잘 된 金을 심평이라고 한다. 金은 만물의 결실로 생장(生長) 과정을 지나 수렴의 과정으로 들어가는 첫 번째 단계에 해당한다. 만물의 결실은 생장(生長) 과정부터 부실했거나 수렴 과정에서 음양의 조화를 잘 갖추지 않는다면 풍성한 결실을 얻기란 불가능한 일이다. 그러므로 오행 중에서 金의 평기를 이루는 것이 가장 까다롭고 어려우며, 金의 평기는 결실을 의미하므로 가장 중요한 문제가 아닐 수 없다.

만약 木火의 생장(生長) 과정이 부실하다면 金의 결실은 당연히 원만히 이루어지기가 어려우며, 火剋金을 받지 않은 金은, 金의 투박하고 살벌한 기운이 그대로 남아 있어 역시 원만한 결과를 기대하기 어려울 것이다. 만약 金이 목모금(木侮金)을 받지 않는다면 金 속에 생명의 씨앗을 갈무리하지 않고 결실만을 맺게 됨으로서 단발성 결과로 끝나게 될 것이다. 金은 土에 뿌리를 삼고 있기 때문에 다른 오행과는 달리 특정오행의 도움을 받아 이루어지는 것이 아니다. 金은 전체 오행의 조화에 의해 결과를 맺기 때문에 특정 오행의 결핍은 결국 金의 불급이나 태과로 이어질 수밖에 없다.

『황제내경』의 내용을 풀이하면 다음과 같다. 심평지기는 金火의 상쟁이 일어나지 않고 곡식을 거두어들이고, 살기의 침범이 없으며 만물의 변화가 밝고 넓게 일어난 것을 말한다. 그 기(氣)는 깨끗하고 성품이 굳세며, 그 쓰임은 만물을 분별하여 떨어뜨린다. 金은 그런 것이다. 그 정사(政事)는 굳세고 엄숙하고, 그 징후는 매우 청절하고 만물을 마르게 한다.

◆ 金의 불급(不及), 종혁(從革)

> 從革之紀, 是謂折收. 收氣乃後, 生氣乃揚, 長化合德,
> 종혁지기, 시위절수. 수기내후, 생기내양, 장화합덕,
>
> 火政乃宣, 庶類以蕃. 其氣揚, 其用躁切, 其動鏗禁瞀厥.
> 화정내선, 서류이번. 기기양, 기용조절, 기동갱금무궐.

火剋金이 심하거나 土가 불급하여 비감(卑監)이 되면 火剋金이 심해져 종혁(從革)이 된다. 비감(卑監)은 金이 지나치게 火의 극을 받아 양기가 안으로 포장되지 못하여 金의 결실에 차질이 생겨버린 것을 말한다. 金이란 원래 수렴과정에서 木火의 양기를 자기 품 안으로 포장하여야 하는데, 이렇게 포장하는 과정에서 金의 수렴과정이나 陽氣가 너무 지나쳐 金에 수렴되는 것이 아니라 오히려 金을 火剋金하여 결실을 맺지 못하고 타버린 것을 말한다. 이렇게 사주가 종혁(從革)이 되면 일은 크게 벌이지만 지나친 확장과 외적 활동으로 순이익이 나지 않는 것을 말한다. 이는 사주에서 금화교역(金火交易)의 작용은 일어나지만 火가 너무 지나쳐 원만한 결실이 얻어지지 않는 현상을 말한다. 이는 수목(樹木)이 마르고 타버리는 현상이니 오히려 살이 마르고 털이 빠지며 피부가 검어지게 된다.

『황제내경』의 내용을 풀이하면 다음과 같다. 종혁(從革)지기는 결실이 깎여서 거두어지는 것을 말한다. 그래서 결실이 늦고, 生氣는 곧 하늘에 날려 결실을 맺지 못하는 것을 말하며(長化合德, 여기서 化는 전체를 부정하는 의미로 이해됨), 곧 양기가 넓게 퍼져서 오히려 번성하고 여러 갈래의 무

리를 이루게 된다(金의 수렴을 방해하는 현상을 나타냄). 그 기는 흩날리고,
쓰임은 매우 조급하며 그 움직임은 어둡고 흐리며 쨍강쨍강 소리가 난다.

◆ 金의 태과(太過), 견성(堅成)

堅成之紀, 是謂收引, 天氣潔, 地氣明, 陽氣隨, 陰治化,
견성지기, 시위수인, 천기결, 지기명, 양기수, 음치화,

燥行其政, 物以司成, 收氣繁布, 化洽不終.
조행기정, 물이사성, 수기번포, 화흡부종.

其化成, 其氣削, 其政肅, 其令銳切,
기화성, 기기삭, 기정숙, 기령예절,

其動暴折瘍疰, 其德霧露蕭颷, 其變肅殺凋零.
기동폭절양주, 기덕무로소슬, 기변숙살조령.

금모화(金侮火)가 지나치거나 수극화(水剋火)가 지나치면 金의 수렴 작
용이 너무 강하여 金이 태과한 상태인 견성(堅成)이 된다. 견성(堅成)이란
金이 양기를 포장하는 과정에서 金이 너무 지나쳐 겉이 딱딱해져 버리는 현
상을 말한다. 이러한 金의 태과도 金의 불급과 마찬가지로 가을의 풍성한 결
과를 얻는 데 차질을 빚게 된다. 金은 결과이므로 결과에 대한 욕심이 너무
지나친 나머지 오히려 궁색해지고 아무런 결과도 얻지 못하는 사회적 현상도
모두 金의 태과에서 비롯된 것이다. 水가 너무 강하여 火를 극하는 복명(伏
明)도 결국 金의 견성(堅成) 작용으로 변화한다. 견성(堅成)은 만물을 마르
고 딱딱하게 하여 사람이 융통성과 인자함이 사라지게 되고, 인간관계가 폐

쇄적으로 바뀐다. 그것은 겉이 너무나도 단단해졌기 때문에 훗날 木이 뚫고 나갈 수 없게 되어 새로운 길이 열리지 않고 고정된 형태의 모습을 오랫동안 유지할 수밖에 없는 상황으로 전개된다. 예를 들면 가정주부가 아무리 궁핍해도 밖에 나가 돈버는 일을 시작함에 있어서 주저함이 많고, 대우가 좋지 못한 직장에 다니면서도 더 좋은 직장으로 이직하거나 변화를 추구하지 못하게 된다. 또한 인간관계가 건조하여 주변에 사람이 없고, 오직 예전부터 알고 지내던 한두 명의 단출한 인간관계만 존재하며 더 확장하려 하지 않는다.

『황제내경』의 내용을 풀이하면 다음과 같다. 견성(堅成)지기는 만물을 끌어당기고 거두어들이는 것을 말한다. 천기가 깨끗하고 지기가 밝아 양기는 따르고 음기는 득세하는 것으로 변했다(천기가 깨끗하고 지기가 밝다는 것은 쾌청해 보이는 가을의 날씨를 말하는 듯하고 그러한 날씨 속에 만물을 말려버리는 가을의 건조한 날씨를 묘사한 것으로 해석됨). 그 정사(政事)는 모든 것이 만물을 성숙시키는 직무를 맡아 마르게 한다.

그것은 모든 번성하고 풍요로운 기운을 거두고, 화흡을 마치지 못한다(화흡이란 습토를 말하는데 습토의 윤택한 土가 되지 못하고 건조한 土가 되어버렸다는 의미로 해석됨). 그것은 성숙을 이루는 것이긴 하나, 그 氣는 작고 빈약하며, 그 방식은 엄숙하고 경계심이 많으며, 날카롭고 냉정하다('切'자는 끊는다는 의미인데 인정머리 없는 모습을 나타낸 의미로 해석됨). 그 움직임은 사납고 인색하고 까칠하며 그 덕은 어둡고, 쓸쓸하며, 고달프다. 또 그 모습은 엄숙한 듯 보이지만 살기가 있고 슬픔이 있다.

5) 수론(水論)

水는 안정, 휴식, 저장, 충전, 계획을 말한다. 사주에 水가 있는 곳에서 안정과 휴식, 저장, 충전, 계획이 일어난다. 만약 水가 없는 곳에 투자하거나 안정하려 한다면 오히려 소모적인 경향으로 바뀌어 낭패를 볼 수 있다. 木일간이라면 인성이 水이기 때문에 책을 보고 선생님을 만나며 어르신을 만나는 것이 휴식하는 과정이다. 金일간이라면 식상이 水이기 때문에 놀고, 즐기고, 오락하고, 술 마시는 활동이 편안함을 가져다주는 휴식활동이 된다. 火일간이라면 관성이 水가 되니, 사회활동 자체가 휴식의 의미가 되며, 여자는 남자와의 만남이 휴식의 과정이라 할 수 있다.

水는 저장하는 곳이니 水가 있는 곳에 저장하면 무사 튼튼하게 오래 보존될 수 있고, 水가 지나치면 지나치게 조심스럽고 생각이 많아 인터벌이 길고 행위가 더디게 된다. 水는 안정이기도 하지만 두려움과 외로움을 말하는 것이니 무엇이든 주저할 수밖에 없게 만들며 무엇이든 견인하려는 성질을 가졌기 때문에 많은 이들과 어울리고 융합하려는 성질을 가졌다. 또한 水는 냉장고와 같아 만물을 오랫동안 보존할 수 있으니 지구력과 끈기의 대명사이다.

水는 金의 생을 받아 생겨난 것이니 金이 土의 생을 받지 못해 풍요롭지 못하면 펼치지 못하고 궁색함이 오래가는 병폐에 빠질 수 있다. 또한 水는 火의 적절한 조화를 받지 못하면 木으로서 화(化)하지 못하니 답답하고 지루한 삶을 살아갈 수밖에 없다. 水의 원만한 휴식은 木을 승발시킬 만한 에너지원으로 쓰이며 水가 허결하면 결국 木도 오랫동안 펼쳐질 수 없으니 水의 태과나 불급은 결국 만물을 부실하게 만들 수 있는 것이다.

◆ 水의 평기(平氣), 정순(靜順)

> 靜順之紀, 藏而勿害, 治而善下, 五化咸整.
> 정순지기, 장이물해, 치이선하, 오화함정.
>
> 其氣明, 其性下, 其用沃衍, 其化凝堅, 其類水,
> 기기명, 기성하, 기용옥연, 기화응견, 기류수,
>
> 其政流演, 其候凝肅, 其令寒.
> 기정류연, 기후응숙, 기령한.

金生水를 잘 받고 火剋金의 조절을 잘 받아 水가 木으로 원만히 행할 수 있는 것을 정순이라 한다. 水는 만물이 가장 작고 경직된 수장(收藏)상태의 단계로 들어가는 것을 말한다. 하루로 치면 밤에 수면을 하는 시간이고, 계절로 따지면 겨울에 만물의 성장이 멈추는 때를 의미한다. 이러한 水의 단계는 죽거나 끝난 상태가 아니라 잠시 멈추어 제2의 창조를 준비하는 과정이다. 水의 목적은 만물을 잘 쉬게 하여 제 컨디션을 찾게 만들어주는 역할을 한다. 그래서 水는 만물의 씨앗이고, 水의 과정이 원만하여야 새싹도 건강하고, 화려한 꽃도 피워 알찬 결실을 맺을 수 있는 것이다. 이러한 水가 너무 경직되면 만물 창조에 차질을 빚게 되고, 반면 너무 느슨하면 원만한 재창조의 준비가 허술해지는 것이다. 그래서 金으로 생을 잘 받아야 잘 휴식할 수 있고, 火로서 너무 응결되지 않도록 조절 받아야 水의 역할을 제대로 할 수 있는 것인데 그런 조건이 원만히 잘 조절된 水의 상태가 바로 정순이다.

『황제내경』의 내용을 풀이하면 다음과 같다. 정순지기는 만물을 오래 감추지만 해하지 않고, 겸손하고 선하게 다스리며, 오행을 원만하게 변화시킨다. 그 氣는 밝고 겸손하며, 그 쓰임은 윤택함이 넓게 퍼지고, 만물을 굳고 엉기게 변화시킨다. 그러한 水는 넓게 퍼지고 흐르며, 기후는 차갑고 맑은 기운이 뭉치는 것이다.

◆ 水의 불급(不及), 학류(涸流)

> 涸流之紀, 是謂反陽. 藏令不擧, 化氣乃昌, 長氣宣布,
> 학류지기, 시위반양. 장령불거, 화기내창, 장기선포,
>
> 蟄蟲不藏, 土潤水泉減, 草木條茂, 榮秀滿盛.
> 칩충불장, 토윤수천감, 초목조무, 영수만성.
>
> 其氣滯, 其用滲泄, 其動堅止, 其發燥槁.
> 기기체, 기용삼설, 기동견지, 기발조고.

화모수(火侮水)가 너무 지나치면 학류가 된다. 학류(涸流)는 겨울에 火가 지나쳐 水의 수렴작용이 원만히 이루어지지 않는 것을 말한다. 水의 단계에서는 만물을 수장(收藏)하여 에너지를 축적하여야 하는데 양기가 지나쳐 만물이 올바로 수장(收藏)되지 못하는 것을 말한다. 水의 수장과정은 만물의 생장에 매우 중대한 역할을 한다. 만약 겨울에 날씨가 따뜻하면 만물

의 생장이 느려져 흉년이 들게 된다. 또, 밤에 잠을 못자면 다음날 일정에 많은 차질을 빚게 되는 것도 이와 마찬가지니 水의 학류(涸流)는 따뜻한 겨울을 보내 좋아 보이지만 결국 만물을 마르고 여위게 만들어버리며, 현실에선 지나친 집념 때문에 휴식하지 않고 일하게 되어, 결국 흩어지고 끝까지 일을 성취하지 못하는 결과를 초래하게 되는 것이다.

『황제내경』의 내용을 풀이하면 다음과 같다. 학류(涸流)지기는 겨울에 양기가 되돌아 온 것을 말하고, 만물이 감추어지지 못하고 오히려 밖으로 들춰진 것을 말한다. 그래서 이내 창성한 기운으로 변하여 기운이 퍼지고 늘어져 감추어지지 못하고 훼손된다. 土는 샘과 물로 윤택하니 초목의 가지가 무성하고 화려하고 빼어남이 가득하다(겨울은 수목이 무성하고 왕성하면 휴식할 수 없으니 오히려 좋은 내용으로 볼 수 없음). 그래서 그 氣는 막혀 있고, 그 쓰임은 새어나오고 흩어지고, 굳어져 움직임이 없다. 그래서 오히려 기가 솟아올라 마르고 여윈다.

◆ 水의 태과(太過), 유연(流衍)

流衍之紀, 是謂封藏, 寒司物化, 天地嚴凝, 藏政以布, 長令不揚.
유연지기, 시위봉장, 한사물화, 천지엄응, 장정이포, 장령불양,

其化凜, 其氣堅, 其政謐, 其令流注,
기화름, 기기견, 기정밀, 기령류주,

其動漂泄沃涌, 其德凝慘寒雰, 其變冰雪霜雹.
기동표설옥용, 기덕응참한분, 기변빙설상박.

水剋火가 너무 지나치면 유연이 된다. 유연은 水가 지나친데 火가 너무 약하거나 오히려 金의 생을 받아 더욱 水를 굳게 만들어 만물이 생육할 수 없는 상황이 만들어진 것을 말한다. 이렇게 되면 봄에 초목이 단단한 껍질을 뚫고 새로운 창조를 열어갈 수 없는 것이니 꽉 막히고 답답한 상황이 되어버린다. 또한, 두려움과 조심성이 많아져 새로운 것에 대해 지나치게 준비만 하고, 마음은 이미 따뜻한 봄날에 가 있으나 현실은 아무것도 없으니 오히려 기는 흩어지게 된다. 그래서 유연은 답답하고 우유부단하며 어리석음을 말하며 火의 조율이 시급한 상황을 의미한다.

『황제내경』의 내용을 풀이하면 다음과 같다. 유연(流衍)지기는 만물을 깊이 감추는 것이고, 차가운 기운이 만물의 변화를 담당하여 하늘과 땅이 단단하게 얼어붙은 것을 말한다. 그래서 그 기운을 펴지 못하고 오랫동안 감추게 되는 것을 말한다. 그 氣는 차갑고 단단하며 하는 일은 비밀스럽고, 모든 것을 주워 담으려 한다('流注'의 흐르고 붓는다는 것은 결국 한 곳으로 귀결한다는 의미로 해석됨). 그 움직임은 떠돌아 흩어지게 되고, 그 덕은 차고 무자비하며 꽉 막혔고, 그것은 눈서리, 얼음으로 변한다.

구분	평기(平氣)	불급지기(不及之氣)	태과지기(太過之氣)
木氣	부화(敷和)	위화(委和)	발생(發生)
火氣	승명(升明)	복명(伏明)	혁희(赫曦)
土氣	비화(備化)	비감(卑監)	돈부(敦阜)
金氣	심평(審平)	종혁(從革)	견성(堅成)
水氣	정순(精順)	학류(涸流)	유연(流衍)

[오행 삼오분기표]

5. 오행(五行)의 규합

앞서 오행의 삼오분기에 대해 공부하였다. 오행은 주변 환경에 따라서 그 모습이 변화한다는 의미이다. 또한 오행은 만나는 글자에 의해 서로 반응이 달라지는데 이것에 대해 연구해 볼 필요가 있다. 오행의 변화와 변질을 모르면 오행의 깊은 이치를 헤아릴 수 없다. 오행은 변화를 말한다. 같은 木일지라도 어떤 환경에서 어떤 글자를 만나느냐에 따라 그 반응이 달라지는 것이 오행이다. 본 장에서는 오행에 대한 이해와 활용을 돕기 위해 학문적인 접근보다는 해석적인 접근을 해보도록 하겠다.

1) 수생목(水生木)

水生木은 겨울과 봄의 조화를 말한다. 水는 오행론에서 설명한 바와 같이 원천 에너지를 말하고, 미래계획, 준비, 휴식, 안정 등을 말한다. 또한 木은 의욕을 앞세우는 것을 말하는데, 어떤 일을 추진해 나가는 것을 말하고 미래를 향한 변화의 시작이라 할 수 있다.

水生木은 두 가지 입장이 있다. 첫 번째는 水에서 木을 生하는 입장이 있고, 두 번째는 木에서 水의 生을 받는 입장이 있다.

◆ 수생목(水生木)을 하는 것

水가 木을 生하는 것은 미래를 위한 투자로 볼 수 있다. 水의 에너지를 木으로 변화시키려 하는 것이니 미래 투자가 되는 것이며 오랫동안 생각해 왔던 일을 결행하고 추진하는 것이다.

◆ 수생목(水生木)을 받는 것

木이 水의 생을 받는 것은 미래를 위한 대비로 볼 수 있다. 木의 입장에서 水를 보면 한 걸음 나아가는 것이 아니라 보충 받는 입장이니 그것은 미래를 대비하기 위한 저장, 축적, 계획, 설계를 하는 것이라 할 수 있다.

2) 목생화(木生火)

木生火는 봄과 여름의 조화를 말한다. 木生火는 의욕을 앞세우는 것이라 하였고, 미래를 향한 것이라 하였고, 火는 확장, 유명, 인기, 마케팅 등 나를 알리고 상품 가치를 높이는 것이다.

木生火도 두 가지 입장이 있다. 첫 번째는 木에서 火를 생하는 입장이 있고, 두 번째는 火가 木의 생을 받는 입장이 있다.

◆ 목생화(木生火)를 하는 것

木이 火를 생하는 것은 확장하고, 알리고, 공공(公共)화 시키고자하는 목적이라 할 수 있다. 木에서 시작된 일을 더 크게 벌이는 것이다. 모든 사람이 알 수 있는 방법으로 전환하며 공식화하려는 작업이다.

◆ 목생화(木生火)를 받는 것

火가 木의 생을 받는 것은 부족한 역량을 보충하고자 하는 것이다. 그래서 인정받을 만한 내적 경력을 쌓고, 학력을 쌓고, 경험을 쌓는 일이다.

3) 화생토(火生土)

火生土는 여름과 중화지기의 조화를 말한다. 火는 확장, 유명, 인기, 마케팅 등 나를 알리고 상품 가치를 높이는 것이고, 土는 중재, 교역, 변화, 완성을 시키는 것이다.

◆ 화생토(火生土)를 하는 것

火가 土를 생하려는 것은 이제까지의 사회활동을 통해 생겨난 경력이나 인기, 인맥, 신용, 경력 등을 바탕으로 세력을 규합하는 것을 말한다. 만약 火生土가 되지 않으면 火는 소모 일변도로 나가겠지만 火生土가 되었을 때는 세력이 규합되어 훗날 부가가치를 만들기 위한 기반이 되는 것이다. 일종의 흩어진 마일리지를 정리하는 작업이라 할 수 있다.

◆ 화생토(火生土)를 받는 것

土가 火의 생을 받으니 사회적 역량을 모으기 위한 대외적 실적, 경력, 신용, 인지도 등을 쌓는 것이다.

4) 토생금(土生金)

土生金은 중화지기와 가을의 조화를 말한다. 중화지기인 土는 중재, 교역, 변화, 완성하는 것이고, 가을의 金은 결실, 부가가치, 안정, 실리, 물욕을 말한다. 이러한 土生金도 양쪽 입장에서 벌어지는 양상이 다르다.

◆ 토생금(土生金)을 하는 것

土가 金을 생하려는 것은 자신이 가진 세력이나 경력, 위치 등을 바탕으로 부가가치를 창출하는 것을 말한다. 즉, 물건을 사는데 그 동안 마일리지를 통하여 혜택도 받고, 골드회원 혜택도 받아 이득을 보려는 것을 말한다.

◆ 토생금(土生金)을 받는 것

金이 土의 생을 받는 것은 자신의 부가가치를 높이기 위해 세력과 규합하는 것을 말한다. 예를 들면 볼펜을 만들어 그냥 시장에 내다 팔았었는데 어느 시기에 土生金이 되어 보험회사와 손을 잡게 되고, 볼펜에 보험회사 마크를 찍게 되니 보험설계사들이 마케팅에 이용하기 위해 볼펜을 왕창 사가는 결과를 말한다. 또한 그동안은 동네 문구점에 납품하며 살았는데, 어느 날 대형마트와 손잡고 전국 대형마트 매장에 전부 납품하게 되었다면 그 또한 土生金의 결과라 할 수 있다.

5) 금생수(金生水)

金生水는 가을과 겨울의 조화를 말한다. 가을의 金은 결실, 부가가치, 안정, 실리, 물욕을 말한다. 겨울의 水는 미래계획, 준비, 휴식, 안정 등을 말하였다. 이 두 음기의 조합은 안정과 편안함이다. 이 또한 양쪽 입장에서 행위가 다를 수밖에 없다.

◆ 금생수(金生水)를 하는 것

金이 水를 生하려는 것은 자신이 가진 역량을 바탕으로 편안하면서도 오랫동안 써먹을 수 있을 만한 것을 만들고자 함이다. 예를 들면 돈이 적더라도 안정되고 편안할 수 있는 직장을 구하는 것, 적금, 연금, 임대사업, 이자소득, 자격증 대여, 디지털 수입, 휴가소득, 여가소득 등을 말한다.

◆ 금생수(金生水)를 받는 것

水가 金으로부터 生을 받는 것은 노력에 의한 결과 보상이다. 다시 말해 오랜 시간을 해오거나 기다린 것에 대한 보상을 말한다. 예를 들면 퇴직금 수령, 보험 수령, 적금 수령, 유산, 토지보상 등을 말한다.

6) 목토상충(木土相沖)

◆ 木이 土를 극하는 것

木이 土를 극하는 것은 자기개발, 발명, 독점, 무리를 이끌고 통솔하는 것이다.

◆ 土가 木을 극하는 것

土가 木을 극하는 것은 정리정돈, 부채정리, 흡수합병, 계획철회 등이라 할 수 있다.

7) 금목상충(金木相沖)

◆ 金이 木을 극하는 것

金이 木을 극하는 것은 이권다툼, 부채탕감, 계획좌절 등이라 할 수 있다.

◆ 木이 金을 극하는 것

木이 金을 극하는 것은 단기소득, 대출활용, 중도이전, 외상거래, 적은 것을 많이 판매하는 것 등이라 할 수 있다.

8) 금화상충(金火相沖)

◆ 金이 火를 극하는 것

金이 火를 극하는 것은 인기 연예인이 삼겹살 사업을 하여 고수익을 올리는 것과 같다. 즉 번잡한 시장에 편리하고 좋은 상품이나 서비스를 제공하여 고부가가치를 창출하는 것을 말한다.

◆ 火가 金을 극하는 것

火가 金을 극하는 것은 내 능력이나 재산, 가치를 번화한 시장에 내다 팔거나, 그곳에 직접 나가 활동하여 고부가가치를 창출하는 것이라 할 수 있다. 다시 말해 돈 버는 재주가 좋은 사람이 좋은 회사를 만나 기업에 큰 실적을 내어 인정받는 것과 같다.

9) 수화상충(水火相沖)

◆ 水가 火를 극하는 것

水가 火를 극하는 것은 낙마(落馬), 좌천(左遷), 낙향(落鄕), 힐링(Healing), 귀향(歸鄕), 휴식 등이라 할 수 있다.

◆ 火가 水를 극하는 것

火가 水를 극하는 것은 벼락출세, 핫이슈(hot issue), 폭로, 비밀공개, 대단한 발견 등이라 할 수 있다.

10) 토수상충(土水相沖)

◆ 土가 水를 극하는 것

土가 水를 극하는 것은 내부정리, 내면적 불만, 안주하는 마음을 버리고 큰 세계로의 진출 등이라 할 수 있다.

◆ 水가 土를 극하는 것

水가 土를 극하는 것은 큰 이권 포기, 오랫동안 해왔던 일들의 정리, 큰 이권을 포기하고 안정과 휴식을 선택하는 것 등이라 할 수 있다.

6. 오운육기(五運六氣)의 이해

1) 오운(五運)의 계시

오운은 천간의 운행 작용을 의미하는 것으로 인간의 정신은 대우주의 소산인지라 우주의 변화작용을 따라가고, 육체는 땅의 소산이지라 육기(六氣)인 지지(地支)의 변화작용을 따라간다. 그래서 사람은 땅에 뿌리를 두었지만 우주의 정신을 물려받은 존재이므로 소우주(小宇宙)라 할 수 있으며, 인간의 정신은 우주의 법칙과 다를 바 없는 것이다.

사주를 처음 배우면 천간합은 무엇 무엇이다라고 그냥 외웠지만 그 원리가 어디서 나왔는지 제대로 설명된 책이 거의 드물다. 그래서 필자는 천간의 운행법칙이 어떤 근거에서 甲己合, 乙庚合, 丙辛合, 丁壬合, 戊癸合으로 귀결되는지에 대한 설명을 하려 한다.

우주의 기운은 하늘의 별자리와 관련이 있다. 별자리하면 일반적으로 서양 별자리를 먼저 떠올린다. 그래서 무슨 자리, 무슨 자리 하는 12종류의 서양 별자리를 생각하지만 동양에서는 이미 오래 전부터 우주 별자리에 관한 연구가 활발하였다. 그것은 『천상열차분야지도』라는 것에서 그 유래를 찾아 볼 수 있으며 서양의 별자리와 같은 맥락이지만 그 명칭과 깊이는 동양이 훨씬 앞서 있다. 동양의 별자리는 북극성을 중심으로 삼원(三元)이 존재하며(자미원, 태미원, 천시원), 그 주변을 이십팔수(二十八宿)가 둘러싸고 있다. 이십팔수는 방위와 동물을 상징하며 그 외에도 음양오행의 깊은 이치가 담겨 있다.

오운의 천간합은 바로 이십팔수(二十八宿), 그리고 이십팔수 간에 펼쳐진 우주의 기단(氣團)과 관련이 있다. 천간합의 근거는 아래『황제내경』오운행대론편(五運行大論篇)에 언급되어 있다. 또한 한동석 선생님이 쓰신『우주변화의 원리』중 '오운의 계시'에서도 거론되어있다.

岐佰曰 臣覽太始天元冊文 丹天之氣 經於牛女戊分
기백왈 신람태시천원책문 단천지기 경어우녀무분

黅天之氣 經於心尾己分 蒼天之氣 經於危室柳鬼
금천지기 경어심미기분 창천지기 경어위실류귀

素天之氣 經於亢底昴畢 玄天之氣 經於張翼婁胃
소천지기 경어항저묘필 현천지기 경어장익루위

所胃戊己分者 奎壁角軫 卽天地之門戶也
소위무기분자 규벽각진 즉천지지문호야

이를 의역하면, 신하인 기백이 황제에게 말하길, "태시(太始) 때에 천원책문을 보니, 붉은 단천지기(丹天之氣)는 28수(二十八宿) 중 우녀(牛女)의 별에서 무분(戊分)으로 지났으니 무계화(戊癸化)가 되고, 누런 금천지기(黅天之氣)는 28수(二十八宿) 중 심미(心尾)의 별에서 기분(己分)으로 지났으니 甲己土가 되며, 푸른 창천지기(蒼天之氣)는 28수 중 위실류귀(危室柳鬼)의 별을 지났으니 丁壬木이 되고, 흰색 소천지기(素天之氣)는 28수 중 항저묘필(亢底昴畢)의 별을 지났으니 乙庚金이 되며, 검은 현천지기(玄天之氣)는 28수 중 장익루위(張翼婁胃)의 별을 지났으니 丙辛水가 된다. 28

수 중 규벽(奎壁)의 자리는 천문(天門)인 무분(戊分)이 되고, 각진(角軫)의 자리는 지호(地戶)인 기분(己分)이 된다." 하였다.

　　다음 그림은 『우주변화의 원리』에서 언급된 오운육기와 28수를 합쳐 놓은 계시도이다.

[오운육기 계시도]

위 그림은 기백이 말한 내용이 함축되어 있다. 위 내용을 다시 정리해

보자.

단천(丹天)의 붉은 기(氣)는 우녀(牛女)와 무분(戊分)을(戊癸合火)

금천(黔天)의 노란 기(氣)는 심미(心尾)와 기분(己分)을(甲己合土)

창천(蒼天)의 파란 기(氣)는 위실(危室)과 유귀(柳鬼)를(丁壬合木)

소천(素天)의 하얀 기(氣)는 항저(亢氏)와 묘필(昴畢)을(乙庚合金)

현천(玄天)의 검은 기(氣)는 장익(張翼)과 루위(婁胃)를(丙辛合水)

나타낸다.

이는 천문을 관찰하여 우주에 변화가 그렇게 일어나고 있는 것을 정리한
것이다. 가령 갑기년(甲己年)에는 노란 기단(氣團)이 심미(心尾) 방위에서
기분(己分)방위로 기단을 이루고 있고, 병신년(丙辛年)에는 검정색 현천(玄
天) 기단(氣團)이 장익(張翼)에서 루위(婁胃) 방위로 기단을 이루게 되어 영
향을 미치게 된다는 의미이다.

[오운 계시도]

위 그림은 오운만을 가지고 나타낸 오운 계시도다. 앞서 설명한 내용을 좀 더 풀어서 해석해 보자.

'所謂戊己分者　奎壁角軫　卽天地之門戶也'
(소위무기분자　규벽각진　즉천지지문호야)

이 말은 천지기운의 출입이 있다는 뜻인데 천기의 문호란 천기의 음양이 시작되는 자리를 의미한다. 戊分은 양이 시작되는 자리를 뜻하고, 己分은 음이 시작되는 자리를 뜻한다. 그런데 戊分과 己分의 자리가 같은 평행선상에 있지 않고 戊分이 조금 아래로 내려와 있다. 그러한 왜곡은 무슨 이유일까? 己分에서 戊分까지가 음의 단계인데 乙, 甲, 癸, 壬 네 개가 있고, 戊分에서 己分까지는 양의 단계인데 辛, 庚, 己, 戊, 丁, 丙 여섯 개가 들어 있다. 이는 지구에 지축이 틀어졌기 때문에 지구에서 우주를 관측하면 이러한 모습으로 나타날 수밖에 없다. 즉, 양이 더 많고 음이 부족한 세상을 말하며 선천(先天)의 양의 세상을 말하기도 한다. 이러한 내용으로 보아 기원전 편찬된 『황제내경』에서 그 당시 기백(岐伯)이란 도인은 이미 지구의 지축이 틀어져 있음을 알았을 가능성이 크다.

지금 우리가 쓰고 있는 사주학에서의 천간과 지지는 이렇게 우주의 별자리에 기인한 것임을 알 수 있다. 이러한 역학은 매우 과학적이지만 현재 우리의 과학은 서양의 천문학과 우주적 접근방식만을 따라가고 있기 때문에 동양의 천문학과 역법에 대해 서양의 과학적 접근방법으로 밝혀내지 못하고 있을 뿐이다. 사주의 간지는 이러한 우주의 기운을 토대로 구성한 것이므로, 자연과 우주의 이치가 담겨져 있으며 소우주(小宇宙)인 인간은 우주와 자연의 이치와 동일하게 율동하며 변화하고 있는 것이다.

2) 오운(五運)의 활용

만물은 홀로 존재하지 않는다. 모든 만물은 음양의 짝을 이뤄 율동하였듯이 인간의 정신적인 오운(천간)도 음양의 짝을 찾는 운동을 한다.

甲 + 己 = 土 갑기합토(甲己合土)
乙 + 庚 = 金 을경합금(乙庚合金)
丙 + 辛 = 水 병신합수(丙辛合水)
丁 + 壬 = 木 정임합목(丁壬合木)
戊 + 癸 = 火 무계합화(戊癸合火)

그럼 이것을 어떻게 해석하여야 하는 것인가 하는 문제가 대두된다. 甲은 甲己合하는 특성이므로 甲은 은연 중에 己를 견인하게 된다. 마찬가지로 己도 甲을 견인하려는 의도를 가지고 있다. 그러면서 화토(化土)가 되는 것은 그것으로 인하여 나타낼 기운의 방향을 뜻한다. 기운의 방향이란 오운육기 계시도에서 나타낸 기단을 말하며 결과로 나타난 현상이라 할 수 있다. 丙辛合水의 경우 丙이 辛을 만나면 火나 金의 작용이 水로 변질된다고 보는 것이다. 그런데 이때 '火가 물이 됐다' 식의 이해는 옳지 않다. 火는 火로서의 역할이 있는데 辛을 만나게 됨으로써 火가 제 역할을 상실하게 된다는 뜻이다. 火는 문명이나 인기, 유명의 인자라고 해석할 때 그것이 물질이라는 것과 결합해서 인기나 유명을 쫓고자 하는 마음이 물질을 결합하고자 하는 마음과 합되어 결국 火로서의 순수함이 없어진 것이다. 또 辛은 원래 결과를 이룬 金이기 때문에 외부와 내부를 구분한다. 즉 '나 얻을 것 다 얻었어요. 그냥 있는 거 먹고 살 테니 간섭하지 마세요.' 식의 모습이 辛金인데 辛이 丙을 만나 이런저런 일에 나서고 간섭해야 할 일이 생긴 것이니 원래 辛의 특성이 변질된 것이라 할 수 있다. 그렇기 때문에 合은 변질되어 탁(濁)

해진 것이지 없어진 것은 아니다. 또한 결과적으로 水로 변화한 것은 유명과 물질이 결합하여 예상치 못했던 제 3의 다른 양상으로 변해버린 것을 말한다. 水라는 것은 저장, 휴식, 편안함, 새로운 준비 등을 말하고 있기 때문에 육친(六親)적인 내용과 결합하여 유추해 가면 된다. 다른 합도 이와 마찬가지로 이해하면 좋다.

3) 육기(六氣)의 이해

하늘엔 오운이 운행하고, 땅에는 육기의 변화 작용이 있다. 오운은 천간의 변화 법칙이라면 육기는 땅의 변화 법칙을 의미한다. 땅의 변화 법칙은 하늘의 변화법칙을 따른다. 그러나 땅의 변화 법칙은 지축의 왜곡에 의해 하나의 불(相火)이 더 생겨서 하늘의 다섯 단계의 기운 법칙이 땅에서는 여섯 단계로 작용하게 된 것이다. 이것은 한동석 선생님의『우주변화의 원리』'寅申相火論'에 그 과정이 설명되어 있다. 인신상화의 내용을 간단하게 요약하면 우주의 기운은 다섯 단계로 되어 있는데, 그 기운이 지구로 들어올 때 지축이 틀어져 기운의 왜곡이 발생하게 되었다. 그런데 그 기운이 지구에 영향을 미치는 것도 왜곡되게 영향을 미칠 수밖에 없는데, 지구 대기 밖으로 나가는 기운이 반사되어 다시 지구로 되돌아 들어오는 현상이 생겨 기운이 하나 더 생기게 되었고, 새로 생겨난 기운을 상화(相火)라고 한다.

하늘의 기운은 천수상(天垂象)하며, 땅의 기운은 지수형(地受形)한다고 하였다. 이는 하늘의 기운은 상(象)을 드리우고, 땅의 기운은 그 상(象)을 거두어 형태를 이룬다는 뜻이다. 사람도 남자가 정자를 보내고 여자가 그것을 거두어 잘 길러낸다. 그러므로 사주의 천간이 상(象)만을 드리우는 것이니 의지이고, 내세우려는 주동적 의미를 가졌다. 지지는 받아들이고, 실천하고, 수행하는 수동적 의미를 가졌다. 다시 말해 천간에 드러난 네 글자는 주동적 모습이고, 지지에 드러난 네 글자는 수동적 모습이라 할 수 있다.

육기는 천간과 비교하여 음에 해당하기 때문에 기운이 뭉친 것을 말한다. 象에 의해 形이 되어 버린 결정체이기 때문에 굳어 있고 뭉쳐 있는 것이다. 그렇게 뭉치고 형체가 된 것은 시간과 공간의 개념이 생겨나게 된다. 앞뒤 사방 동서남북의 개념이 생겨나고 자체적으로 변화할 수 있는 기반이 마련된 것이다. 이는 12간지가 생겨 ÷3을 하면 4가 되어 동서남북 사방(四方)에 포진된다. 각 방위는 3개의 글자가 배치되어 천인지(天人地)개념이자 본중말(本中末)운동성을 갖게 된다. 사방이 각자의 고유영역이 생겼다는 뜻이다. 그래서 동서남북, 춘하추동, 생노병사, 기승전결 등 별개이지만 고유의 속성과 영역, 모습이 확실하게 구분된다. 또한 육기는 계절의 끝에 土를 배치하여 자체적인 조절과 변화의 요건을 갖추게 되었다.

① 육기의 대화작용(對化作用)

오운의 대화작용은 상합(相合)의 관계로 이루어졌다. 그러나 육기는 왜

상충(相沖)의 관계로 이루어졌을까 생각해 보아야 한다. 오운은 무형에서 유형으로 나가는 과정이므로 기운이 화합하여야 유형의 목적을 이룰 수 있다. 그러나 육기는 이미 형체를 이룬 것이기 때문에 유형에서 무형의 과정으로 나가는 것이라 볼 수 있다. 그러므로 육기는 충(沖)을 통해서 목적을 이루어 가는 것이고 육기 충(沖)은 새로운 무형의 탄생이라 할 수 있을 것이다. 즉 직장을 그만두고 새로운 직장을 구하는 것이 유형이 무형이 된 것이며, 아직 구해지지 않았으면 무형의 상태이며, 노력해서 다시 구했으면 유형이 된 것이다. 그러한 육기는 서로 상합(相合)하면 기운이 복잡해지고 무거워져서 더디어질 수밖에 없으며, 새로운 변화가 어렵고 여러 가지 사안 때문에 발전에 저해가 된다. 필자도 가끔 상담자가 왔을 때 살고 있는 가택의 풍수가 좋지 못해 이사를 권유하기도 한다. 그런데 대부분 계약기간, 매매문제, 자녀교육, 친구, 개발, 직업 등의 문제로 이사 가기 어려운 상황들이 존재한다. 그러한 상황은 모두 합에 묶여 있는 상황이라 할 수 있고, 沖이 왔을 때 해결되어 새로운 전환점을 맞게 된다.

② 육기의 구성

오행에 의해 생겨난 육기는 지지에서 기운적으로 풍(風), 화(火), 서(暑), 습(濕), 조(燥), 한(寒)의 기운으로 변화한다. 그러므로 육기는 오행적인 의미와 한난조습의 기운적인 의미가 함께 담겨 있는 것이다. 또한 오행적 배속, 외면적인 모습, 내면적인 속성 이 세 가지가 어우러져 있다. 육기는 왜 세 가지 모습으로 구성되어 있을까? 그것은 이 우주가 天人地의 사상에 의해 만들어졌기 때문이다. 잠시 천인지 사상에 대해서 논하겠다.

◆ 천인지(天人地)사상

천인지 사상이란 만물이 삼단계적 구조로 운행되는 것을 말한다. 이는 형태뿐만 아니라 생각이나 의식 등의 모든 것이 천인지라는 일정한 규칙 아래 만들어졌고, 그 원리에 의해 행해진다는 것이다. 이것은 천인지 삼재(三才) 사상이라고도 한다. 예를 들면 사람은 자기 자신을 인식할 때 세 가지 조건에 의해 인식한다. 즉 과거, 현재, 미래를 놓고 자신의 존재를 인식하는 것이다. 그래서 만약 과거의 기억이 사라지면 자신의 존재감을 상실하게 되고, 미래가 없다면 우울하고 불안해지며, 현재가 없다면 이상한 상상에 사로잡히게 된다. 또 사람의 구성도 뼈, 근육, 피부 세 단계로 되어 있고, 과일도 씨, 속살, 껍질 세 단계로 되어 있으며, 세상의 물질도 기체, 액체, 고체로만 존재하고, 이 세상도 하늘, 공간, 땅으로 되어 있다.

이는 양의 一과, 음의 二가 만나 三을 이루어 새로운 계기를 마련하고 역동하려고 하는 기운이 생기기 때문이다. 만물은 이러한 세 단계로 이룬 기운이 또 다른 세 단계를 이룬 존재를 만나 또 다른 창조를 만드니 六은 완벽한 변화의 주체가 완성되는 것이다. 그러므로 三이란 것은 변화의 씨앗을 갖고 있는 존재임을 의미하며 삼 단계의 구성으로 되어 있지 않은 무언가가 있다면 그것은 이미 죽은 것이고, 변화와 진화의 대열에서 제외된다.

육기는 질적인 측면도 갖고 있어 삼양삼음(三陽三陰)의 개념이 생겨났다. 즉, 육기의 글자 하나 하나는 음양의 배합을 통해 이루어졌으며 양이나 음이 아무리 많이 배합되었어도 최대 六 이상을 넘어서지는 못한다는 뜻이다. 그러므로 오운에는 삼양삼음의 개념을 부여할 수 없지만 육기에는 삼양삼음의 개념을 부여하여 음양오행과 질적인 측면을 함께 표현할 수 있게 된 것이다.

子午 ~ 少陰 ~ 君火 (자오소음군화)
丑未 ~ 太陰 ~ 濕土 (축미태음습토)
寅申 ~ 少陽 ~ 相火 (인신소양상화)
卯酉 ~ 陽明 ~ 燥金 (묘유양명조금)
辰戌 ~ 太陽 ~ 寒水 (진술태양한수)
巳亥 ~ 厥陰 ~ 風木 (사해궐음풍목)

[육기의 삼양삼음 질적 개념]

◆ **자오소음군화(子午少陰君火)**

子午는 오행적으로 水와 火이지만 질적으로 소음(少陰)하며 군화(君火) 기질을 갖는다. 子午는 남북 정방(正方)에 위치하며 오행의 중심적인 역할을 한다. 소음군화는 외적으로 소음하나, 내적으로 군화(君火)의 기질을 가졌다는 뜻이다. 君은 '尹'+'口'자가 합쳐진 것으로 입으로 다스린다는 뜻이다. 또 오행적으로 火의 기질을 내포하였으니 겉으로는 음해도 속으로는 양적인 성질을 가졌다는 의미이다. 임금은 직접 행동하지 않고 말로 다스리며 잘못된 것을 바로 잡으려 한다. 정리하면 子는 북방에 위치하며 외적으로는 소음하지만 내적으로는 君의 기질을 가지며 火의 성향이라는 뜻이다. 뭐 그리 복잡하냐 할지 모르겠지만 子를 가진 사람을 잘 관찰하면 이해할 수 있을 것이다. 午는 남방에 위치하며 외적으로 소음하지만 내적으로 君의 기질을 가졌다는 뜻이다. 나머지 지지도 이와 같이 해석하면 된다. 사주에 子나 午가 있다는 것은 군자의 기상이 있다는 뜻이다. 즉 자신의 인생을 똑바로 살려는 마음과 타인의 잘못된 행동에 대해서 미워하는 수오지심(羞惡之心)을 가지고 있다.

◆ 축미태음습토(丑未太陰濕土)

丑未는 오행적으로 土이지만 질적으로는 태음(太陰)하며 습토(濕土)의 기질을 갖는다. 丑未는 측면에 위치하고 있지만 원래 가운데 중심의 자리가 丑未의 자리이다. 그러나 지축이 기울어진 관계로 측면으로 밀려 자리 잡고 있다. 그러므로 丑未는 지구 자전축의 방향과 같다고 생각하면 된다. 그러니 지구 중심부이므로 오행적으로 土가 배속되는 것이 맞다. 다만 남북으로 丑과 未가 배치되어 있고, 그 외적으로는 태음(太陰)한 기질을 가졌다. 다시 말해 음적인 기질이 강하다는 뜻이다. 또한 내면의 기질도 습하면서 土의 기질을 가지고 있다는 뜻이다. 기질이 습한 것은 무엇이든 흡수한다는 의미이다. 습한 것은 음기인데 음기는 밀어내는 것이 아니라 수축하여 기운을 끌어 모으고 그 에너지로써 많은 것을 길러내고 양육하는 힘을 비축하는 것이다. 그러니 세상만사 잡다한 것에 모두 관심이 많아 잡학다식하다. 그러면서도 土의 기질로 가려고 하는 것은 중용을 잃지 않으려는 성질을 말한다. 너무 지나치지도 과하지도 않으려는 기질을 말하며 지지 중에 유일하게 土의 본성을 가진 것은 丑未土뿐이다. 사주에 丑未를 가진 사람은 중재하고, 받아들이며, 공평무사하고, 어느 쪽으로도 치우치지 않으려는 도인의 기질을 가졌다 할 수 있다. 물론 육기 자체에서는 완전한 道란 있을 수 없다. 왜냐하면 육기 자체가 왜곡에 의해 생겨난 결과물이기 때문에 육기는 결국 때가 되면 소멸되고 사라지기 마련이다. 道라는 것은 변치 않는 영원성을 갖는다. 그런 점에서 육기 자체에는 道가 머물 수 없다 하였지만 육기에서 가장 道에 가깝게 움직이는 것이 丑未란 의미이다.

◆ 인신소양상화(寅申少陽相火)

寅申은 오행적으로 木과 金이지만 질적으로는 소양(少陽)하며 상화(相火)라는 불의 기운을 갖는다. 寅申은 봄의 시작과 가을의 시작을 열어가는 글자로 매우 의욕적이고 진취적인 성향이다. 그렇게 날아가려는 성향의 불기운을 가진 것이 寅申인데, 相火란 창조의 불을 말한다. 相이라는 것은 '木'+'目'이 합쳐진 것이다. '木'이라는 것은 생명을 말하고 '目'이라는 것은 눈을 말하는 것이므로 생명을 움트게 하려는 의지를 의미한다. 쌀눈으로 생각하면 이해가 쉽다. 눈이라는 것은 에너지가 모여 있으니 생명이 창조되는 것이다. 그러한 相火는 실제 존재하는 불은 아니다. 이상적인 상상의 불이고 보이지 않지만 양기로서 작용하기 때문에 火라 표현한 것이다. 우리 육체에서는 寅申이 심포(心包)와 삼초(三焦)에 해당한다. 심포와 삼초는 보이지 않는 경락으로 『동의보감』에는 '이름은 있으나 형체가 없고, 형체는 없으나 작용은 있다'라고 말하였다.

그래서 寅申은 새로운 문명을 창조하고 개발하고 변화를 선도해 가는 주체자이다. 다른 글자들의 변화는 있는 것을 가지고 변화하여 거듭나는 것이라면 寅申은 아예 없는 개념과 패러다임을 만들어내는 선두주자이다. 그것은 결국 문명으로 나가는 발판이 되어 세상 사람들의 문화와 질서가 되니 寅申의 창조는 가히 혁명적이라 할 수 있다. 사주에 寅이나 申을 가진 사람은 변화와 개혁에 앞장서는 사람이다. 새로운 아이디어와 문화를 창조해내고 그것을 사람들에게 전파하는 문화 전도사이다. 현재 우리가 갖고 있는 패러다임은 모두 寅申을 가진 사람이 만들어낸 결과물이다.

◆ 묘유양명조금(卯酉陽明燥金)

卯酉도 오행적으로 木과 金이지만 질적으로는 양명(陽明)하고 건조한 金이다. 卯酉는 寅申에서 한 단계 발전하여 결과를 만들어 가려는 것을 말한다. 봄부터 金을 대화작용 하는 것은 木기운이 높이 솟아오르기 위해 겉이 딱딱해져야 하기 때문이다. 그래서 卯木은 겉은 木이지만 속으로는 金의 성질을 가졌다. 아이들은 신맛을 좋아하고 잘 먹는다. 그러나 나이가 들어 중년이 되면 신맛이 싫어지고 잘 먹지 못한다. 신맛은 木인데 아이들은 木기운을 섭취함으로써 성장을 위한 에너지를 흡수하는 것이다. 양명하다는 것은 겉모습이 밝고, 맑은 봄 날씨를 말한다. 卯월의 날씨가 바로 양명한 것이므로 卯월의 느낌을 느껴보시기 바란다. 속으로는 조금(燥金)한 것이니 좁고, 섬세하며, 까다롭고, 실리 지향적이다. 사주에 卯나 酉를 가진 사람은 이해타산에 밝다. 무엇이 이득이고 무엇이 손실인지 잘 알고 움직이기 때문에 세속에서 유리한 위치를 잘 차지한다. 卯酉는 寅申이 만들어낸 아이디어 상품을 잘 받아들이고 현실적으로 잘 활용하여 부가가치를 만들어낸다. 寅申의 아이디어는 현실에 존재하는 것이 아니지만 卯酉는 그것을 현실화시킬 수 있는 능력을 갖췄다. 필요 없는 것은 버리고 진액만 받아들여 가치를 만들어내니 아주 영민하고 기민한 것이 卯酉다.

◆ 진술태양한수(辰戌太陽寒水)

辰戌은 오행적으로 土이지만 질적으로는 태양(太陽)하며 차가운 水의 기운을 가지고 있다. 태양하다는 것은 외적으로 배포가 크다는 뜻이다. 모든 것을 감당하고 전지전능하게 보인다는 뜻이고, 그 표현도 거창하고 웅대하다. 그러나 내면은 차가운 水의 기운을 가졌으니 조심성이 많고, 신중하며, 인색하고, 욕심이 많다. 이십팔수(二十八宿)에서 辰은 항수(亢宿)이며 천하의 예법을 관리하며, 조공을 받고, 송사와 재판을 총괄하는 별이다. 戌은 규수(圭宿)와 루수(婁宿)에 위치하며 하늘의 무기고이며 짐승을 잡는 그물을 말한다. 이 별들은 모두 황도(黃道)대 근처이며 강력한 권세를 행사하는 별들이다. 그래서 辰戌은 우두머리 기질이 있고, 강력한 권세를 행사하며, 시시한 일에는 관심이 적고, 많은 것을 주워 담으려는 기질을 가졌다. 사주에 辰이나 戌이 있으면 큰 세력가이다. 사업을 해도 크게 하고, 직장생활을 해도 발이 넓어 직장 내에서도 큰 영향력을 행사한다. 많은 사람과 무리를 규합하고 이끌며 자신의 이권을 창출하고 권세와 권위를 밑천삼아 살아간다.

◆ 사해궐음풍목(巳亥厥陰風木)

巳亥는 오행적으로 火와 水이지만 질적으로는 궐음(厥陰)하며, 풍목(風木)이다. 궐음이라는 것을 해석하면 '厥'자는 'ㄱ'+'屰'+'欠' 갇혀 있는 상으로 거스르다는 뜻과 모자라다는 결자가 속에 들어 있으니 나아갈 의지는 있지만 아직 기운이 부족하여 내부에 머무는 상을 말한다. 그래서 궐음은 움직이지 않지만 속에서 움직임이 역동하고 있음을 뜻한다. 風은 바람을 상징하니 멀리 교역하고 소통한다는 의미를 가진다. 외적으로는 고개를 숙이는 모습이라 할 수 있고, 내적으로는 활발한 활동과 새로운 변화를 찾아 분주히 움직이는 모습이라 할 수 있다. 궐음은 우리 몸의 신체 장기로 간(肝)을 의미한다. 肝은 움직임과 소리가 없으나 우리 몸의 모든 화학반응에 관여한다. 화학반응이란 어떤 물질을 변환시키는 것을 뜻한다. 그래서 효소를 만들고 독소를 중화시키는 작용을 담당한다. 그러한 작용은 물질의 교역과 변환이며 풍목의 내적 기질을 말하는 것이다. 그래서 사주에 巳나 亥가 있다는 것은 먼 곳에 교역할 수 있는 능력이 있다는 뜻이다. 요즘은 무역거래나 인터넷 등의 활용을 말하며 다방면으로 협력하고 교류하는 능력이 있다는 의미이다. 사주에 巳나 亥가 있으면 사회적으로 사람들이 좋아하고 잘 쓰여지고 있는 것을 더 가치 있는 것으로 진화시켜 나가는 능력이 좋다. 먼 곳의 정보를 받아들여 내가 갖고 있는 것에 첨가하여 계속 새롭고 강력한 결과를 만들어 사람들의 구미를 더 자극시킨다. 사주에 巳를 갖고 있는 의사들이 많이 있다. 의사는 늘 첨단 장비와 해외 의료지식, 그리고 사람들의 관심을 잘 파악하여 적절한 의료 서비스를 제공한다. 하루가 다르게 병원이 진화하는 것도 의료계에 종사하는 사람들이 사주에 巳亥를 많이 갖고 있는 영향이라 할 수 있다.

나는 누구인가?

나는 누구인가? 라는 물음에 대답할 수 있는 사람은 많지 않다. 대부분의 사람들은 무엇 무엇으로 포장된 껍데기를 '나'라 말한다. 하지만 그것은 진정한 내가 아니다. 그 '나'는 허상일 뿐이다.

나는 어디서 왔는가? 어디로 가는 것인가? 왜 가고 있는 것인가? 어머니의 자궁으로부터 왔다면 어머니는 어디서 왔고, 할머니는 어디서 왔는가?
왜 가는 것일까? 안 가면 안 되는 것일까?의 고민을 해보기도 한다.
나는 이 일을 왜 하고 있는 것일까? 왜 그다지도 집착하며 성취하려 하는 것일까? 나는 왜 그 사람을 좋아하는 것일까? 난 왜 그 사람을 싫어하는 것일까?
수많은 질문에 싸여 살고 있다.

과연 이 일을 내가 하고 있는 것일까? 단지 그렇게 되어질 뿐일까?
이 학벌과 명예, 권력, 재물을 내가 이룬 것일까? 그냥 얻어진 것일까?
절대적 창조자가 있어 인간에게 신체라는 하드웨어와 팔자라는 소프트웨어에 인생프로그램을 구동시키고 있을 뿐이라면?

창조자를 찾아 그의 의도를 알아볼 수 있지 않을까?

아니면 소프트웨어에 입력된 돈, 권력, 명예, 사랑을 쫓으며 살것인가?

깨달음의 자유를 얻으려는 노력을 누릴 것인가?

그 해답을 찾아가는 여정이 명리공부일 것이다.

프로그램된 자유에 갇혀 살 것인가?

선택은 당신의 몫이다.

때때로 프로그램에서 튀쳐나온 위대한 성인들에 의해 명리학(철학)은 발전
해 왔다.

제 2 장

육십갑자
(六十甲子)

제 2 장 육십갑자(六十甲子)

1. 육십갑자(六十甲子)란?

육십갑자란 천간(天干)과 지지(地支)가 조합된 간지(干支)를 말한다. 이러한 간지는 甲子부터 시작하여 癸亥까지 총 육십가지가 존재한다. 육십갑자를 일반적으로 오행적 의미로만 해석하지만 그 외에도 깊은 자연의 섭리가 녹아들어가 있다. 이러한 육십갑자에 대한 충분한 이해가 있어야 사주 분석에 있어서 더 깊은 물상(物象)의 영역을 감지해 낼 수 있다. 육십갑자의 이해는 사주의 전체적인 환경과 그릇을 판단하는 데 있어 아주 중요하고, 사주 해석의 이해도를 높일 수 있기 때문에 깊고 깊은 연구가 필요하다. 그러나 시중에는 아쉽게도 육십갑자의 이해를 도울 수 있을 만한 서적이 부족하다. 일주론(日柱論)정도가 전부라고 해도 과언이 아니다. 또한 변화의 이치라기보다는 일반론에 그치고, 그 서적들마저도 대부분 '무엇은 어떻다'라는 결과론적 이론이기 때문에 변화를 이해하는데 한계가 있다. 본서에서 설명하는 육십갑자는 필자가 명리학자로서 수행과정 중에 깨달음을 통해 얻은 것으로 주관적이기는 하나 음양오행과 자연의 섭리를 담으려 노력하였다.

육십갑자는 기초과정에서 공부하였던 삼합, 지장간, 십이운성, 육친 등의 관계를 모두 포괄하고 오운육기도 녹아 들어가 있다. 그러므로 문장마다 의미를 잘 되새겨 보면 깊은 통찰력을 얻을 수 있다.

본 장의 육십갑자는 월령을 중심으로 설명하였다. 태어난 월은 월령(月令)이라 하여 사주 내에서 가장 큰 영향력을 발휘하는 것이고, 그 팔자의 가치관과 인생의 방향에 가장 큰 영향을 미치므로 여러분의 이해를 돕기 위해 월을 중심으로 설명하는 것이 육십갑자를 이해하는데 가장 도움이 될 것이라 여겼기 때문이다. 또한 월을 중심으로 설명하였지만 다른 간지도 이와 마찬가지로 근묘화실론적으로 관점만 바꾸어 이해하면 된다.

1) 寅月生(寅申少陽相火)

인월생(寅月生)이란 사주 월지(月支)가 寅月에 태어난 사람을 말한다. 보통 궁합을 볼 때 무슨 띠인지 논하지만 사주팔자에서 한 개인의 행동반경에 가장 큰 영향을 미치는 것이 월이기 때문에 월지는 그 사람의 행동에 많은 결정 요인으로 작용한다. 또한 띠나 생일에 대한 이해는 있어도 태어난 생월에 대한 이해가 부족하면 사주 해석의 큰 틀을 놓칠 수 있다. 생년(띠)이라는 것은 한 개인의 무의식의 영역이고 월부터 일시까지는 의식적 영역이 된다. 물론 인간이 의식적 영역으로만 살아가는 것은 아니나 현실적인 결정이나 판단을 함에 있어 의식적 영역이 먼저 작용하기 때문에 월을 중점적으로 보아야 한다.

寅月生을 잘 알기 위해서는 먼저 자신의 환경이 寅月에 있다고 상상하여야 한다. 寅月은 겨울의 문턱을 넘어 본격적인 水生木이 현실화되기 시작한 시기를 말한다. 水生木을 받았다는 것은 내면에 지식이 가득 차 있음을 뜻한다. 그러므로 기본적인 기초 지식과 교육을 많이 받았다 할 수 있다. 또한 어려서부터 영양공급을 잘 받았으니 기본적으로 강한 지구력과 체력을 겸비하였음도 짐작해 볼 수 있다.

寅月은 고난과 외로움 그리고 비극의 계절인 겨울의 매서운 추위에서 살아남은 영웅이다. 혹독한 환경을 이겨내고 투쟁에 성공한 장본인이기 때문에 많은 노하우와 지식을 가지고 있는 베테랑 지식인이자 일꾼이다. 이러한 寅月은 어디로 달려가겠는가? 바로 木生火 하고자 하는 마음이 간절하다. 내가 알고 있는 지식과 노하우를 바탕으로 영광된 조국을 건설하자는 의지와 분발심이 가득할 것이다. 내면에 丙火가 암장되어 있는 것도 그런 이유이고, 상화(相火)의 불꽃을 피우려고 하는 것은 寅의 의지일 것이다. 환경은 혹독하여 외면적으로는 아직 꽃샘추위를 견뎌야 하며 외로움이 남아 있지만 마음속에는 밝은 세상에 대한 그리움과 미련이 있다. 그래서 寅은 매우 진지하면서도 내면은 희망에 대한 의지가 가득 차 있고 따뜻함을 그리워한다.

寅의 相火는 보이지 않는 불꽃이기 때문에 寅은 아직은 발현되지 않은 문명을 창조하고 만들어 나가는 선봉장이라 할 수 있다. 또한 타인을 잘 보조하고 도우며 문명을 이루는 불꽃만 살릴 수 있다면 어떤 희생이든 감수하겠다는 불굴의 의지를 품고 있는 것이 바로 寅인 것이다. 이러한 寅은 火를 보면 기름에 불이 살아나듯 즉시 木生火를 한다.

◆ 丙寅

寅의 대표적인 것인 丙寅이다. 丙寅은 열정적이며 위로만 날아가려 한다. 때를 만난 사람처럼 의욕과 열정이 넘쳐 밝은 세상으로 향한 출세와 의지를 불사르는 것이 丙寅이다. 丙寅의 의지는 물질적이며 결과를 향한 집착이 강하다. 새로운 아이디어로 사회적 결과를 얻길 바라는 丙寅은 진취적이고 긍정적인 이상을 쫓아 동분서주한다. 丙寅간지가 아니더라도 寅月에 丙火를 만나게 되면 위의 모습처럼 생각하고 행동한다. 다른 간지들도 마찬가지로 이해해 가면 된다.

◆ 甲寅

寅月의 木은 그동안의 수난과 고난을 알아달라는 것이고 자존심이다. 그것이 甲寅이다. 甲은 한 단계 나아가는 것이 아니라 멈춘 것이니 甲寅은 나아가는 것과 멈춤의 조절력을 갖고 살아간다. 마음속엔 문명의 세계로 나아가고자 함이 있다 할지라도 외면적으로 甲木이 己土를 견인하기 때문에 중정의 모습을 갖게 된다. 甲木은 丁火를 생하려 하기 때문에 丙火처럼 화들짝 나서려 하지 않는다. 점잖은 모습에 자존심을 유지하며 자신의 의지를 천천히 관철시켜 나가며 인기와 분위기 중심이 아닌 실력 중심의 삶을 살아간다.

◆ 壬寅

寅月의 水는 壬寅이다. 壬寅은 꽃샘추위와 같으니 매섭고 혹독하다. 寅月의 음기는 만물의 성장을 억제하고 늦게 만드는 것이니 지나친 관심과 걱정으로 상대방에게 부담을 주는 것이다. 마치 부모가 자식을 지나치게 염려하여 과잉보호를 하기 때문에 자식이 피곤한 것과 같은 것이다. 그러나 壬寅이 잘 쓰이면 철저히 대비하고 의기가 있어 신중한 것이니 겸손한 사람이 된다. 寅月의 壬은 노인과 같은 정신적 기질이다. 끈질기고 침착하며 모든 것을 섭렵하려는 의지이기도 하다. 평소에는 다정하지만 숨어있는 성정이 차갑기 때문에 화가 나면 매섭고 모질지만 마음에 오래 품지는 않는다.

◆ 庚寅

寅月의 金은 여름날 태양의 작용없이 얻어지는 결과물이다. 그러므로 급하고 경솔하다. 火를 보지 못하였다면 불손할 수도 있다. 봄의 金은 마치 솜사탕과 같은 것이니 이상적이고 상상력이 풍부한 사람이다. 결과에 대한 집착은 있으나 이상적인 집착이라 할 수 있으며, 丁火를 보게 되면 그 이상이 현실 가능하고, 그렇지 않으면 허상이 된다. 丙火를 보는 것은 현실로 이뤄지긴 하나 모이거나 담겨지지 않아 말이나 아이디어와 같은 생각으로만 존재한다. 壬癸水를 보면 신중해진다. 그것이 庚寅이다.

◆ 戊寅

寅月의 土는 야망과 새로운 비전이 합쳐진 것이다. 그러나 아직 때가 되지 않아 새로운 비전을 내면에만 품고 있으려니 답답한 마음이다. 언제라도 터져 나올 듯한 기세가 문득문득 엿보이는 것이 戊寅이다. 戊寅은 문명과 광명을 향한 비전을 스스로 가지고 있다고 생각하기 때문에 현실이 늘 불만스럽다. 자신의 이상적인 생각을 표현하고 납득시키려고 타인과 언쟁을 일삼는다. 내 뜻을 알아주지 않기에 답답하고 자신의 큰 마음을 표현할 길 없어 답답하다. 마음은 웅대하지만 그 성품은 거칠고 투쟁적이다. 이러한 戊寅이 丙火를 만나면 자신의 이상이 빛날 것이니 만인의 등불과 희망이 되어 활활 타오르게 될 것이다.

범이라는 동물은 자고로 비호라 하여 빠른 동물로 여겨왔고 신비로우면서도 어쩐지 두려운 동물의 대명사라고 할 수 있다. 그러므로 寅月생하면 어쩐지 군자의 마음으로 무장한 사람 같기도 하다. 그러나 진정한 범으로 거듭나는 것은 火를 만나는 것이니 丙火를 바라보면 만인에게 보금자리를 제공하고 안식처를 제공하며 정신적 위안을 주기 위한 사람으로 거듭날 것이다. 만약 丁火를 바라본다면 정의를 수호하고 이 사회의 악당에 맞서고 모순된 사회를 되돌리려 노력할 것이다.

지지에서 午火를 만나는 것은 원하는 바를 얻고 있음이니 자신이 처한 상황과 환경을 잘 이해하여 스스로 어떻게 처세해야 하는지를 잘 아는 사람이다. 온돌방에 따뜻한 자리를 가장 먼저 점유할 수 있는 지혜를 가진 사람이며 때를 기다릴 줄 아는 현명한 사람이며 급하게 서두르지 않기에 그의 인생은 언제나 안정감이 있다.

巳火를 만나는 것은 강함을 다스리고자 하는 것이니 세상이 알아주는 실력이다. 巳火는 병장기를 만드는 주물과 같아서 그에게 쇠뭉치가 들어가면 언제나 번쩍거리는 칼로 거듭나게 될 것이다.

‖ 샘플 1 ‖

辛	辛	丙	己	
卯	酉	寅	亥	坤

위 사주는 寅月에 辛酉일 卯時에 태어난 여자 사주이다. 寅月에 丙火가 있어 진취적이고 적극적인 성향을 가졌다. 현재 강남에서 피부샵을 운영 중이고 섬세하고 까다로운 성품이 있어 섬세함이 필요한 피부 관리에 박식다재(博識多才)하다. 寅月에 辛金이 있어 이상적인 면을 좋아하고 丙火가 있어 물질에 대한 추구심도 있다.

‖ 샘플 2 ‖

癸	辛	庚	辛	
巳	酉	寅	亥	乾

寅月에 辛酉일, 癸巳시에 태어난 사주이다. 寅月에 庚金이 투간하였으나 火를 보지 못하였다. 그래서 세련되지 않지만 이상적이며 성격이 급하다. 시간에 癸水를 보았으니 신중함이 있다. 火를 보면 사람을 이끌지만 火를 보지 못하고 水를 보았기 때문에 타인을 보좌한다. 30대까지 학원차량 지입 사업을 하였고, 40대에 들어 역학을 공부하여 부산에서 개업을 하였다. 이런 사주는 상담을 통해 편안함과 안식을 줄 수 있다.

2) 卯月生 (卯酉陽明燥金)

卯月이란 본격적으로 온난함이 시작되는 시기이다. 천지만물이 卯月에 이르면 확장과 분화를 시작한다. 새로운 시작은 구체적 실현을 이루고 寅月의 뜻을 계승하여 활짝 피기 위한 경주를 시작한다. 망울이 트기 시작한 부드러운 새싹은 자신이 큰 재목이 되고 싶어 분주히 움직인다. 그것은 순수한 어린 아이와 같은 미래를 향한 분발심이다. 기온은 아직 완연하게 따뜻하지 않지만 그래도 꿈과 희망이 있어 어려운 상황에서도 어렵다고 생각하지 않는다.

寅月은 이제 출발하는 시기이기 때문에 압력이 모여 있고 분발할 수 있는 기운과 힘이 강하다. 그러나 卯月은 寅月에서 한 단계 발전하여 왔기 때문에 기운이 허결할 수밖에 없다.

토끼가 굴을 여기 저기 파는 것은 천적이 오면 도망갈 구멍을 만드는 것일 수도 있지만 기운이 부족해 굴을 깊이 파지 못하여 여기저기 습관적으로 여러 개의 굴을 파는 것인지도 모른다. 또한 한 굴에 머물지 않고 여기 저기 옮겨 다니는 토끼의 습성 또한 卯月생들의 특징과 닮았다.

卯라는 것은 토끼 卯자로 새싹이 두 가닥으로 갈라진 형상을 하고 있다. 그래서 卯月生은 어떠한 난관이 오더라도 희망을 잃지 않는다. 이 방법이 안되면 저 방법을 찾고 그것이 안 되면 또 다른 방식으로 바꾸어 가며 희망의 끈을 놓지 않으려 한다.

卯月생은 늘 밝은 곳을 향하려는 마음이 있다. 그래서 항상 희망적이고 명랑하며 새로운 창조를 위해 매일매일 삶의 의지를 가지고 살아간다. 그러나 문제는 그런 의지를 실천해 나갈 수 있는 끈기와 지구력이 중요하다. 오행에서 끈기와 지구력을 말하는 원천은 水이다. 卯입장에선 水가 원하는 목적지는 아니나 목적지로 가기 위한 필요 불가결한 요소가 된다.

卯月생이 水를 필요로 하는 것은 하루 내내 열심히 뛰어온 자신을 격려해주고 위로해주며 다음날 다시 뛸 수 있는 용기를 북돋아 주길 바라는 것이 卯月生이 水를 바라보는 입장이다.

卯月생이 火를 바라보는 것은 희망의 목표가 바로 선 것이며 점령할 고지를 바라본 것과 같다. 만약 火를 바라보지 못하면 군인이 임무 없이 전쟁에 나가는 격이어서 편안히 안주하려 한다.

卯木을 습목(濕木)이라 하여 젖은 나무에 비유하였으나 그것은 외적인 모습이고 卯木의 일부 특성에 한정된다. 그것은 오소(五素)적 입장으로 우주 만물을 바라보는 관점이라 폭이 좁을 수밖에 없다. 이런 관점은 자연 전체를 이해하는데 장애가 될 수 있으니 오행과 오운육기의 관점으로 접근하는 것이 바람직하다.

卯月생이 金을 바라보는 것은 무형의 가치를 바라보는 것이다. 卯는 酉金과 대화작용하기 때문에 내면에 건조함이 있다. 卯가 바라보는 金은 자신을 채찍질하여 흐트러질 수 있는 정신과 마음을 다잡아 주어 결국 火까지의 목적을 이루게 하려는 것이다. 정리하자면 목적지를 향하여 질풍노도처럼 달리는 것이 丁卯이다. 그러나 여기서 한 가지 알아야 하는 것이 있다. 子午卯酉란 본시 왕지(旺支)이며 기본 목적이 생(生)이 아닌 성(成)에 있기 때문에 스스로는 火를 생하지 않는다. 다만 주변의 협력을 얻어 크게 승화시킬 수 있으니 주변의 조력을 잘 보아야 한다. 가령 '卯' 한 자만 있으면 火를 生할 수 없으나 옆에 亥水가 있어 亥卯 합을 하면 천간의 丁火를 능히 생한다. 만약 조력을 얻지 못한 丁卯는 마음만 앞서갈 뿐이지 주변의 호응을 얻지 못하거나 사람들이 진가를 알아주지 않아서 답답한 마음이 생긴다.

卯木이 木을 만나면 자신의 주관을 세우려 하고, 土를 만나면 매목(埋木) 당하는 것이니 칠살(七殺)과 양인(羊刃)의 성질로 바뀌게 되어 사나워진다. 卯木이 金을 만나면 스스로를 채찍질하며 살아가는 것으로 예민하고 섬세하며 타인의 시선을 많이 의식하여 자기절제와 자기조절을 하며 살아간다. 卯木이 水를 만나면 후원자를 만난 것과 같으니 낙관적이며 스스로를 괜찮다 생각하게 되고 성품은 온화해지지만 염려와 의존심도 많아진다.

◆ 乙卯

외면은 연약하고 부드러워도 내면은 이상과 욕망이 크고 욕심도 많다. 卯에서 癸水가 장생하기 때문에 매사 자기 위주이다. 인정이 많은 듯해도 인색하고 변덕이 많으며 물욕도 많고 늘 동분서주 한다. 乙卯는 자체가 록(祿)으로 되어 있어 고집이 강하고 외적으로는 인정있고, 타협하는 듯해도 매사 독선적이다. 재주가 비상하고 다재다능하다. 火를 보지 못하면 화초가 꽃을 피우지 못하는 것과 같다.

◆ 丁卯

명랑한 듯하면서도 수심이 많고 겉으로는 강하나 속은 약하다. 丁火는 卯木에게 生을 받지 못한다. 生을 받지 못한 정화는 허세다. 生을 받지 못했기에 丁火의 불꽃은 오래 지속되지 못하고 짧게 타오른다. 영리하고 두뇌회전이 매우 빠르나 끈기가 부족하니 매사에 용두사미되는 경우가 많다. 외면적으론 온순해 보이나 독선적이며 승부기질이 있고 저돌적이다. 항상 기회를 엿보며 마음은 바람에 흔들리는 등불처럼 늘 불안하며 동분서주하고 변덕이 많다. 丁壬合木하여 창의력과 기획력이 좋고 지략은 능하나 대인관계가 건조하니 인덕이 부족하다. 인성 때문에 어부지리로 편승하려는 기질이 있고 외면적으로 남에게 보이는 것을 좋아하여 잘 꾸미지만 내면은 욕심 많고 건조한 금(燥金)의 성질이 있다.

◆ 己卯

예민하고 자존심이 강하며 속을 감춘다. 그것은 己土가 甲木과 대화작용을 한 이유이고, 편관에 양인성이 되어 고요하고 명랑한 듯해도 내심 폭정의 기운을 감추고 있다. 겉으로는 말이 없어 속을 알 수 없고, 명랑하면서도 중용의 선비적 기질이 있는가 하면 내면은 소심함과 까다로움에 신경질적이고 때때로 마음이 요동친다.

개척정신은 있으나 木이 土에 가려지니 주저한다. 두뇌가 명석하고 문장에 소질이 있다. 모든 사람이 자신보다 못하다는 안하무인적인 기질도 있다. 남에게 지배당하기 싫어하고 자존심과 명예욕이 강하고 타인에게 인색하나 의협지심의 기질이 있어 친한 사람을 위해서는 베풀고 헌신한다.

◆ 辛卯

유연하고 성품이 다정하다. 이는 辛金이 절지(絕支)에 있기 때문이다. 외적으로 소심해 보이지만 목표를 향한 끈질긴 집념이 있다. 卯 위의 辛金은 이러 저리 떠도는 것이니 침착성이 부족하고 마음만 앞서는 경향이 있다. 그러나 丙火나 丁火를 만나면 인품이 유쾌하고 이상을 현실로 이루어내는 사람이 된다. 천간의 辛金은 외적으로는 겉치레와 처세에 신경 쓰고 내적으로 燥金하기 때문에 실리를 따른다. 그릇이 크지는 않으나 성실하며 성품은 담백하고 부드러운 면이 있어 대외적으로 인기가 있다. 절처봉생(絶處逢生)하여 가벼운 듯 보이지만 金氣를 품고 있어 의리가 있고 단단하다. 卯月에 辛金이므로 소성(少成)에 그치는 경우가 있으나 다른 월에 태어나 丙火를 보면 큰 결과를 볼 수 있다.

◆ 癸卯

卯월의 水는 대지를 습하게 만든다. 卯월의 水는 만물을 살찌우고 길러내는 것이다. 다정다감하고 총명하며 편안한 성품이다. 그러나 다정다감함 속에 까다로운 내면이 있으며 아집이 있다. 다정한 성품 때문에 타인에게 인기가 있고 호감을 산다. 마음이 여리고 타인의 일에 신경을 쓰다 보니 자신에 일에는 도리어 의지력과 지구력이 약하다. 은근히 의타심이 있고 느긋한 편이나 한번 틀어지면 상대하지 않으려하는 냉정함도 있다. 창의력, 아이디어가 뛰어나고 손재주가 있다. 火를 보면 사람들을 보좌하는 일을 크게 확장하여 재능과 능력을 갖춘 사람이 된다.

‖ 샘플 3 ‖

己	乙	辛	辛	
卯	亥	卯	巳	乾

辛卯月, 乙亥日, 己卯時에 태어난 남자 사주이다. 卯월의 아침시간에 태어났으니 부지런하고 근면하며 卯월에 亥水를 보았으니 만물을 살찌게 하고, 사람들이 필요로 하는 것을 공급해 주는 것이 팔자이다. 천간에 火를 보지 못하여 유명하거나 사회적으로 각광받는 직업은 아니지만 지지에 금화교역이 미미하게 되어 있고, 운에서 金대운을 만나 수 백억대의 부자가 되었다. 위 사주는 대형 슈퍼마켓을 경영하여 재산을 모았고, 은퇴하여 노후를 즐기며 살고 있다.

‖ 샘플 4 ‖

癸	乙	辛	丙	
未	丑	卯	午	乾

위 사주는 辛卯月, 乙丑日, 癸未時에 태어났다. 양이 극단에 이르러 이제 만물을 거두고 수렴해야 하는 시간에 이르렀다. 또한, 만물이 가장 따뜻하고 편안함을 느끼는 자리이며 癸水와 丙火, 辛金 모두 투출하여 좋은 사주가 되었다. 위 사주는 마음수련 기업에 근무하며 조직에서 아주 높은 자리까지 올라간 사람이다. 卯월에 癸水는 편안함을 주고 丙火는 비전과 희망을 주는데, 辛金까지 나왔으니 이상이 실천되는 모습이기 때문이다.

3) 辰月生(辰戌太陽寒水)

辰월은 음력으로 3월 청명에 해당한다. 辰월은 한기가 완전히 물러가고 따뜻함이 지상에 완연한 시기를 의미한다. 辰은 봄의 끝자락으로 마지막 봄의 진기(眞氣)를 부여잡고 있으며 내부적으로는 水를 갈무리한다.

辰월은 덥지도 춥지도 않아서 사람이 살기 좋은 계절이다. 寅월에서 시작된 희망이 구체적으로 실현되어 가는 상태로 최고의 희망과 자신감이 충만한 시기를 말한다. 그렇게 강한 의기와 희망찬 모습을 본 떠 옛 선인들은 청명절의 동물에 용을 귀속시켰다. 辰月에 태어났음은 만인의 대표성을 가지며 리더가 되고자 하는 마음을 의미한다.

辰중에 癸水가 들었다. 또한 辰이란 戌土와 대화작용을 하는데 질적으로는 水의 작용을 가지고 있다. 그것이 진술태양한수(辰戌太陽寒水)라 하여 辰戌은 외부적으로 태양이면서 내부적으로 차가운 水에 해당한다는 뜻이다. 辰월에 水를 갈무리하고 있는 것 또한 그러한 이유이다.

寅월과 卯월엔 한기가 남아 있는 가운데 그것을 극복하며 살아가야 하는 환경이다. 그러나 辰월은 한기를 완전히 잡아가두는 놈이다. 辰월 앞에서 陰氣는 고양이 앞에 쥐처럼 꼼짝 못하는 것으로 辰은 정의와 환희의 전령사인 것이다. 외부적으로는 리더의 기질을 가지고 있으나 내부적으로는 음한 기운을 많이 흡수하려 하니 모순된 진리를 품고 있으며 늘 부족하고 어두운 것에 대해서는 감싸 안고 보호하려는 마음을 갖는다. 辰중 癸水는 재성의 의미를 가지므로 자신이 떠안아야 하는 짐과도 같다.

辰월생들을 보면 리더의 기질을 많이 갖는다. 불의에 대해 앞장서고 모순된 현실에 대해 해결하고자 하는 기질이 있어 모난 돌 취급을 받기도 한다. 그러나 주변에는 항상 그를 성원하고 아끼는 사람들이 모여들게 된다. 편리한 입장보다 불편하고 부족한 입장에 서서 그들의 입장을 대변해주니 소외되고 어려운 사람 입장에서는 그야말로 희망의 전도사이기 때문이다. 그렇게 辰월생들은 외부적으로 강한 리더의 기질을 갖고 있으나 내심은 우울하고 불쌍한 사람들에 대해서는 한없는 배려와 측은지심을 갖고 있다.

辰은 우주 궤도상 황도(黃道)대에 위치하기 때문에 최고 어른에 해당한다. 소위 큰 머리가 돌아간다. 또한 水를 암장하고 있으니 근성과 지구력이 좋고, 오기와 집념이 강하여 크게 성과를 이루는 사람이 많다. 그러나 외적으로는 커도 내적으로 집착이 많고, 소심하고 두려움이 많으며 인색하다.

만약 사주에 辰戌沖이 있는 사람은 왔다 갔다 하는 우주의 운동성을 갖춘 사람이므로 BIG 비즈니스를 하는 사람이다. 시시하고 소소한 일에 관심이 적고 큰일에 관심을 갖으니 부동산, 건설건축, 임대업, 의사 등 굵직한 사업체를 운영하는 사람이 많다.

◆ 丙辰

辰월은 이중적 특성을 갖는다. 火를 지향하기도 하고 水를 지향하기도 한다. 火를 지향하는 것은 세상 사람을 구원하고 따뜻한 보금자리를 만들어 큰 등불이 되고자 하는 사람이다. 그것이 丙辰이다. 丙辰은 辰月에 태양이 두둥실 떠 있는 상이다. 그래서 남을 누르려는 자만심이 강하고, 강자에게 약하고 약자에게 강한 내성이 있다. 자신의 장단점을 잘 알아 밖으로 드러내지 않고 감추면서 교묘히 처세한다. 두령기질이 있고 남을 제압하는 능력이 있다. 수완이 뛰어나고 모사가 무궁하다. 총명하고 호탕하며 다정다감하고 영웅심과 명예욕이 강하다. 사주에 양기가 강하면 너무 앞으로만 진격하는 경향이 있어 실패와 실수가 따른다. 그러나 음기와 조화를 잘 이루면 훌륭한 리더가 될 수 있다.

◆ 壬辰

辰월은 모든 음기를 거두려는 욕망이다. 외적으로 세력을 이루고 그 바탕에 자신의 뜻과 욕망을 채우는 것이다. 그래서 늘 희망적인 마음을 가지고 자기보다 못한 사람을 살피긴 하나 모든 것을 다 가지고자 하는 마음이 壬辰이다. 모사(謀事)에 능하고 욕심이 많아서 좋은 마음이 퇴색된다. 언변이 뛰어나고 지혜가 있어 어려움에 처해도 문제를 잘 해결한다. 시작은 잘하나 壬水가 辰에서 입고하니 지구력이 약하다. 외적으로는 희망적이나 내적으로는 근심 걱정이 많으며 인간관계가 넓지만 자기주장이 강하고 잘 화합하지는 못한다. 재주는 넘치는데 스스로 함정을 파고 일을 무한정 크게 벌이는 경향이 있다. 맡은 일은 물불을 가리지 않고 실행하며 타인을 낮춰보며 자만심이 강하니 오해를 많이 산다. 辰월에 水를 보았다고 하는 것은 사회의 모순과 문제, 악, 질병 등과 싸워 세상을 구원하려는 사람이다. 일반적으로 의

사나 소방관 등이 많고 부족함을 채워주는 일이나 활인구제명이 많다. 무엇이든 적극적이긴 하나 말과 행동을 부풀리는 경향이 있어 타인의 기대를 얻었다가도 신뢰를 잃는 경우가 많다. 그것이 壬辰이다.

◆ 戊辰

辰월의 土는 戊土의 야망과 이상이 辰을 만난 것이다. 그래서 그 포부가 원대하고 성품은 중후하며 중용을 잘 지킨다. 그러면서도 주체성이 강하여 외부적으로 위세를 드러내면서 자신의 속내를 감추려한다. 타인과 화합을 잘하고 인내심이 많고 성실하다. 겉으로 보기에는 호인이나 고집이 강하고 매사 지나침이 많다. 외적으로 호방하고, 내적으로 辰이 있어 욕망도 크지만, 소심하며 우울한 경향이 있다. 戊辰은 백호로서 오래 참아 폭발하는 것이니 노기(怒氣), 난폭한 기운이 잠재되어 있다. 고지식하여 신용을 잘 지키고 비밀이 많고 꽁한 면이 있다. 그것이 戊辰이다.

◆ 庚辰

辰월의 辰의 강한 기운과 庚의 숙살기운이 만난 것이다. 또 金은 재질을 단단하게 만들기는 하나 아직 여물지 못하니 성급하고 완숙되지 않은 모습이다. 그것이 괴강이 되므로 성격이 급하고 덜 익은 과일처럼 투박하고 자기만의 이상 세계가 강하다. 꿈을 향한 욕망이 크고 지배욕과 권세욕이 강하다. 눈치가 비상하고 이기적이며 이해타산적인 면도 있다. 지모는 뛰어나지만 남을 이용하고자 하는 마음이 있어 어부지리로 편승하려는 마음도 있다. 타인에게 위화감을 보이며 인성 때문에 자신의 이익을 위해 적극 행동한다. 완벽주의자라서 한번 세운 계획은 끝장을 보고자 한다. 신의가 있으며 겉은 투박하고 무식해 보이나 속마음은 온화하고 한번 마음을 주면 오래도록 변함이 없다. 庚辰도 丁火를 보면 그 쓰임새가 크다. 그것이 庚辰이다.

◆ 甲辰

辰월의 木은 木의 끝을 끝까지 붙들고자 하는 것이기 때문에 발생지기(發生之氣)가 되어 폭정이 있다. 水를 머금고 있어 오기를 부리는 것이며 집념과 자존심 또한 강하다. 辰월에 甲木이 드러났음은 혁명처럼 보이나 혼자만의 혁명이니 타인들에게 인정받지 못하는 자신만의 생각일 뿐이다. 백호대살로 성정이 급하고 전투적인 데다 앞서 나가는 선봉장과 같으며 강직한 성격을 남에게 굽히지 않는다. 외적으로는 베풀지만 내적으로는 인색하다. 목적을 위해서는 수단 방법을 가리지 않으며 매우 끈기 있고 뻔뻔하고 비위가 좋은 편이다. 甲辰이 일주에 있으면 마치 전사와 같다. 火도 보고 金도 같이 보면 강한 성품에도 불구하고 사회적으로 인물이 되지만 그렇지 않으면 격이 낮아진다.

丙	丁	甲	壬	
午	卯	辰	子	坤

　위 사주는 辰月에 午時에 태어났기 때문에 사회적으로 활발한 활동을 하려는 사람이다. 또한 타인의 주목 받기를 좋아하고 주인공이 되고자 한다. 辰月에 甲木이 나와 끈질기고 진취적인 성향이 있으며, 년간에 壬水가 있어 부드럽지만 모든 것을 자신이 다 취하려는 마음도 있으며, 火가 투출하여 처세에 능하고 사회적 인기와 인지도를 갖고 살아가는 사람이다. 위 사주는 기업 교육을 하는 인기 강사로 활동하였고 현재도 그러하다. 아쉬운 것은 사주에 金이 없어 사회적 결과물이 자신의 것이 아니라는 것이다.

∥ 샘플 6 ∥

癸	癸	戊	甲	
丑	卯	辰	辰	乾

　위 사주는 戊辰月에 癸卯日, 丑時에 태어난 사주이다. 한밤중에 태어나서 火를 못 보았기 때문에 삶의 도구는 음지의 것이다. 그러나 아침의 글자가 많아 활발하고 활력이 넘치는 사람이다. 辰月에 甲木이 나와 있으니 폭발적이고 폭력적인 것이 삶의 도구가 되었다. 거기에 癸水가 있어 사람들을

쉽게 하고, 충전하고, 지원하는 모습도 있다. 위 사주는 현재 합기도 체육관을 운영하며 합기도 조직 회장을 맡고 있다.

4) 巳月生(巳亥厥陰風木)

巳月은 입하(立夏)절이며 본격적 여름의 시작을 알리는 계절이다. 辰月까지 꽃피워 오던 희망과 염원의 불꽃은 巳月이 되어 본격적인 모습으로 드러나기 시작한다. 인생으로 치면 과거에 급제하여 벼슬에 오른 선비와 같은 시기를 말하며, 자연에서는 열매를 맺기 위한 망울이 맺히기 시작되는 시기를 말한다.

이제 막 벼슬에 오른 선비는 진중하고 차분하며 맡은바 소임에 최선을 다한다. 또한 먼 미래에 결실을 보기 위한 변화와 움직임이 다분하다. 대통령도 이제 막 취임하는 시기에 권력이 집중되고 변화가 많은 것처럼 巳月생들은 막강한 권력과 권세를 다스릴 수 있는 지도자적 기질을 많이 가졌다.

그래서 巳月생들은 외면적으로는 자상하며 부드러운 인상을 가지고 있으나 내면적으로 깐깐하고 섬세하며 냉정한 면모를 가졌다. 상격의 경우 사회적으로 의사, 경찰, 법조계, 언론인들이 많으며 그 분야에서 지도자적 위치와 영역을 확보하며 살아간다.

이렇게 부드러우면서도 내면에 독과 권력을 품은 모양을 보고 옛 선인들은 巳月에 뱀을 배치시킨 게 아닐까하는 생각이 든다.

뱀이 주변 온도에 따라 체온을 바꾸는 모양 또한 巳月생과 닮았고, 겨울에 동면에 들어가는 모양 또한 巳月생과 흡사하다. 巳月생들은 그렇게 외면적으로는 자신을 잘 포장하고 처신하며 살아가기 때문에 사회적으로 우위를 차지하고 많은 대인관계를 맺는다. 그러나 내면적으로는 철저한 실리중심의 대인관계와 만남이 많아 진정 사람을 좋아한다 볼 수 없고, 가급적 자신의 사회적인 삶과 가정적인 삶을 철저히 분리하여 집에서는 대인관계로 지친 심신을 다스리는데 열중하여 집에 사람들이기를 꺼려한다. 머릿속에서 이해 타산적 계산기가 잘 돌아가 감정대로 행동하지 않고 뜻에 맞지 않더라도 바르게 처신하려 애를 쓴다.

巳라는 것은 巳酉丑 운동을 한다. 巳月생이 결국 지향하는 곳은 丑이다. 가을에 결실을 거두고 그 거두어 놓은 결실을 창고에 쌓아 놓고 혼자만의 여유로운 삶을 즐기기를 원한다. 마음의 빗장을 걸어 잠그고 혼자만의 세상에서 혼자 즐기는 여유로움을 만끽하며 살아가는 것이 巳月생이 궁극적으로 지향하는 바이다. 巳月은 궁극적으로 결실을 중시한다. 결실이란 오행적으로 金을 말한다. 그러나 水를 보지 못한 巳月생은 열심히 살아갈 뿐 큰 재목이 되지는 못할 것이다. 오히려 지나친 사회활동으로 인하여 소모와 지출이 많고 이루지 못할 목적을 따라 움직이기 때문에 큰 꿈을 꾸더라도 성공은 이루지 못한다. 운에서 水대운을 만나면 지나친 이상만을 쫓지 않게 되어 삶이 안정된다.

◆ 辛巳

辛을 바라본 巳月生은 결과에 대한 확고한 신념과 끈기가 있다. 무엇이든 차분하고 끝까지 소신을 지켜나가 값진 결과를 얻어낸다. 총명하고 다정다감하며 사상도 건전하지만 한편으로는 의심도 많고 간교한 지혜가 있으며 주변의 분위기를 잘 선동한다. 그것은 辛이 丙을 대화작용하여 말솜씨가 화려하고 남들에게 포장을 잘하는 모습 때문이다. 金의 이해타산적 심리가 있어 자신의 것은 감추고 타인의 것을 알고자 하며 까다롭고 섬세한 면이 있다. 고집이 센 듯하여도 巳는 궐음풍목(厥陰風木)이기 때문에 마음은 상당히 여리고 항상 분주하다. 정직한 편이며 여름에 가치 높은 것을 얻고자 하니 타인이 갖지 못하는 자신만의 특별한 것을 가지고 고부가가치의 일을 한다. 그것이 辛巳다.

◆ 癸巳

巳月의 水는 생명수와 같은 물이요, 갈증을 해갈하는 것을 말한다. 그래서 초목을 윤택하게 하여 풍성하고 편안한 환경을 만들고자 한다. 巳중 庚이 金生水 하여 만인에게 윤택함을 주어 인정받으려는 것이다. 외적으로는 사람들을 돕고 타인의 말을 잘 들어주니 처세가 좋고 포용력이 있으며 인정도 많다. 밖으로는 약해도 속은 巳가 있어 강한 특성이고 실속을 챙긴다. 癸는 戊와 대화작용하여 포용력이 있어 보인다. 겉으로는 욕심 없는 듯 보이지만 내심 권위와 야망이 있으며 인자하여도 속으로는 인색하고 보수적이다. 지혜가 많고 이해력이 좋고 섬세하고 냉정하며 처세가 매우 좋다. 그것이 癸巳다.

◆ 乙巳

巳月의 木은 꼿꼿함을 잃고 무성해지고 늘어지고 퍼지는 것이다. 거기에 원래 乙의 유연함이 더해져 부드럽고 다정하며, 명랑하지만 그 정도가 지나쳐 병이다. 그것은 과도한 욕망이며 지나친 것이다. 외적으로는 부드럽지만 乙木도 庚金을 견인하고, 巳中에도 庚金이 들어있어 속으로는 깐깐하다. 영리하고 똑똑하긴 하나 간교한 지혜가 있으며, 다정하고 부드러운 외형과 달리 계산적이고 인색하다. 하지만 오행의 소통이 잘 되면 그렇지 않다. 또 부드러운 듯해도 깐깐하고 냉정한 성품이 내재되어 있다. 사물에 대한 몰입도가 좋고, 水를 만나면 오래잡고 늘어지는 끈기도 있다. 또한 巳月의 木은 늙고 병들어 있으니 여름에 木氣는 미련이며 집착이다. 그것이 乙巳다.

◆ 丁巳

巳月의 火는 염열이 불타오르는 것이니 열정이 있고 의욕이 넘친다. 그러나 丁火는 陽氣를 내면에 응집하기 때문에 겉으로는 온순해 보인다. 그러나 내면에 큰 욕망과 정의가 도사리고 있으며 丁壬合木하기 때문에 순수하고 담백한 성격이며 속마음을 잘 털어놓지 않는다. 순수한 火의 덩어리이기 때문에 수완이 좋고 예절이 바르다. 그러나 혁희(赫曦-火가 太過한 모습)의

象을 가지고 있어 독한 느낌이 든다. 그래서 한번 화가 나면 성격이 불같고 급하나 뒤끝은 없다. 소극적인 듯하나 우두머리가 되고자 하는 마음이 있다. 외적으로는 순수하나 내적으로는 물질에 대한 집착이 강하다. 중화를 잘 이루었으면 사회적으로 큰 성과를 이루고, 양기가 강하면 성정이 강해 매우 독하고 실리적인 사람이다. 火가 지나치지만 내면에 금화교역하는 巳가 있어 완전한 혁희지기는 아니다. 그것이 丁巳다.

◆ 己巳

甲을 견인하려 하니 중용을 지키려 하고 외적으로는 의젓하고 호인이며 궐음풍목이라 활동성도 좋다. 무디고 말이 없는 사람처럼 보이나 마음속으로 여러 가지 생각을 품고 있는 사람이다. 타인의 간섭을 싫어하며, 총명하고 영리하나 자존심이 매우 강하여 남의 밑에 있기를 싫어한다. 내적으로는 남들이 자신보다 못하다는 자만심이 있고, 고독하고 독선적인 마음이 있다. 그것은 己巳 내면에 숨겨져 있는 庚金이 상관성으로 작용하기 때문이다. 자신의 의지와 뜻이 강하면서도 한편으로는 은근히 누군가에게 의지하고자 하는 마음도 있다. 巳火는 외적으로 인성이기 때문이다. 중후하지만 상관성이 있어 가벼운 말로도 상대방의 폐부를 찌른다. 巳월의 己土는 지나침이 많은 것이나 동절기에 태어나면 유정하게 쓰인다.

甲	辛	乙	丁	
午	卯	巳	酉	乾

巳月, 午時에 태어난 사주이다. 이 시간이 되면 태양이 뜨겁게 느껴진다. 천간에 乙木과 丁火가 올라와 있으니 사회적으로 큰 일을 쫓아간다. 水의 조절력이 있어야 되는데 팔자에는 水가 부족하여 아쉽다. 지지에 酉巳가 금화교역 되었지만 火기가 너무 강하여 金이 종혁지기(從革之氣)가 되어 버렸다. 다행히 중년 운에서 水운을 만나 水生木, 木生火, 火剋金이 잘되어 원만하게 살아가게 되었다. 巳月生이라는 것은 기본적으로 세상 돌아가는 이치와 처세에 능하다는 뜻이다. 그래서 능수능란한 인자로 보아야 한다. 양기가 지나치면 음기가 그리운 법이다. 그래서 역학과 인연하여 말년에 조용한 곳에서 살아가는 것이 꿈이다. 그것은 甲午가 공망이기 때문에 그렇다.

‖ 샘플 8 ‖

辛	丙	癸	辛	
卯	寅	巳	丑	乾

위는 巳月 寅日 卯時에 태어난 사주이다. 초여름의 아침시간에 태어났으니 삶에 대한 의욕과 의지가 강할 수밖에 없다. 천간에 癸水와 辛金 그리고 丙火가 투출하여 처세, 능력, 사회적 역량을 두루 갖춘 사주이다. 젊은 시절 대기업에 입사하여 활동하다가 40대에 퇴직하고 기업교육 회사를 차려 현재 운영 중에 있다. 이 사주가 좋은 것은 양기가 득세한 가운데 丑土가 있어 양기가 흩어지지 않도록 잘 조절하고 있으며 운에서도 중년에 水운을 만났기 때문이다.

5) 午月生(子午少陰君火)

午월은 망종(芒種)절에 해당한다. 망종이란 따뜻함을 지나 더위가 대지를 지배하는 시기를 말하는데, 망(芒)자가 까끄라기 망자를 말하며 더워서 불쾌지수가 높아져 있는 것을 표현한 것이다.

午월이란 寅월에서 시작된 희망과 밝은 세상으로의 진출이 완전히 실현된 상태를 의미한다. 그러나 막상 밝은 세상에 나와 보니 복잡하고 번잡하며 문명의 각박함을 느끼는 시기가 되었다. 巳에서는 세상일을 철두철미하게 수행해 갔다면, 午에서는 서서히 세상일에 염증을 느껴가는 단계를 말한다.

'덥다 더워'라고 외치며 무엇을 생각하겠는가? 아마도 시원한 계곡이나 해수욕장을 생각할 것이다. 만물은 이렇게 음양의 짝을 채우기 위해서 늘 표리부동한 형태를 취하게 된다. 대외적으로는 번화한 곳이나 멋진 사무실 공간에서 일할지라도 마음은 항상 고요한 산속이나 계곡을 찾아 지친 마음을 해갈해보고자 하는 마음이 크다.

午는 동물로 말을 상징하며 문명을 대표한다. 문명이란 역마의 대명사로서 통신이 발달하고 정보교류가 활발하며 물류의 대이동이 일어나는 것을 말한다. 과거에 말은 멀리 이동하는 이동수단으로 역마살로 불렸다. 이처럼 午월생들은 활발한 활동력을 보인다. 그러나 문명이 발달할수록 인간의 정신적 삶의 질이 떨어지듯이 午월생들은 몸은 문명에 있지만 조용하고 편안한 곳으로 이동하려는 마음을 가지고 있다. 君火이기 때문에 항상 잘못된 세상에 대한 불만이 있으며, 자신이 앞장서서 잘못된 세상을 바로잡고 진리를 밝혀내야겠다는 생각을 가지고 있다.

午월은 육친적 음양으로 음에 해당하지만 지구의 지축이 기울어진 이유로 子午卯酉가 사정방(四正方)에 놓여 있어 문명의 중심에 서서 세상을 이끌어 가야 한다. 그래서 子午卯酉생들을 중심으로 사람이 모이지만 정작 子午卯酉는 도화적 의미로 겉이 화려하여 포장을 잘하는 것이니 만인을 대표하는 군자가 될 수 없다. 즉, 어린 단종이 군주가 되어 세상의 모진 풍파를 다 받는 것처럼 子午卯酉생들은 감당하지 못하는 세상의 지위나 감투 때문에 괴로움을 많이 겪는다. 子午卯酉는 전문가이기 때문에 좁고 날카롭다. 그러므로 포용력이나 배려심은 상대적으로 적을 수밖에 없어 리더로서의 포용력은 부족하다.

망종에서 芒은 까끄라기, 칼날, 가시, 지친 모양을 말하기 때문에 午월 태생은 겉으로 유한 듯 보여도 내면은 까다롭고 알 수 없는 자신만의 생각에 늘 젖어있다. 불쑥 나타났다 불쑥 사라지고 때로는 내면의 허결함을 채우기 위해 무언가를 부여잡으려 하염없이 겉돌기도 한다. 그러나 午월생은 문명의 중심에 서서 세상의 모순된 현실을 되돌리려 하고, 소외되거나 불쌍한 중생을 위해 이 한 몸 불사르려는 마음도 있다. 이는 마치 자본주의 사회에서 공동배분을 주장하는 공산주의자들처럼 자신만의 이데올로기를 가지며 겉으로는 사회와 잘 어우러져 살아가는 듯해도 속으로는 외로운 방랑자이기도 하다.

일반적으로 산중 도인이나 스님 등 수행자는 사주에 음이 많을 것이라 생각한다. 그러나 현실을 보면 여름이나 가을태생이 더 많다. 겨울이나 봄 태생이 수행자가 되면 사회와 어우러져 이름도 내지만, 여름이나 가을태생은 자신의 존재를 잘 드러내려 하지 않기 때문에 알려지지 않고 조용히 수도(修道)에만 전념할 뿐이다.

◆ 壬午

午월생은 무엇보다 水가 필요하다. 水를 얻었다는 것은 사막에서 오아시스를 만난 것과 같으니 그 마음이 진실하고 담백하여 윤택한 의식과 사상을 갖는다. 午月의 水는 기발한 지혜이다. 음양의 조화를 잘 갖춘 것이니 총명하고 거짓이 없고 솔직하다. 온순한 편이고 다정다감하며 가정적이다. 水가 있어 조심스러우면서도 사교성이 있고 丁壬合木하여 어린아이처럼 졸랑대기도 하고 유머스럽다. 몸은 항상 바쁘고 목표를 향한 열정이 강한 데 비해 안정을 원하기 때문에 조심성도 매우 많다. 말이 앞서는 경향이 있고 타인의 사랑을 받고자 하는 심리가 있으며 허영심이 강하다. 계산이 빠르고 신중하면서도 결정된 일에 대해서는 시원하게 처리한다. 그것이 壬午다.

◆ 甲午

午월의 木은 무성한 것이고 木으로서 열기를 더욱 높이는 것이니 열정일 수 있으나 지나치게 욕심이 펼쳐진 것이다. 일지 상관성으로 비밀이 없고 성급하며 이상은 높지만 진득하지 못하고 분주하다. 상관성이라 언변은 좋고 타인을 무시하는 경향이 있으며 평범한 가정을 이루지 못하고 일주에 있으면 이별이나 별거, 주말부부 등 가정적 결함이 많이 따른다. 외적으로는 발랄하지만 내적으로 비관하는 마음과 염려하는 마음이 있다. 그것은 午火의 내면으로 일음(一陰)이 시생하기 때문이다. 그것이 甲午다.

◆ 丙午

午월의 火는 양기가 너무 지나쳐 살기가 되니 양인(羊刃)살이 되었다. 양기가 지나치면 만물은 오히려 능글능글해진다. 분수 이상의 허영과 허세가 있으며 겉으로는 능청맞고 자존심이 강하며 고집스럽고 자신의 뜻을 굽히지 않는다. 그러나 水의 조절을 잘 받으면 예리함을 유지한다. 丙午는 의료, 법무, 군인, 경찰, 언론, 전기, 전자 등 권력성 분야와 인연이 많다. 또, 외적으로는 세속적이고 예의가 바르며 처세가 좋지만, 내적으로는 이중적이며 갈

등이 많다. 품행이 단정하고 언변도 좋아 타인과 쉽게 친해지지만 辛을 대화작용하여 실리적이고 냉정하며 권위적이다. 그것이 丙午다.

◆ 戊午

午월의 土는 지나침이 많다. 戊土는 지배욕인데 그 내면의 열망과 열정을 감추고 포장한 것이다. 그래서 진중함이고 끈기이며 참고 기다리는 것이다. 그러나 내면에는 고집스러움과 자긍심이 있으며 고지식하고 융통성이 부족하다. 土로 지지 인성을 포장하니 항상 자신의 의도를 감추고 표면으로 자세를 낮추고 안전을 지향하며 살아가나 癸를 대화작용하여 조심성이 많고 매사 꼼꼼하며 무엇이든 인터벌을 두어 느리다. 외적으로는 대인이고 호인이나 내적으로는 一陰이 시작되는 자리인지라 비관적인 성향이 있고, 은근히 상대를 압박하며 독선적이다. 그것이 戊午이다.

◆ 庚午

午월의 金은 불에 金을 녹여 쓸 만한 연장을 만들고자 하는 것이고, 결실을 맺기 위해 꾸준한 준비를 하는 사람이다. 여름의 金은 아직 미숙한 것이긴 하나 가치가 높은 것이고, 수완이 능수능란하고 시대가 요구하는 방향을 잘 알아 천하의 귀재가 많다. 午가 정관이고 一陰이 식상으로 내면에서 시작되니 보이지 않는 재주를 잘 사용하고, 상황에 맞게 행동하며 능수능란하나 만약 水를 보지 못하면 허황된 사람이다. 또 처세가 밝으나 내심 의타심이 있고, 丁火를 보지 못하면 치밀하지 못하고 덜렁댄다. 庚金을 쳐다보니 항상 결과 지향적이며 지지에 말(馬)이 있어 늘 분주하고 겉은 진실하나 속 마음을 헤아리기 어렵다. 그것이 庚午다.

‖ 샘플 9 ‖

丙	庚	丙	壬	
戌	子	午	寅	乾

위는 午月 子日 戌時에 태어난 사주이다. 丙午가 있으나 천간의 壬水를 보았고, 시간 또한 戌時에 태어났으니 예리한 성품을 가졌으며 비상한 재능을 가졌다고 할 수 있다. 다만 아쉬운 것은 여름에 丙火가 투출하여 관록이 빛나지 않으며, 辛金이 있어야 丙火의 쓰임이 좋아지는데 없는 것이 아쉽다. 地支의 상관성이 좋으니 재주가 좋은 전문 엔지니어 사주이다. 그것이 日 支에 있으니 자신이 많이 움직일 필요가 없으며, 丙火가 戌時에 나와 십이 운성상 묘지를 만나 꺼질 수 있으나 子水가 중간에 조절하니 빛과 에너지를 관리하는 사람이다. 위 사주는 현재 전력회사의 관리자로 근무하고 있다.

‖ 샘플 10 ‖

己	己	戊	戊	
巳	巳	午	戌	乾

위 사주는 午月 巳日 巳時에 태어난 사주이다. 얼핏 보면 불덩어리라 좋은 사주가 아닌 듯 보이지만 戊土가 있어 火를 조절해준다. 이는 세속적인 열망이 강한데 적당히 처세를 잘할 수 있는 인자를 가진 것이라 할 수 있다. 그렇다하더라도 운이 양대운으로 흐른다면 양대운 중에는 지나침이 많아 운명에 부정적인 영향을 미쳤겠지만 다행히 어려서부터 운이 70대까지 음대운으로 흘러 음양의 조화를 맞추니 세속적으로 부귀한 운명이 되었다. 행정고시 합격하여 지방 군수를 지냈고, 국회의원에 당선된 사주다. 戊土는 지배 세력을 말하고 지지가 모두 인성이니 학문과 감투를 바탕으로 지지기반을 세웠다는 의미이다. 火기가 지나치게 강하면 내면에 음기가 많은 것이다. 그래서 사주에 보이는 것처럼 양적이지 않고 조심성이 많다.

6) 未月生(丑未太陰濕土)

未月은 24절기중 소서(小暑)와 대서(大暑)에 해당하며 동물로는 양에 해당된다. 소서에는 장마가 져서 대지에 많은 비를 뿌리며 일 년에 필요한 수분을 가장 많이 공급하는 시기이다. 그래서 未土는 丑土와 함께 태음습토에 해당하며 만물의 음양교차의 중심축을 담당한다. 그래서 팔자에 丑未가 드러나면 만물의 중심적인 역할을 담당하려 한다. 중재, 조정, 법 등을 말하며 辰戌丑未는 중용의 글자로서 중심글자이니 많은 것을 포용하고 흡수하려 한다.

未土가 태음습토에 해당하는 것은 未土 아래 윤택한 생명수가 흐르기 때문이다. 未土를 물상으로 보면 사막의 토양과 같은 것이다. 사막의 토양은 겉이 황량하고 건조하지만 모든 물을 지하에 감추어 사막의 생명줄을 이어 간다. 꼭 필요한 이들에게 영양과 수분을 공급해주는 未土는 그렇게 어려운 이들에게 한 가닥 희망이 되고자 하는 마음이 있어 건강, 의료, 의약 분야에 많이 진출한다.

未月이란 그렇게 황량함 속에 윤택함이 있는 것을 말한다. 未月의 윤택함이란 오랜 기다림과 노력에 의해 얻어낸 값진 지혜를 말하며 내면의 세계가 잘 발달되었음을 의미한다.

양은 보통 고산지대 암반에서 서식한다. 생태학적으로 보면 천적의 공격을 피하기 위해 그런 곳에서 살아간다고 볼 수 있지만 역학적으로 바라보면 척박한 환경 속에서 이겨내는 힘을 말하고, 험하지만 나만의 공간에서 아래를 내려다보며 살고 싶은 마음을 의미하는 것이다.

未는 '아닐 미'자로서 아직 열매가 덜 여문 상태를 말한다. 未는 木의 생명력을 제어하여 金의 결실을 얻으려 하는 것이다. 金이란 건조한 것인데 未는 金을 지향하기 때문에 만물을 겉으로 마르게 한다. 그래서 사막의 식물들은 잎사귀가 말라 가시처럼 보이는 것이다. 건조하게 하는 것은 생명의 번식을 억제하여 결실을 보기 위함이다. 그래서 未月생들은 더위에 지쳐 있는 사람처럼 짜증스럽고 까다로운 면이 있다. 그러나 金을 얻은 未月은 결실과 결과를 잘 이루어 내는 사람으로 남이 못하는 탁월한 재능의 소유자가 많다.

보통 오행을 껍데기만 설명하는 경우가 많다. 그러나 오행이란 결코 단편적 특성으로 되어 있지 않다. 火를 뜨거운 것으로만 보는 것은 겉만 말하는 것이다. 火는 겉으로는 뜨겁지만 속으로는 차갑다. 또 金을 만들어 내려 한다. 이렇게 표리부동한 모습과 운동성까지 아는 것이 오행을 정확히 이해하는 것이다. 그래서 여름태생이면 활발한 것이 아니라 오히려 염세적이고 폐쇄적인 내면의 소유자이면서 이해타산에 밝다.

사람의 몸도 계절에 따라 겨울엔 체내의 열을 내부로 집중했다가 여름엔 외부로 확산하는 변화를 갖게 된다. 계절에 따라 머릿결이나 피부도 미세한 변화를 겪는다. 가령 겨울에 얼굴이 건조한 것은 겨울에는 온기가 몸 내부로 집중하기 때문에 피부는 마르고 건조해지는 것이다. 반대로 여름에는 몸의 온기가 외부로 확산되어 있기 때문에 피부로 터져 나와 잡티가 많이 생기고 열꽃도 잘 생기게 되지만 피부는 윤택해진다.

未月生은 여름의 극한의 계절에 있기 때문에 더위에 지쳐 있는 모습과 같다. 그 누구보다 음에 대한 그리움이 간절하지만 자신의 자리는 뜨거운 곳에 있으니 마음에 갈증과 갈망이 많다. 세속에 대한 염증이 많아 속세를 떠나서 조용한 곳에서 살고자 하는 마음이 크다.

◆ 癸未

未月의 癸水는 윤택함이며 단비와도 같은 것이다. 그래서 만물의 갈증을 해소하는 데 없어서는 안 될 생명의 물인 癸未는 만인을 살리는 데 목적을 두고 있다. 외적으로는 처세가 좋고 다정하고 소심해 보이지만 戊土와 대화작용하여 포용력이 있다. 처세에 능하고 남의 말을 잘 들어주고 다정하나, 더위에 지친 사람처럼 고독하고 까칠한 성품이라서 타인의 간섭을 싫어한다. 癸未는 일반적으로 의료계, 요식업, 연구소, 종교, 철학 계통에 인연이 많고 중재 역할을 잘한다. 그것이 癸未이다.

◆ 辛未

未月의 金은 결실을 위한 분리와 선별을 하는 것이다. 생명력을 억제하여 결실을 만드는 과정을 말하는 것이니 공공의 이익을 위함이 크다. 십이운성상 쇠(衰)지에 들어 인정이 많고 다정한 성격이나 未土는 까다로운 성정이 있어 화가 나면 금방 차가운 사람으로 돌변하고 다시는 마음을 풀지 않는다. 꼼꼼하고 섬세하며 처세에 능하나 속을 알 수 없고 생각이 깊다. 결과를 위해 정진하는 마음이 강하며 장난스러운 듯해도 인성에 근(根)하여 생각이 많고 인정받으려는 마음이 강하며 학문을 좋아한다. 辛金이 丙火와 대화작용하여 외적으로는 타인의 시선을 많이 의식하고 내적으로는 태음습토하여 조심스럽고 젊잖다. 그것이 辛未이다.

◆ 乙未

未月의 乙木은 십이운성상 양(養)지이다. 양지는 어미의 뱃속에서 길러지고 있는 것을 말하는데 乙未는 그것을 뚫고 나온 상이다. 未月의 木은 무더위 속에서 다시 새싹이 피어나는 것이니 빠르게 자라는 것이고 강한 것이며 질긴 것이다. 만물의 수성을 이뤄야 할 시기에 새로운 싹이 나온 것이니 시절에 맞지 않는 계획이나 의견이며 집요한 것이다. 겉으로는 부드러운 듯하여도 목표를 향한 집념이 강하며 화를 내면 폭정이 나온다. 그래서 乙未는 백호대살에 해당한다. 목표를 향한 집념이 확실해서 생활력이 강하고 열심히 살아가는 사람이지만 월령에 임하면 지나침이 많은 것이다. 丙火와 辛金을 보면 귀격이 되고 水의 조절을 받으면 더 좋다. 그것이 乙未이다.

◆ 丁未

未月의 火는 만물을 건조하게 만들고 불사르는 것이다. 火기가 집약되니 고지식할 정도로 담백하고 솔직하며 丁壬合木을 지향하여 온순하면서도 인정이 많다. 성격이 불같아도 未를 근하여 도량도 넓고 희생정신도 강하며 활동적인 기질을 가졌으나 화가 나면 폭정을 하고 잔인해지며 내적으로 매우 까다롭다. 좋다가도 성미에 맞지 않으면 얼굴색을 바꿔버린다. 고집과 투쟁심이 있으며 매우 고지식하고 거칠고 반항적 성격을 가지고 있으나 水의 조절을 잘 받으면 단정하고 예의 바르다. 만약 水의 조절을 받지 못하면 허황된 꿈을 꾸며 한평생 가사를 탕진하며 살 수 있다. 그것이 丁未이다.

◆ 己未

未月의 己土는 무더위에 모든 것을 포장하고 수렴하려 하니 비밀이 많고 자존심이 강하며 매우 고집이 세다. 甲木과 대화작용하여 의관은 단정하고 타인의 시선과 처세에 신경을 많이 쓰며, 외적으로는 호인이고 다정하지만 내적으로는 까다롭고 섬세한 면을 가졌다. 己未는 고요하지만 메마른 땅과 같아 한번 노하면 선후를 가리지 않고 역정을 낸다. 未月의 己土는 완전한 무극을 의미하므로 중심에 서서 판단하려고 한다. 타인의 이야기를 다 들어주는 듯해도 자신의 의지와 고집, 신념이 강하며 잘 표현하지 않기 때문에 주변과 인간관계가 좋다. 己未는 중화지기로서 만물을 성(成)하려는 의도를 내심 가지고 있으니 결과와 결실을 거두고자 하는 마음이 크다. 그것이 己未이다.

‖ 샘플 11 ‖

庚	壬	辛	甲	
子	戌	未	辰	乾

未月 戌日 子時에 태어난 사주다. 매우 더운 날 한밤중에 태어나니 음양의 조화를 잘 갖추었다. 한밤중은 만물이 보이지 않는 시간이다. 子時 위에 편인인 庚이 투출하여 정신적인 학문을 하는 사람이다. 아쉬운 것은 庚金이 火를 보지 못한 것인데 49세부터 丙子, 丁丑 대운을 만나 풍수지리학

교수가 되어 명예도 얻었다. 丙子대운부터 천간의 오행이 모두 소통되어 매우 길한 모습이다.

‖ 샘플 12 ‖

戊	丁	丁	壬	
申	巳	未	子	坤

未月 巳日 申時에 태어난 사주다. 申時는 金이 시작되는 때이긴 하나 온도로는 매우 무더운 시간이다. 그래서 년의 壬子가 좋은데 공망인 관성에 해당한다. 그래서 위 사주는 마음수련단체에서 20년간 근무하였다. 아쉬운 것은 양기가 너무 극렬한데 운 또한 양대운으로 계속 흘러 사주가 금화교역이 되어 있어도 재물은 축적할 수 없었다.

7) 申月生(寅申少陽相火)

申月은 입추(立秋)에 해당하며 가을의 시작을 알리는 절기를 말한다. 앞서 거론한 寅부터 未까지는 양의 세력 구간이었으나 申부터는 음의 구역이 시작되는 시기이다.

申월은 가을의 시작이기는 하나 입추가 되었다고 대지의 열기가 식지는 않았다. 뜨거운 未월의 여기(餘氣)가 넘어와 계속 작용하고 있어서 申월은 입추가 지났음에도 무더위는 계속 남아있다. 그것은 마지막 열매를 익히고 결실을 보기 위한 작업으로 입추절의 태양은 곡식을 익히는데 사용된다. 입추절에 태양광이 부족하면 열매를 완전하게 익히는데 장애가 따르기 때문에 무엇보다 강한 양기를 필요로 한다.

申月은 12절기로는 입추(立秋)이면서 24절기로는 처서(處暑)가 포함되어 있다. 처서가 되면 더위가 한풀 꺾이고 선선한 바람이 불기 시작한다. 이렇게 申월은 여름의 양기와 음기가 서로 어우러져 있는 교차적 구간을 말한다. 양의 세상에서 음의 세상으로 바꾸어 주는 변혁이 이루어지는 구간이며 음의 개벽(開闢)이 일어나는 때이다. 그래서 申월생은 결실을 이루기 위해 분주한 활동을 하게 된다. 그 결실을 이루기 위해서 필요치 않은 요소는 과감히 단절해 버린다. 그러나 필요한 것은 소중히 거두고 다스리는 이중성을 가졌다. 아무리 무서운 권력자도 자기 가족에게는 약한 것처럼 申이란 외적으로는 투박하고 잔인한 면모를 갖고 있으나 내적으로는 따뜻함이 있다.

申은 '口 + 十 = 田'으로 십무극의 완성과 통일을 이루기 위한 우주의 첫 번째 동작을 말한다. 거기에 다시 하늘과 땅으로 한 가닥씩 가지가 뻗어 하늘과 땅을 연결하고 소통하는 것을 말하는 것으로 신통력이 있다는 뜻이다. 신통한 재주와 재능을 갖고 남들 못하는 기발한 아이디어를 가지고 있는 사람들이 申월생이다. 그래서 사주에 申을 가지고 있는 사람은 공통적으로 강건하고 깐깐하면서도 탁월한 창조의 재능을 가지고 있다. 이것이 月에 임하여 있다는 것은 그만큼 그러한 영향이 다른 지지에 있는 것보다 더 크다고 할 수 있다.

우주의 대세는 음에서 양을 열어주는 구간이 寅이라면 양에서 음을 열어주는 글자는 申이다. 그래서 팔자에 寅申이 드러나면 혁명적인 사람이며 분주히 그 혁명과 개혁을 위해 동분서주하는 사람이다. 申월은 외형적으로는 양기가 충만하여 많은 사람들과 어울리고 교류하며 늘 새로운 일을 찾아다니면서 많은 재능을 발휘하는 사람이지만 그 내면은 음을 지향하고 있으니 마음이 고독하고 독선적인 면이 있다. 申中에 戊壬庚이 있듯이 壬水는 음의 세계를 열어가려는 申의 특성을 말하는 것으로 명암(明暗)과 시종(始終), 즉 시작에서 이미 마무리를 지어 완성한다는 뜻을 담고 있다.

입추부터 처서까지는 날이 덥지만 처서가 지나면 더위가 물러나고 시원한 바람이 불기 시작하는 것도 申月중에 이루어지는 현상으로 申의 중기에 壬水가 들어 있는 연유이다. 그래서 申월은 火와 壬水의 조화가 필요하며 균형을 이룬 모양의 사주가 귀격이 된다.

◆ 丙申

申월의 丙火는 마지막 결실을 맺고 완숙시키는 것으로 申월에 丙火를 보는 것은 만인의 질서와 변화 개혁을 선도하고 앞장서는 것이다. 그러나 申月의 丙火는 더운 열기에 뜨거움을 더욱 더하는 것이니 따갑고 지나침이 많다. 丙火는 辛金을 금화교역하기 때문에 申月의 丙火는 보이지 않는 이상과 결과를 향한 움직임을 말한다. 그래서 매우 바쁘고 분주하다. 여러 가지 재주가 있고 언변이 좋으며 외적으로는 명랑하나 내적으로는 덥기 때문에 신경질적인 면이 있어 일이 끝나면 외부와 단절하고 내면의 세계에 집중한다. 목적을 성취하기 위해서 동분서주 움직이는 모습이 불안해 보이지만 활동성은 뛰어나고 사교성도 좋다. 내면은 辛金과 대화작용 하여 순수하고 비상한 지혜와 문장력을 갖고 있다. 그것이 丙申이다.

◆ 壬申

申월에 壬水를 보는 것은 만인에게 윤택함과 편안함을 주는 것으로 다정하고 정적인 외적요소를 갖고 있으며 누구와도 잘 어울리는 사람이다. 인성을 근(根)하여 학문에 대한 열망이 강하다. 논리적 두뇌가 좋다. 천간에 丁火와 합하여 이상이 높고 재치가 있으며 다방면에 능수능란하다. 내적으로는 성격이 급하고 변화가 많으며 인정이 있는 듯해도 마음이 돌아서면 申金의 특성이 나와 냉정하고 잔인한 면이 있다. 이해 타산적이나 丁壬合木하여 순박하고 정에 약하다. 그것이 壬申이다.

◆ 甲申

申월의 甲木은 절처봉생(絕處逢生)한 것으로 사지(死地)에서 새로이 부활한 것을 말한다. 그래서 申月의 甲木은 이상주의적이고 눈에 보이지 않는 것이 삶의 도구가 된다. 甲木이 나와 있어 우두머리기질이 있으며 申金이 지지에 있어 모사와 재주가 좋다. 일을 잘 저지르지만 세심한 면이 있고, 덜렁대면서도 조심성은 많으나 마무리는 거칠다. 가을에 튀어나온 甲木은 계

절을 거역하는 반항심이고, 혼자만의 생각인지라 독단적 주장을 한다. 천간
지지가 상극하여 매우 분주하지만 큰일에 관해서는 申中의 壬水가 있어서
끝장을 본다. 火를 보면 출세욕이 강하다. 자존심이 강하고 타인에게 굽히지
않는다. 그것이 甲申이다.

◆ 戊申

申월의 戊土는 土가 金을 덮는 격이니 매금(埋金)되고 만다. 戊의 지배
력이 金을 만나면 모든 것을 가지려는 욕심이 지나치게 된다. 金의 입장에서
는 항상 방해받고 있어 빛나지 못하니 불만스럽다. 그러나 戊寅과 달리 金은
土를 뚫고 나오지 못하므로 그 야심과 개혁의 의지가 그대로 내면에 묻혀 있
어 어느 시기가 되면 한 번에 표출되는 것이다. 매사 조심성이 많고 참을성
이 좋으나 申 때문에 고독하고 덜렁댄다. 불필요한 걱정이 많고, 한 가지 일
에 집중하지 못하며 매사 분망하다. 재주가 비상하고 성실하며 생활력과 활
동성이 좋다. 申月의 戊土는 큰 욕심이 지나친 것이다. 그것이 戊申이다.

◆ 庚申

申월의 庚金은 변혁과 개혁의 의지가 지상에 드러난 것이고, 예리하고
잔인한 것이다. 庚金은 丁火를 보아야 하기 때문에 명예욕, 권세욕이 있다.
혁명가적 기질이 있고, 재주는 좋으나 투박하고 무식하며 丁火를 보지 못하
면 격이 낮다. 갑작스런 변화를 즐기며 예능적 기질도 좋고 영리하며 임기응

변에 강하고 완벽주의적인 성향이 있고 타인과 시비를 다투는 논쟁이 많다. 겉으로는 투박하고 냉정하지만, 속마음은 乙木과 寅木을 대화작용하여 여리고 따뜻하며 순박하다. 申月의 庚金은 金이 너무 지나친 것이라 그 방식이 강하다. 그러므로 丁火를 만나면 세월 따라 업적을 만들지만 丙火를 보면 쓰임이 적다. 그것이 庚申이다.

‖ 샘플 13 ‖

戊	庚	甲	庚	
寅	辰	申	戌	乾

申月 辰日 寅時에 태어난 사주이다. 재성甲木이 투출하여 세무회계를 전공하였다. 세무회계 역시 보이지 않는 무형의 범주에 속한다. 사주에 火가 드러나지는 않았지만 申月자체가 양기가 많은 것이므로 현실사회로 안착하는데 문제는 없다. 다만 아쉬운 것은 甲과 庚이 투출하였는데 丁火가 투출하지 못하여 귀격이 되지 못하였다. 학창시절에 丁火운을 만나 공부를 잘하였고 공직에도 합격하여 세무공무원이 되었다.

‖ 샘플 14 ‖

丙	辛	戊	丁	
申	亥	申	巳	坤

申月 亥日 申時에 태어난 사주이다. 음양의 조화를 잘 갖추고 있으나 申月에 壬水가 투출되지 않은 것이 아쉽다. 申月에 戊土가 투출하여 인성인데 丁火의 조화를 잘 받아 辛金을 비추니 학식과 직업이 좋은 사주이다. 위 사주는 대학에 근무 중으로 박사 학위를 준비하여 대학 교수를 꿈꾸고 있다.

8) 酉月生(卯酉陽明燥金)

酉月은 12절기로 백로(白露)에 접어드는 시기이다. 백로란 흰 이슬을 뜻하는 것으로 풀잎에 이슬이 맺히는 데에서 유래되었다. 백로절이 되면 더위는 완전히 물러나고 지상에는 선선한 바람이 불어 아침저녁으로 서늘함을 느끼고, 물 또한 차가워져 냉수로 샤워하기에는 약간 부담이 되어 온수를 틀기 시작한다.

자연에서는 마지막 열매를 익히고 결실을 거두는 계절로 온천하가 풍성함으로 가득 채워진다. 서리(숙살지기)의 조화가 마지막 결실을 이루어 내어 풍요로움을 만든다. 그러므로 酉월에 태어난 사람은 내면이 풍요로운 사람의 모습처럼 행동한다. 만약 酉月에 태어난 자가 水를 얻지 못하면 그것은 먼지 펄펄 날리는 황량한 가을 들녘과 같으니 인정머리가 없게 된다.

酉月의 풍요로움은 자신의 내면을 여유 있는 사람처럼 느끼게 하여 외부의 기운을 철저히 분리하고 차단한다. 얻을 것을 다 얻은 마음과 같으니 그것으로 나와 내 가족이 배불리 먹으면 그만이다. 다른 곳에 신경을 써봤자 보태주어야 할 일만 있을 것 같으니 酉月생은 내외를 철저히 구분한다.

그래서 정을 준 사람에게는 헌신적이나 그렇지 않은 타인에게는 관심이 없으며 냉정하다. 그러한 酉月生은 혼자 있어도 자아만족을 하는 것이니 외로움을 잘 느끼지 않는다. 오히려 이런저런 인간관계를 불필요한 관계로 바라보는 경향이 있어 되도록이면 혼자 즐기기를 좋아하고, 가족이나 친한 친구 한두 명과 생각을 공유하며 살아가길 좋아해 필요없는 인간관계는 맺으려 하지 않는다.

酉月은 이제 곧 어둠을 맞이하고 또 겨울을 맞이해야 하는 것이므로 酉月生들은 대체로 내면의 세계에 많은 관심을 갖게 되며 분주해 보이지만 혼자만의 세계에 관심사를 갖고 살아가는 사람이다. 봄태생의 입장에서는 참으로 폐쇄적인 사람으로 보일 수 있으나 여름태생의 입장에서는 참으로 부러운 사람일 것이고, 겨울태생의 입장에서 보자면 스스로 외로움을 자초하니 참으로 불쌍한 사람일 것이다. 그러나 그것은 어디까지나 자기들의 관점이지 酉月生은 아무런 문제를 느끼지 않는다. 酉月生의 입장에서는 인생을 적당히 편안하게 사는 것을 좋아하여 죽기살기로 치열하게 사는 삶은 원하지 않는다. 오히려 그렇게 사는 다른 계절 태생 사람들을 보고 '왜 저렇게 죽기살기로 하는지 모르겠다'고 느낄 수 있다.

酉를 가을의 보석이라고 말한다. 그것은 火를 보면 부가가치를 높이려는 것이고 水를 보면 가진 능력과 환경으로 편안하고 안정된 삶을 살아가려는 의지가 된다.

◆ 丁酉

酉月의 丁火는 값진 것을 비추는 것이다. 그래서 고부가가치를 상징한다. 丁이 壬을 합하여 木으로 化하니 창조적 성향이 강하다. 음으로 이루어져 있어서 외적으로 소극적이고 순진한 듯 보이고 천진스러운 면이 있다. 그러나 내적으로는 卯를 견인하여 섬세하고 마음이 분망하여 일을 잘 시작하고, 깊이 생각하지 않고 행동하는 면이 있다. 酉月의 丁火는 순수하고 깨끗한 것이다. 그래서 아름다움을 비추니 예술적 감각이 좋고 학문과 문장력도 좋다. 세심하고 꼼꼼하다. 酉는 내외를 분리하려 하니 자신의 가족만을 위한다. 酉月의 丁火는 자신의 가치를 알려 사회적으로 큰 유용성을 갖는 것이다. 그것이 丁酉다.

◆ 癸酉

酉月의 水는 안으로 수렴하려는 기운을 말한다. 가을의 결실이 끝났음에도 내적으로 축적하려는 기운이 강한 것을 말한다. 그래서 酉월의 水는 외적으로 부드러운 성향을 가졌으나 내적으로 비밀스러움이 있고 얻으려는 욕망이 강하다. 癸水가 戊土를 대화작용하니 무한 욕망을 말한다. 사주의 그릇이 좋으면 큰 포용력으로 작용하지만 그릇이 나쁘면 은근하면서 욕심이 많은 사람처럼 보인다. 酉月의 水는 준비성이고 부지런함이며 윤택함을 말하는 것이다. 외적으로 영리하고 철두철미하며 깔끔하고 유쾌한 성격으로 처세가 좋고 다정하며 부드러운 면을 가졌다. 그러나 내적으로는 인색하고 집념이 강하고 불굴의 의지를 가졌으며, 섬세하고 까다로우면서도 독한 면이 있고 고집스럽다. 그것이 癸酉다.

◆ 乙酉

酉月의 木은 매우 연약한 것이다. 그러나 숙살지절에 피어난 乙木이라면 외유내강의 기질을 가진 것이다. 그래서 겉으로는 연약해 보여도 속으로는 강하고 끈질긴 면을 가졌다. 乙木은 庚金과 대화작용하여 아니다 생각하면 단칼에 잘라버리는 냉정함도 갖게 된다. 또한 육친적으로 관성을 견인하고 지지도 편관이라 군자를 표방하지만 내적으로는 의심이 많고 잔꾀를 부린다. 겉으로는 인정이 많고 다정해도 속으로는 권위적이며 끈질긴 의지가 있으며 酉金이 卯木과 대화작용하여 의심이 많고 마음의 변화도 많다. 가을의 乙木은 바짝 마른 나뭇가지와 같아 연약한 듯 보여도 매섭고 날카로운 이치와 같다고 생각하면 된다. 또한 매우 이상적이며 보이지 않는 형이상적인 것을 쫓아간다. 木은 火를 보아야 호탕해지며 의식이 커지고 다시 金을 보면 사주 그릇이 좋아진다. 그것이 乙酉다.

◆ 己酉

酉月의 土는 부가가치 높은 것을 저장하는 상이니 비밀이고 보안이며 덮어 두려는 것이다. 겉으로는 부드럽고 유순하며 신용과 의리가 있다. 己土가 투출하여 속내를 알기 어려우며 酉에서 丁火가 장생하여 출세하기 위해 학문을 닦는다. 己土가 甲木을 대화작용하니 바르고 뻣뻣하며 진취적이다. 내적으로는 甲木이 卯木을 만나 양인의 기질을 가지고 있어서 상대를 제압하는 압권을 은근히 발휘한다. 겉으로는 여유롭고 평온한 사람이지만 내적으로는 卯木을 대화작용하여 항상 분망하고 매우 냉정하다. 酉月의 己土는 아집이고 신념이지만 土의 기운이 강하여 지나침이 있다. 그것이 己酉이다.

◆ 辛酉

酉월의 金은 아주 섬세하고 까다로운 것이며 고지식하고 외적으로 깐깐한 것을 말한다. 辛金이 丙火를 대화작용하니 자신을 드러내기 위함이 많고 간교한 모사가 있다. 처세가 바른 듯하지만 고집이 강하여 날카롭고 고독하고 타인과 잘 화합하지 못하며 언쟁이 많다. 물욕이 강하여 바쁘게 움직이므로 생활력은 강하지만 생각이 좁고 대담하지 못하다. 가을의 辛金은 지나침이 많은 것이다. 그러나 丙火나 丁火를 만나면 재치가 빛나고 큰일을 해낸다. 그것이 辛酉다.

‖ 샘플 15 ‖

丁	癸	癸	己	
巳	巳	酉	酉	坤

酉月 巳日 巳時에 태어난 사주다. 음양의 조화를 잘 갖추고 있으나 건조

함이 있다. 건조한 환경에서 癸水가 투출되어 있으니 부드럽고 윤택함이 있지만 자기세계가 강한 사람이다. 또한 己土가 투출되어 조용한 성품이나 속내를 잘 알 수 없다. 酉月의 丁火는 집중하고 몰입하는 것이다. 그것이 酉月에 빛나고 있으니 멋있고 좋은 것이다.

‖ 샘플 16 ‖

甲	己	癸	己	
子	酉	酉	亥	坤

酉月 酉日 子時에 태어난 사주다. 대체로 음기 지향적으로 치우친 감이 있다. 그러나 酉月은 아주 추운 계절이 아니기 때문에 음이 매우 강한 사주는 아니라고 보아야 한다. 결실의 계절의 한밤중에 태어났다는 것은 휴식과 안정을 선호하는 마음이 크다는 뜻이다. 己土가 투출되었고, 己酉가 있어 입이 무겁고 진중하며 甲木 정관도 투출하여 외적으로 의젓하고 바른 성품을 가졌다. 그러나 내적으로는 섬세하고 조심성이 많으며 火를 얻지 못하였으니 유명한 직업을 갖지는 못할 것이고 지원과 보좌역을 맡을 사주이다.

9) 술월생(辰戌太陽寒水)

戌月은 한로절(寒露節)로서 서리가 내리기 시작하는 시기를 말한다. 한로는 가을의 결실을 마무리하고 겨울을 준비하는 시기이다. 가을과 겨울의 문턱이며 지상에서는 여름새가 떠나가고 겨울새가 돌아온다. 반대편의 辰은 왕성한 확장력으로 음기를 완전히 가두어 여름을 여는 것이라면 戌은 왕성한 수축력으로 양기를 완전히 가두어 겨울을 여는 것을 말한다.

양기를 완전히 거둔다는 것은 밝은 양지(陽地)의 세계-문명세계의 종식을 말하는 것이다. 문명의 세계는 卯부터 酉까지 지상에 태양이 나타난 시기로 세속적 영역에 포함된다. 戌부터 寅까지는 음지(陰地)의 영역이며 비세속적 영역에 포함된다. 세속적 영역은 현실적으로 눈에 보이고 지상에 드러난 물질적인 영역을 말하는 것이며, 비세속적 영역은 형이상적이고 눈에 보이지 않는 정신적인 세계를 말한다.

酉시부터 차차 어둠이 내리기 시작하고 戌時가 되면 지상은 어둠으로 가득한 완전한 밤이 된다. 그래서 戌은 인간의 보이지 않는 정신적이면서 형이상적인 영역의 첫 번째 단계가 된다. 戌은 정신적 세계의 첫 포문으로 천문성(天門星)을 가졌으며 귀문(鬼門)이며 도문(道門)을 의미한다.

24절기 중 상강(霜降)은 戌月에 시작되며 농촌에서는 상강 이전에 모든 추수를 끝내야 한다. 그렇지 않으면 곡식이 음기에 상해버리기 때문에 戌은 내면으로 火를 거두는 수축작용이 활발하다. 또한 내부에서는 양기를 잘 보전하고 외부에서는 겨울을 열어가는 작업을 하게 된다. 이 기준이 상강절이며 상강이 지나면 서리가 내리기 시작한다. 서리가 내린다는 것은 생명력을 포장하는 작업이 끝났다는 것으로 각종 벌레나 식물의 겨울 동면 준비가 끝났다는 것을 말한다.

戌月은 양기를 최종적으로 닫고 갈무리하는 것이다. 양기란 문명, 유명, 세속적인 특성을 의미하는 것이므로 강력한 양기를 갈무리하면서 큰 압력이 발생하여 권력적 인자로 쓰인다. 즉 '빛 못 보게 하는 놈' 무서운 놈이다. 이십팔수에서도 규(奎), 루(婁)별에 해당하여 강력한 살권(殺權)을 담당하고 있다.

戌月에 태어난 사람은 추상적이며 형이상적 목표를 바라보며 살아가게 된다. 끝없이 타인과 교류하면서도 내심 고독하고 많은 정보를 내부로 축적하고 기억하고 있으며, 직관적으로 어떤 정보가 유용한 것인지 잘 걸러낸다. 외부적으로는 활발한 사회활동을 하지만 내부적으로는 자기만의 세계가 강하고 비밀이 많고 내면의 세계를 중시한다. 겉모습은 어렵고 접근하기 어려운 사람처럼 보이지만 실지로 만나보면 인정이 많은 사람이 많다. 戌月은 고급정보를 잘 알고 있는 만큼 주변에 돈 많고 배경이 좋은 후원자를 두고 살아간다. 또한 자신의 젊은 날의 진로 또한 영향력이 있거나 강한 분야를 선택하는 것이 戌月생의 특징이다.

사주 구조에 따라 戌月생은 종교, 철학, 심리, 역사, 고고학 등의 분야로 진출하며 건설, 건축 등의 큰 사업을 벌이기도 한다. 그 연유는 戌에서 빛을 감추기 때문에 보이지 않는 세계 또는 미지의 세계에 대한 동경이 있고, 戌자체가 외적으로 매우 태양한 기질을 갖고 있기 때문이다.

◆ 丙戌

戌月에는 어둠이 깊으니 무엇보다 丙火를 밝혀주면 어둠속에 광명을 보는 것과 같아 좋다. 어둠속의 丙火는 등불이고 희망이니 멋있는 사람이다. 늘 하늘의 등불을 쳐다보니 마음이 긍정적이고 희망적이며 만백성과 대중들을 위해 헌신하고 등불이 되고자 하는 따뜻한 마음이 있다. 그것이 丙戌이다.

故김대중 전 대통령이 丙戌일생이고, 故노무현 전 대통령도 丙戌년생이었다. 물론 간지의 위치에 따라 특성이 다르기는 하나 丙戌은 잘 쓰였을 때 희망적인 존재가 된다.

丙戌은 언변이 좋고 의협심이 강하다. 책임감도 강하고 신의가 있으며 집념이 강하고 백호대살 간지가 되어 성격이 급하다. 戌자체의 태양한 기질에 丙火의 이상이 발현되어 호걸풍이며, 이상이 큰 사람이 많고 욕망도 크다. 또한 도량이 넓어 보이고 처세가 좋으나 내면에 아주 섬세하고 까다로운 면을 간직하고 있다. 丙戌은 절망 속에 밝혀진 희망의 등불이므로 이상적인 생각과 행동으로 멋이 풍겨나와 사람이 잘 따른다. 내적으로는 戌土가 한수의 기질이 있어 치밀하고 알뜰하며 용감한 듯 보이지만 매사 조심성도 많다.

◆ 壬戌

戌月에는 양기가 사라지고 음기의 세상이 오는 것이며 강력한 권세를 누리는 것이 水이다. 戌은 가을의 끝자락으로 내부에서는 水의 운동이 활발하다. 하늘에 壬水가 투간되고 지지에 戌土가 있으나 현실적인 작용은 록(祿)

의 작용을 하고 있다. 그래서 壬은 기운적으로 록을 얻은 것과 같아 세상에 대적할 자가 없으니 타인을 이끌고 지도하려 한다. 壬戌은 배짱이 두둑하고 강직하며 과격하다. 그것은 강한 기질이 규(奎), 루(婁)의 별을 만나 생겨난 현상으로 자기만의 방식을 고수하고 타인의 이야기를 들으려 하지 않고 성격이 호탕하고 솔직담백하다. 戌月의 壬水는 실질적으로 겨울이 오지 않았는데 水를 얻으려 하니 급한 마음이고 水의 부드러움과 날카로움을 동시에 가진 것이다. 丁壬合木하여 추진력이 강하고 항상 새로운 아이디어와 기획력이 번쩍인다. 그것이 壬戌이다.

◆ 戊戌

戌月의 戊土는 土가 켜켜이 쌓인 것이니 큰 야망과 욕망이다. 자존심이 강하고 고집스러우며, 성품이 급하고 모든 것을 지배하고 통솔하며 책임지려 한다. 戊戌은 노기를 품고 있고 외적으로 호탕하지만 내적으로 두려움이 많아 투쟁적이고 오만불손한 면이 있다. 그것은 욕망과 피해의식이 만들어낸 결과이다. 그러나 사주 구조가 소통이 잘 되어 있으면 신의도 있고 포용력이 있으며 근면하고 재주가 좋다. 타인을 간섭하길 좋아하고 타인의 마음을 잘 헤아리며 꿰뚫어본다. 만인의 우두머리가 되려하고 그 속마음을 표현하지 않으려 하고 비밀이 많다. 괴기스러운 기질도 종종 드러난다. 그것이 戊戌이다.

◆ 甲戌

戌月의 木은 건조한 시기에 홀로 우뚝 서 있는 모습이니 굳은 신념을 말한다. 신용과 약속을 말하고 이상적 세계에 대한 동경과 그리움을 말한다. 큰 산에 홀로 우뚝 서 있는 모습이니 고독하고 자기만의 세계가 강하다. 또한 土를 찢고 나오는 것이므로 외면적으로는 순종하는 듯하면서도 내면적으로는 야심을 갖고 있으며 언젠가는 그 야심을 드러낸다. 12운성상 양지(養支)에 놓여 있어 감정이 풍부하고 낭만적인 성향이나 자기만의 고집이 있다. 기운에서 水氣를 추구하니 그것이 육친적으로 인성이 되어 은근히 남에게 기대는 마음이 있고 학문을 좋아한다. 사주 천간에 丁火를 만나면 이상을 실현하나 그렇지 못하면 생각에 그칠 뿐이다. 그것이 甲戌이다.

◆ 庚戌

戌月의 金은 결실을 마무리해야 하는 시점에 또 다른 결실을 얻기 위해 움직이는 것이니 끈질기고 욕심이 지나친 것이다. 그러므로 분주할 수밖에 없고 戌中辛金에 근(根)하여 자신의 뜻을 관철시키려는 마음이 크고 자존심도 강하다. 관성 丙火를 입고(入庫)하여 水를 끊임없이 만들어내니 육친적으로 상관적 기질로 변하여 고정됨을 싫어하고 자유로움을 좋아한다. 丁火를 얻지 못하면 방식이 투박하고 허세가 있으며 진실성이 부족하다. 겉은 차고 냉정하나 속은 인정이 많다. 火를 얻지 못하면 우격다짐하게 되고 火를 얻으면 결과를 만들어낸다. 庚金의 우격다짐하는 성향과 戌土의 괴기

스러움이 만나 庚戌은 괴강이 된다. 그러나 그것은 남들이 못하는 일을 해
내는 전문가적 기질을 갖게 되어 사주구조가 좋으면 탁월함이 있다. 그것이
庚戌이다.

‖ 샘플 17 ‖

癸	辛	戊	辛	
巳	未	戌	亥	乾

　戊戌月 辛未日 癸巳時에 태어난 사주이다. 대체로 음양의 조화가 잘 어
우러져 좋다. 戌月의 巳時면 차가워진 낮 시간에 태어났으니 의식이 너그럽
고 넉넉하다. 아쉬운 것은 천간에 火를 얻지 못하여 辛金과 戊土가 잘 어우
러지지 못함이다. 그래서 명성을 기대하긴 어려워도 세월따라 조화로운 삶
을 살 수 있다. 그러나 청년시절 乙未, 甲午대운의 너무 지나치게 양적인 운
을 만나니 오히려 사주가 균형을 잃게 되어 고생하게 된다. 戊亥, 인성 공망
으로 무형의 것을 공부한다. 戌중에 丁火가 있어 역학, 종교 등의 정신적인
직업에 인연을 갖고 살아갈 수 있는 사주이다. 본명은 산업 디자이너로 활동
중이며 역학공부를 하고 있다.

丙	辛	丙	乙	
申	酉	戌	巳	坤

丙戌月 辛酉日 丙申時에 태어난 사주이다. 늦가을 오후시간에 태어났으니 사회적으로 결실과 결과에 대한 능력과 집념이 강한 사주이다. 戌月에 丙火가 피어 있고 丙火가 乙木에 생을 받아 사회적인 명예와 활동이 좋은 사주이다. 본 사주는 30대부터 비즈니스 창업 컨설팅, 여성 창업지원 컨설팅, 일인기업 협회장 등의 사회적으로 왕성한 활동을 해왔으며 TV와 라디오 등에 자주 출연하였다.

10) 亥月生(巳亥厥陰風木)

亥月은 입동(立冬)절로 24절기로는 소설(少雪)이 포함되어 있다. 입동이 되면 동면하는 동물들은 땅속에 굴을 파서 겨울준비에 들어가며, 사람은 겨울을 나기 위해 김장을 하고 땔감을 준비한다.

겨울은 만물을 저장하고 응축하는 것으로 亥月은 겨울을 위한 저장과 응축활동이 활발하게 진행되는 시기를 말한다. 오행에서 水는 일반적으로 물이라고 표현하지만 오행에서 水는 물만을 말하는 것은 아니다. 水는 만물이 가장 작은 단위로 작아지거나 운동성이 약해지는 상태를 말한다. 동물은 정자의 상태, 식물은 씨앗의 상태, 물은 얼음의 상태 등으로 변화의 운동성이 약해져 있다.

흔히 水하면 차가울 것이라 생각한다. 물론 외적으로는 차갑다. 그러나 그 내면은 그 무엇보다 뜨거운 것이 水이다. 만물이 가장 작은 단위로 압축되면 큰 열이 발생한다. 그 원리를 이용한 것이 핵융합 발전이다. 亥는 만물을 모두 끌어당겨 압축시키려는 기운을 말한다.

亥는 우주의 블랙홀과 같다. 태초의 우주는 빅뱅에 의해 탄생했다는 설이 있다. 우주의 대폭발이 있은 후 지금 이 시간에도 우주는 계속 확장해가고 있다. 우주의 중심에서 큰 폭발이 일어나고 그 알갱이들이 사방으로 흩어지면서 또 다른 충돌과 폭발을 일으키고 있는 것이다. 우리가 살고 있는 태양계도 빅뱅이후 잔해들이 뭉쳐 태양이 만들어졌는데, 그 과정에서 잔해들이 태양을 중심으로 빙글빙글 돌고 있는 것을 태양계라고 부른다. 우리가 알고 있는 수성, 금성, 지구, 화성, 목성, 토성 등도 태양의 생성과정에서 떨어져 나간 잔해들이 합쳐져서 만들어진 것이다.

우주는 대폭발 이후 먼지와 알갱이 상태로 있다가 일정시간이 흐르면서 그것이 뭉쳐져 큰 에너지가 되어 발화(發火)하게 되는 것이다. 이것이 木生火의 개념이다. 태양의 생명은 무한할 수 없어 불꽃을 잃을 것이다. 태양의 핵융합 에너지도 일정시간이 지나면 그 기운이 다 소진된다는 의미이다. 그렇게 소진하게 되면 태양은 火운동이 끝나가는 붉은 빛 행성으로 바뀌게 되는 것이다. 이후 에너지가 더 소진되면 점점 백색으로 변하게 되며 밀도는 굉장히 높아지고 덩치는 작아지게 된다. 그것이 金운동이다. 점점 높아진 밀도는 일정 한계점을 넘으면 엄청난 중력이 생겨나게 된다. 결국 해체되고 만다. 그 이후 흩어진 잔해 내부에서 압력이 생기면서 잔해들을 흡수하기 시작한다. 그리고 빨아들이는 힘이 외부로 확장되어 주변의 모든 것을 다 흡수해 버리기 시작한다. 이제 金운동에서 水운동으로 바뀐 것이다. 이때의 단위는 아원자(亞元子) 단위의 아주 작은 단위 형태로 모든 것을 압축 흡수해 버린다. 이것이 바로 블랙홀이다. 亥는 바로 이런 블랙홀과 같다.

모든 것을 흡수하고 담으려는 우주의 운동이 전개되는 시기가 바로 亥月이다. 亥月生은 매우 활동적이고 의욕적이다. 궐음풍목하여 가리지 않고 잘 받아들이며 자신의 외면과 내면에 주워 담으려고 하는 의욕적인 사람이 亥月生이다.

亥月生의 활동은 자신을 내세우려는 것이 아닌 내면에 축적하려는 것이다. 겉으로 활기차 보이고 진취적이며 많은 활동을 전개해 나가는 사람이다. 故박정희 대통령과 故정주영 회장이 亥月生이다.

亥月은 추위가 느껴지기 시작하는 계절이다. 소한(小雪)이 지나면 얼음이 얼고 땅이 얼기 시작한다. 대지는 황량하고 따뜻함은 찾아볼 수 없다. 다만 하늘의 태양만이 쓸쓸하고 외로운 처지를 달래줄 뿐이다.

겨울이란 외롭고 쓸쓸한 계절이다. 겨울태생의 공통적 감정은 모두 외로움을 많이 탄다는 것이다. 사람이 그립고 함께 있어도 외로운 것이 겨울태생이다. 추우면 사람이나 동물 모두 서로 부둥켜 안으려 한다. 여름태생은 공통적으로 떨어지려 한다면 겨울태생은 반대로 끌어 안으려 하는 마음이 강하다. 겉으로는 차갑고 썰렁하며 스산하지만 그 내면에는 따뜻함이 많은 것이 겨울태생이니 한없이 채워서 마음의 허결을 달래 보고자 하는 것이 겨울태생들의 공통된 마음이다. 겨울태생은 무엇보다 火를 얻지 못하면 차갑고 딱딱하며 센스없는 사람이 된다.

겨울은 죽느냐 죽이느냐의 문제를 놓고 경쟁하는 한판 승부의 장이며 비정한 살육이 난무하는 계절이다. 겨울의 火는 비정한 현실을 타개하는 사람이요 척박한 현실의 구세주와 같은 것이다. 그러므로 겨울태생이 火를 보지 못하면 비관적인 사람이요 매섭고 냉정한 사람이다.

◆ 丁亥

亥月의 丁火는 춥고 배고픈 이들에게 희망을 주는 사람이니 그 사상이 진취적이며 보이지 않는 이상을 따라 가는 사람이다. 사상이 맑고 건전하고 무엇이든 해낼 수 있다는 희망에 가득 차 있으며 丁壬合木, 궐음풍목(厥陰風木)하는 木의 속성 때문에 일을 잘 추진하고 만들어 나간다. 丁火는 기운이 집중되어 있는 모습이기 때문에 전문성을 가져 탁월한 기술이나 재능으로 구체적이고 현실적인 방식을 제공해주는 사람이다. 丁火가 庚金을 보았다면 금화교역이 잘되어서 큰일을 해내는 사람이다. 亥中의 甲木은 능히 丁火를 살려 木生火로 목화통명(木火通明)[3]하여 두뇌가 명석하고 동분서주 활동성이 많다. 丁亥는 水生木, 木生火까지 자체적으로 이루어지기 때문에 세상에 없는 것을 새롭게 창조하여 대중적이고 사회적인 가치로 만들어내는 능력을 가진 인기인이다. 겨울엔 무엇보다 火氣가 중요하다. 그래서 亥月은 丁亥간지가 가장 이상적인 모양이라 할 수 있고 사람들에게 주목받고 인기를 얻는 사람으로 거듭날 수 있다. 그것이 丁亥다.

◆ 乙亥

亥月의 木은 여리고 부드러운 것이니 부드러움 속에 냉정함이 있고 차가움 끝에 부드러움이 있다. 亥月의 木은 木기를 지향하는 기운으로 집약되어 몰입이고 집중이라 할 수 있다. 그로 인하여 특별한 자신만의 재능을 가진 사람이 많다. 亥月의 木은 굴신(屈身) 속에 집념이 있는 것이고, 끝까지 포기하지 않는 지구력도 함께 겸비한 것으로서 척박한 환경 속에서 새로운 창조물을 만들어 내니 예술가적 기질도 많이 가지고 있다. 亥月의 水生木을 받아 지혜가 있고 사상이 건전하며 고상한 인품을 가졌다. 火를 보면 자신의 능력을 세상에 펼치는 사람이 되고 그렇지 못하면 자기만의 세계를 가지고 살아가는 사람이다. 亥月의 乙木은 庚金을 대화작용하여 겉으로는 부드러

---

3) 목화통명(木火通明)_木生火가 잘 疏通된 것을 말한다. 일반적으로 문장력과 표현력을 말하는데 옛날 과거시험은 문장력을 평가하는 시험이니 목화통명된 사람이 과거급제를 하였기 때문에 귀격으로 쳤다. 그러나 현대시대에는 목화소통뿐 아니라 금수소통의 이과적 수리 능력만 좋아도 좋은 사주가 될 수 있다.

워도 내면은 깐깐하고 냉정하다. 그것이 乙亥다.

◆ 己亥

亥月의 土는 욕구와 욕망이 있으나 외면적으로는 중용적인 모습을 하니 겉으로는 느긋한 듯 보여도 마음은 바쁜 사람이다. 土는 원래 수렴하고 감추는 것이니 연약하고 부드러운 듯 보이지만 실로 그 욕망이 많은 것을 말한다. 겉으로는 관심 없는 사람처럼 보이지만 내면은 이런저런 생각이 많고 그래서 항상 갈등한다. 대체로 사상이 건전하고 의관이 단정하며 甲을 추구하여 배짱이 있어 보이나 소심하고 은근하게 일을 처리한다. 12운성상 태지에 해당되어 무슨 일이든 걱정이 많고 능동적이지 못하고 의지심이 강하다. 그것은 亥水가 巳火를 견인하기 때문이다. 명랑한 듯해도 내심 현실도피 하고자 하는 성향이 있고 화려한 세계에 대한 동경이 있다. 일이 막히고 뜻대로 되지 않으면 날카로운 기질이 나타나 신경질을 낸다. 그것이 己亥이다.

◆ 辛亥

亥月은 가을의 수렴이 끝나 저장하고 축적하는 계절이다. 그러나 겨울에 辛金이 나왔다는 것은 이삭을 줍는 것과 같은 것이니 알뜰함이 지나쳐 까다롭게 계산하고 시비하는 것을 말한다. 亥月의 金은 亥水의 흡수하려는 기질과 金의 가치 높은 것을 주워 담으려는 기질이 합쳐져 매우 섬세하고 예리함을 가졌으며, 지혜가 비상하고 계산적이며 날카롭고 까다로운 것이 지나쳐 버린 것을 말한다.

추위가 엄습하는 亥月의 金은 아주 정감 없는 것이며 잔인하고 인정머리가 없다. 亥水가 상관이 되어 대단히 빠른 두뇌를 가졌으며 남들 모르는 정보에 능통하고 눈치가 빠르다. 辛은 丙火를 대화작용하여 자신을 포장하는 능력이 좋으나 너무 작은 것에 연연하게 되어 인간관계를 넓히기 힘들다. 상관성이 있어 예술적 문학적 감각이 좋고 타인을 무시하고 교만하다. 천성이 번득이는 재치와 비상한 두뇌를 가져서 모든 일에 적응이 빠른 능력자이긴 하나 너무 똑똑해 계산적인지라 몰인정하고 인심이 박하다. 그러나 辛金이 丙火를 보면 똑똑한 머리를 사회적으로 잘 융화하여 멋있고 유쾌한 사람이 된다. 그것이 辛亥이다.

◆ 癸亥

亥月의 水는 하늘 땅 모두 얼어가니 차갑고 냉정하며 비집고 들어갈 구멍이 없는 것과 같다. 水가 얼면 단단하여 표리가 분명히 갈리는 것이니 간섭받는 것도 싫고 간섭하는 것도 싫을 것이다. 또한 철두철미하고 두뇌회전도 빠르긴 하나 록을 이루어 자존심이 매우 강하고 블랙홀과 같이 대단히 의욕적이며, 戊土를 대화작용하여 빈틈없이 행동하려 하니 욕망도 큰 사람이다. 그것이 겉으로 너무 드러나 정감이 없고 접근하기 힘들어 많은 사람과 교류하지 못한다. 겨울에 癸水가 투출하여 잔인하고 난폭한 성향이 있고 마음의 깊이를 알 수 없으며 외유내강하다. 활동성이 좋고 지혜가 매우 비상하며 꼼꼼하고 암기력이 좋다.

겨울의 癸水는 음기가 지나친 것이다. 그러나 여름에 癸亥일간으로 태어나면 오히려 부드럽고 남을 돕고 먹여 살리는 일을 하게 된다. 그것이 癸亥이다.

‖ 샘플 19 ‖

丁	庚	丁	乙	
丑	申	亥	卯	乾

亥月 申日 丑時에 태어난 사주이다. 亥月 새벽은 추위가 강하다. 亥月에 丁火가 투출하여 乙木의 힘을 얻고 있다. 亥水가 卯木과 합하니 제조업으로 무역거래를 하였다. 위 사주는 지지에 火가 없다. 그러나 젊은 시절 火대운을 만나면서 기업을 경영하기 시작하였고 우리나라 최고의 갑부로 등극하였다. 위는 故정주영 명예회장의 사주이다.

‖ 샘플 20 ‖

辛	壬	辛	丁	
亥	辰	亥	未	乾

亥月 辰日 亥時에 태어난 사주이다. 무엇보다 위 사주도 한 겨울밤에 태

어났으니 추위가 강하다. 년간의 丁火가 빛난다. 천간의 辛金을 생하여 사회적인 모습이 빛난다. 그러나 지지에 金도 드러난 火도 없다. 이것이 이 사주의 가장 큰 맹점이라 할 수 있다. 火가 없으니 빛나는 직업을 얻기 어려우며 金이 없으니 가치 높은 일과 인연이 적다. 위 사주는 젊은 시절에 서울대학교에 진학하여 미래가 촉망되었으나 20대에 정신수련 단체에 인연하여 지도자 활동을 하다가 다시 대학에 진학하여 연극영화를 전공하였고, 다시 한의대를 준비하고 있다. 결국 학벌은 좋지만 사회적으로 돈 되는 일을 한 적은 없다.

11) 子月生(子午少陰君火)

子月은 12절기로는 대설(大雪)이며 24절기 중 동지(冬至)가 포함된다. 이 시기에는 한해 농사를 마무리하고 곳간에 곡식이 가득차 있는 시기이다. 亥月의 수렴운동이 완벽히 극대화되어 있는 시기이며 그것이 절정이 이르러 있는 때가 바로 대설에서 동지 사이의 기간이다.

절기의 이름은 대설이지만 실지로 대설에 눈이 많이 오는 경우는 드물어 눈이 많이 오길 기원하는 마음에서 절기의 이름을 대설로 지은 것은 아닐까 생각된다. 이 시기에 눈이 많이 내리면 눈이 보리를 잘 덮어 보온하는 역할을 하여 다음해 풍년이 든다고 한다. 이처럼 만물의 극단적인 수축은 내면에서 새로운 생명의 잉태와 창조를 위한 운동이며 그것이 정점에 이르러 새로운 생명의 부활이 시작되는 시기가 동지이다. 일반적으로 씨앗의 형태로 보존되는 곡식에 모두 자(子)를 붙인다(오미자, 구기자, 결명자 등). 씨앗이란 생명의 부활과 창조적 가능성을 가진 것으로 가장 작은 단위의 형태를 의미한다.

子月의 기운이란 모든 기운이 작은 형태의 하나로 집약되어져서 그 밀도가 높아져있는 상태를 말한다. 이렇게 밀도가 높아지면 화학적으로 열이 발생하게 되어 그 열은 생명 창조로 나아간다. 子月生중에는 전문가가 많다. 특히 설득과 수긍을 시키는데 능통하다. 그것은 水라는 성질이 모든 것을 흡수하고 융화하려는 성질을 가졌는데 이것이 극대화되고 최대한 날카로워져 있는 상태이기 때문에 상대방의 마음을 파고들어 심금을 울리고 마음을 움직이게 하는 마력으로 작용한다. 그래서 아무도 할 수 없는 일, 즉 논리상의 문제, 규칙상의 문제, 기분상의 문제로 잘 풀리지 않는 일을 '아들 자'를 가진 이가 나서면 말 한마디로 해결해 내는 경우가 많다. 누구도 따라올 수 없는 마력의 子는 해낼 수 있다.

일반적으로 월지에 격(格)으로서 子水를 가지고 있다면 누구도 따라올 수 없는 전문가의 기질을 가졌다. 그러나 그 날카로움으로 인하여 때로는 상대방의 마음에 상처를 주는 일도 있다. 만약 子水가 월지에 있지 않고 다른 곳에 있으면서 용신적인 의미를 갖는 사람이라면 매우 친화적이며 사람들의 어려움을 한 번에 해결해줄 수 있는 다정한 사람이라 할 수 있다.

겨울의 극단에 이른 子月은 외로움이 많은 계절이며 내면에서 불어오는 희망의 불꽃을 쫓아 평생을 보낸다. 그것은 자신만이 희망하고 바라는 간절한 등불이며 애절한 절규이기도 하다. 주변의 모든 것을 버리고 하나로 집중하는 힘, 그것이 子水이기 때문에 子水는 많은 사람과 호흡하지 않고 자신만의 이상향을 따라간다. 외롭다 말하면서 외로움을 자처하는 모습이랄까. 子月生은 많은 사람과 어울려서 얻어내는 기쁨보다 혼자만의 깊은 깨달음과 진리 탐구에 대해 더욱 관심이 많다. 戌月生은 좋은 것을 포장하여 자신이 필요할 때만 사용하니 술법을 따르고, 亥月生은 거두어서 발산하려 하니 학자의 길을 따르고, 子月生은 거두고 응집하여서 마음으로만 느끼고 알아가니 道의 길을 따른다. 그래서 子月生은 마음으로는 은근히 많은 사람과 교류하길 원하지만 현실적으로 자신만의 외길 인생을 걸어간다.

子水는 소음군화로 스스로 군자의 길을 걸어가려 한다. 그래서 억눌리고 척박한 환경 속에서도 절제를 잃지 않는 바른 군자의 기상이 있으며 중심에 서서 역경을 극복해 나가려는 바르고 굳은 의지를 가졌다.

◆ 戊子

子月생은 이러한 깊고 날카로운 모습으로 만인의 지도자나 존경받는 대상이 되길 원한다. 때문에 모든 것을 포용하고 감당하려 한다. 子水가 戊土를 만나면 차갑고 예리함을 통솔하고 다스리는 것이니 웅대한 기상이 생겨난다. 큰 리더이며 많은 무리를 이끄는 넓은 가슴의 소유자가 많고 많은 것을 이해하고 흡수하려는 동작과 마음으로 이어진다. 몹시 신중한 면이 있고 근본 심성은 착하다. 戊土는 癸水와 대화작용을 하니 포용력이 있지만 속으로 소심하면서도 냉정한 면이 함께 공존하고 있다. 子月은 밝은 광명의 세계로 나가려는 기상이므로 매우 이상적인 세계를 그리며 살아간다. 또한 프로정신과 책임감이 강하고 근면 성실하여 많은 사람의 존경을 받는 이가 많다. 그것이 戊子다.

◆ 丙子

子月의 火는 子水속의 君火가 드러난 것이니 멋진 것이요, 희망이고 절도가 있는 것이다. 그 희망은 만인을 비추며 어둠속의 등불과 같으니 군중이 숭배하고 따르는 정신적 지도자와 같다. 그러나 온화하고 따뜻하여도 火가 하늘에 오르고 水는 땅으로 뭉쳐 있는 것과 같은 형상이니 역상으로는 화수미제를 뜻하여 이상적이고 형이상학적인 것을 뜻한다. 매우 현실적이나 그 도구는 형이상적이며 사람들에게 체면과 예의를 차리는 것을 중시한다. 子水위에 丙火가 있으니 총명하고 고결한 성품이 있고 의관은 단정하다. 또한 반짝 떠오르는 태양과 같아 인내심이 부족하지만 뒤끝이 없다. 희망의 전도사와 같으니 겉으로는 명랑하고 군자의 기질을 가졌으나 내면에는 걱정과 수심이 많으며 마음의 변화가 심하여 변덕이 있다. 丙火가 乙木의 생을 받으면 그 뜻을 지속적으로 유지해 나가지만 그렇지 못하면 일시적 현상에 머문다. 또한 辛金을 만나면 사회적으로 업적을 만들어 큰 인물이 될 수 있다. 庚金을 만나면 부족하고 불충분한 능력을 잘 포장해 살아가지만 결국 큰 인물로 나아가지는 못한다. 그것이 丙子이다.

◆ 壬子

子月의 水는 겉으로는 조용하고 차분한 듯해도 차갑고 날카로운 얼음 기둥이 세워진 것과 같으니 차갑고 냉정하며 잔인한 것이다. 그것은 자신의 신념에 대한 자신감을 말하며 시련을 받아도 굽히지 않는 자존심이며 고집이다. 영웅적 기질과 수완이 좋다. 子月의 水는 딱딱하게 굳어 있기 때문에 金처럼 단단한 성격을 나타내며 감히 범접하기 힘든 차가운 것이다. 그래서 壬子를 양인(羊刃)이라 하였고 무시무시한 칼을 차고 살아가는 사람이니 총, 칼을 다루고 권력적인 성향의 직업을 가진 자이다. 겉으로는 水의 영향으로 조용하고 잔잔하나 속은 대단한 집념과 고집이 있다. 황량한 북방의 대장처럼 탐욕적이고 정복하려는 야심이 있다. 그러나 子水에 군화가 있어 마음은 따뜻하고 군자의 기질도 있다. 子月의 水는 음기가 너무 지나친 것이다. 그것이 壬子이다.

◆ 甲子

子月의 木은 아직 어리고 그 기개가 펼쳐지는 것이 아니고 음기에 억눌려 있는 때이다. 甲木은 의기이고 분출하고자 하나 그 뜻과 이상은 子水에 응집되어 감추어져 있으니 甲子의 마음을 이해할 수 있는 사람은 심명(心明)을 이룬 사람뿐일 것이다. 甲子는 甲木의 발진운동이 子水에 갇혀 있기는 하나

이따금 子水를 뚫고 나와 甲木의 기상을 발휘하니 돌출행동을 한다. 갑자기 사라지기도 하고 엉뚱한 일을 벌이기도 한다. 그래서 엉뚱하고 고독하지만 그 의기만큼은 꺾을 자가 세상에 없을 것이다. 그래서 甲子는 육십갑자의 가장 처음에 자리 잡은 선봉장으로서 소신이 있고 분발심이 있으나 너무 급하고 독단적일 수 있을 것이다. 子는 생명의 원기이며 지혜의 보고이다. 甲子는 총명하고 인정이 있어 따뜻한 사람이다. 군자의 기질은 있으나 어둠속에서 자신의 뜻을 세우니 속마음을 보이지 않는다. 겉으로는 뻣뻣하고 냉정하다. 그것이 甲子이다.

◆ 庚子

子月의 金은 작은 것까지 수렴 결실하려는 것이니 결과를 향한 집념이 지나친 것이며 타인과 융화하고자 하는 것이 아니라 제압하려는 것이다. 子水는 庚金의 상관이 되어서 庚金의 목적성으로 쓰인다. 子水는 군화의 기질을 가지고 있으나 子月의 庚金은 차갑고 냉정할 수밖에 없으니 겉으로는 투박하고 거친 면이 있다. 그러나 子水는 내면에 火氣를 품고 있으며 庚金도 乙木을 대화작용하여 내면은 따뜻한 사람이다. 庚의 입장에서 보면 子水가 상관이 되어 수단과 지혜가 좋고 척박한 세상에 대한 날카로운 비판력이 있다. 자유분방한 듯하여도 火를 추구하기 때문에 火는 관성이 되어 예의가 있고 신의를 지키려고 한다. 庚金은 丁火를 만나면 좋아지지만 그렇지 못하면 큰 그릇은 되지 못한다.

甲	甲	戊	乙	
子	子	子	巳	乾

子月 子日 子時에 태어난 사주이다. 한랭지절에 子時에 태어났으니 보이지 않는 세계가 삶의 도구이다. 년지에 巳火가 투출되어 있으나 이 또한 록공망(祿空亡)[4]이다. 子月에 천간 戊土와 甲木이 투출되었으니 포용력 있고 엉뚱한 자기만의 세계를 가진 사람이다. 巳中 庚金이 있어 정신 수련단체의 높은 자리에 있으면서 많은 사제를 거느리는 사람이다. 손재주와 아이디어가 좋아 많은 정신계발 프로그램을 기획하고 교육하는 일을 하고 있다.

‖ 샘플 22 ‖

辛	辛	庚	辛	
卯	丑	子	巳	乾

위는 이명박 대통령 사주라 알려져 있다. 子月에 庚金 辛金이 투출하여 거칠고 밀어붙이며 이해타산적이고 꼼꼼한 이명박 대통령의 성향이 그대로 드러난다. 生時는 정확한 것이 아니지만 격국으로 일행 득기격이라 하여 귀

---

4) 록공망(祿空亡)_간지 자체가 공망인 간지를 말하며 일반적인 공망과 작용은 비슷하다.
　甲辰, 乙巳, 丙申, 丁亥, 戊戌, 己丑, 庚辰, 辛巳, 壬申, 癸亥

격으로 취급된다. 천간에 火가 투출되지 않았지만 辛金이 丙火를 대화작용하고 庚金이 乙木을 대화작용하니 癸巳대운 운이 소통하여 대통령이 되었다. 지지를 보면 子月에 태어나 오행을 다 가지고 있다. 子水의 전문가적 기질과 巳火의 역마적 성향과 卯木의 창조와 기획적 성향, 辛巳가 록공망(祿空亡)이 되어 해외나 정신적인 사회를 기반으로 사회활동이 열리는 부분도 어느 정도 일치한다 할 수 있다.

12) 丑月生(丑未太陰濕土)

丑月은 12절기로는 소한(小寒)이며 24절기상으로 대한(大寒)이 포함된다. 소한은 지상의 온도가 가장 추운시기로 대한이 되면 오히려 기온이 오른다. 그래서 옛말에 '소한에 얼어 죽는 사람은 있어도 대한에 얼어 죽는 사람은 없다'고 하였다. 기온은 申月의 처서부터 점점 하강하기 시작하여 백로를 지나 추분, 한로를 거처 상강을 지나 입동, 동지, 소한까지 계속 하강하지만 대설이 되면 기온은 다시 올라간다. 이처럼 丑月은 기온의 하강과 상승의 시점에 놓여 온도의 반전 역할을 수행하고 있어 외면적으로는 가장 차갑지만 내면적으로 상승하려는 의지를 가지고 있다.

겨울의 절기인 입동과 대설은 운동적으로 수축하고 흡수, 축적, 결빙을 시키는 운동을 하고, 또 이 시기의 火는 상징적 이상을 나타내지만, 丑月의 火는 구체적이고 현상적인 상승 확장운동을 하는 글자로서 현실적으로 어두운 세상에 구체적인 희망과 대안을 제시하고 웅대한 꿈과 야망을 펼쳐 나간다.

'소(丑)'을 보면 열십자(十)가 '_'과 'ㄱ' 사이에 가로막혀 있는 모습으로 짓눌리고 억압된 모습이지만 그것을 뚫고 나가려는 의지를 나타내고 있다. 그래서 '丑'를 수갑 또는 못생겼다는 뜻으로 쓰는데 아직 흙속에 파묻힌 보석과 같이 그 모습이 세상에 드러나지 않아 인정받지 못하는 것을 말한다. 그래서 丑月生들은 누구보다 그 꿈이 웅대하고 야망이 크다. 때로는 이상만 높은 사람처럼 보일 수 있고 너무 큰 꿈을 꾸다보니 지루하고 오랜 시간을 허비하기도 한다. 그러나 丑月生은 어떠한 고난이 찾아와도 칠전팔기의 끈기와 지구력을 가졌고 문명세계를 그리워하며 자신의 이상을 실현하기 위해 움직이고 노력한다.

丑중에 辛金이 들어 있어 겉으로는 못생기고 초라해 보이지만 속에는 가치 높은 것을 품고 있는 것이다. 그것은 고귀한 것이거나 좋은 정보인데 그것이 土속에 감추어졌다는 뜻이니 비밀스러운 외곤내화(外困內華)의 모습을 말한다.

丑月은 어느 때보다 모질고 잔인한 시절인 만큼 丑月生의 마음 또한 그 어느 때보다 쓸쓸하고 외롭다. 丑月에 밖에 잘못 나가면 얼어 죽을 수 있기 때문에 丑月生의 마음은 항상 외부를 경계하는 마음이 있다. 그러나 문명을 그리워하는 마음이 많기 때문에 많은 사람들과 소통하고 어울리는 것을 좋아하지만 土속에 싸여 있어 그 마음속을 헤아리기가 어렵다. 겉으로는 사람들과 잘 어울리지만 속으로는 야심도 많고 실천성 또한 좋다. 항상 조심스럽고 경계하는 마음이 있으며, 친한 사람에게는 인정스럽고 많은 것을 받아들이며 이해하고 오랫동안 함께 하려 한다.

丑이란 억압 속의 강한 역동성이니 그 뜻이 웅대한 만큼 야심가가 많고 권력자나 혁명가가 많다. 丑月에 산에 가보면 흙이 허공으로 약간 들려 있다. 그래서 흙에서 뽀도독 뽀도독 하는 소리가 난다. 이것은 丑月에 기운이 상승하려는 자연의 현상이고 丑月의 기운을 눈으로 확인시켜주는 모습이라 할 수 있다.

◆ 丁丑

丑月은 무엇보다 火가 중요하다. 丑月의 火氣란 생명 연장에 꼭 필요한 기운이며 가장 절실한 기운이다. 그것이 丁丑인데 丁丑은 백호대살로서 살기가 많은 가운데 큰 생명의 불꽃을 피워가는 글자이다. 일반적으로 丁丑의 글자를 좋지 않게 해석하는데 그것은 잘못된 것이다. 망한 집에서 천재가 나오고, 개천에서 용 나는 벼락출세하는 것이 바로 丁丑이다. 丑月에 火를 보지 못한 명조는 건강이 좋지 못할 것이고 비관적이고 고독한 사람이기 때문에 丑月은 木火의 조화가 무엇보다 중요하다. 丁火는 壬水와 대화작용하여 모든 것을 집약하려는 성질이 있는데 이것은 물상을 깊이 연구하는 것을 말한다. 丑月에 壬水를 견인하니 겉으로는 부드러워도 속으로는 냉정하고 무서운 집념을 가졌다. 丑은 태음습토하여 소극적이고 중용을 잃지 않으려는 성정을 말한다. 그러나 丑월은 내부에서 木氣를 지향하고 있으니 중용을 잃지 않으면서도 발전해가려는 사회적이고 세상을 구원하려는 웅대한 꿈을 직접 선도해 나가는 사람이라 할 수 있다. 언변이 좋고 논리적이며 총명한데다 인정이 많으나 거친 폭정이 있다. 겉으로는 평온하여도 내면에 생각과 갈등이 많고 여성스러운 면 속에 무서운 집념과 야심이 숨겨져 있다. 庚金을 만나면 그 뜻이 큰 가치로 연결되며 게다가 甲木을 보면 선봉장의 역할로서 큰 그릇이 된다. 그것이 丁丑이다.

◆ 乙丑

丑月의 乙木은 엄동설한에 아지랑이가 피어오르는 것과 같다. 그래서 척박한 환경 속에도 늘 희망의 기운을 펼치며 자신의 의지를 굽히지 않고 묵묵히 실천해 나가는 사람이다. 乙木은 물상으로 굴신을 표현하는 것인데 고개를 숙이며 유연한 처세로 어려운 상황을 극복해 나간다는 의미이며 水의 생을 받아 끝까지 포기하지 않는 인내를 말한다. 차가움 속에서도 항상 부드러울 수 있고 타인이야 어떻든 나의 꿈과 이상을 따라 보이지 않게 움직이고 절충해가는 것이 丑月의 木이다. 乙木은 庚金과 대화작용하여 겉으로는 부드러운 듯해도 강단이 있고 냉정하며 외유내강(外柔內剛)의 성정을 가졌다. 乙木이 火를 보지 않았으니 가식이 없고 근면성실하며 내성적이다. 丑속에 보석을 담고 있으니 많은 것을 주워 담아 자신의 삶에 밑천을 삼으려

하고 土에 싸여 비밀이 많아 의중을 알기 어려우며, 乙木 입장에서 丑土는 재성이 되어 자신이 모든 것을 책임지고 감당하려 한다. 乙木이 丙火를 보면 가식이 생겨 타인에게 희망을 주며 정신적으로 많이 베푼다. 그러나 내면에는 자신도 水生木을 받고자 하는 기질이 숨겨져 있어 은근히 바라는 바도 크다. 그것이 乙丑이다.

◆ 己丑

丑月의 土는 고요한 것이며 중도를 지켜나가려는 것을 말한다. 己土는 본시 중정의 기운을 갖고 있고, 丑土 또한 중정의 기질을 가지고 있어, 己丑은 외적으로 말이 없고 그 속을 알기 어렵다. 그러나 丑土도 내부에 木운동을 하고 있고, 己土도 甲木을 견인하여 의욕과 투지가 강하며 목적을 향해 정진해 가는 끈기와 지구력이 좋다. 己丑은 간여지동이 되어 타인의 이야기를 듣는 듯해도 자신의 마음을 바꾸지 않으며 현실적이고 깐깐한 면이 있다. 겉으로는 온화하고 태평한 사람처럼 보인다. 중립적 위치에 서기를 원하며 丙火를 그리워하기 때문에 학문을 좋아한다. 사람을 잘 믿지 못하고 항상 조심성 있게 행동하며 매우 고지식하다. 내면의 木기가 발동하여 근면하며 초지일관한다. 자존심이 강하고 木氣가 관성이 되어 남의 시선을 많이 의식하며 체면을 중시 여긴다. 그것이 己丑이다.

◆ 辛丑

丑月의 金은 고(庫) 속의 금이 발현된 것이다. 金은 丑月에 이르면 내부로 들어가 木의 승발 작용을 도와야 하는데 도리어 金이 투출되었다는 것은 결실에 대한 지나친 집착이며 갈망이다. 한랭한 시절의 金은 차갑고 모질다. 그러나 辛金이 丙火를 금화교역하여 밝은 세상을 향한 갈망이 누구보다 간절하다. 辛金의 꼼꼼하고 섬세함과 丑土의 저장 축적을 통하여 발진하는 성향으로 기운이 전환된다. 또한 辛金 입장에서 丑土가 인성이 되어 타인에게 의지하려는 성향이 강하며 12운성적으로 양지(養支) 위에 올라와 부드럽고 다정해 보이지만, 丑中辛金에 뿌리를 내려 자신의 주관이 뚜렷하고, 은근히 자신의 뜻을 관철시키려는 의지가 강하다. 丑月의 金을 바라보면 지나친 축재(蓄財)의 욕심이다. 그 물질적 풍요를 바탕으로 자신을 뽐내고 만인의 등불이 되고자 하는 것이 辛丑의 뜻이다. 그러나 火를 보지 못하면 지나치게 조심스러워 만사 걱정과 두려움 때문에 답답한 세월을 보내게 된다. 이러한 辛丑의 욕망은 그 사람의 인생을 화려하게 만들어주기도 하고 큰 재물을 축재하는 견인차 역할을 하기도 한다. 辛金은 그 자체가 허영과 허식이 담겨져 있어 매우 계산적이고 이해타산적이라 하더라도 丙火 관성을 추구하기 때문에 대외적으로 처세가 인색하진 않다. 그것이 辛丑이다.

◆ 癸丑

丑月의 水는 아주 매섭고 예리한 것이다. 겨울에 물에 빠지면 그것은 생명을 잃는 것이다. 영웅심이 대단하고 戊土를 견인하여 마음도 넓고 배짱도 좋다. 그러나 丑中 癸水에 뿌리를 내리고 있어 자신의 주관이 뚜렷하고 고독하고 오기가 있다. 그것은 백호대살로서 사람을 죽이고 살리는 권력과 권세를 휘두르는 사람이라고 할 수 있다. 그래서 권력적인 곳이나 권세가 있는 곳의 수장을 맡는 사람도 많다. 丑月의 水는 음기로 상대를 통제하고 제어하는 것이며 편관 丑土를 깔고 있어 마치 무서운 호랑이를 타고 노는 것과 같다. 조직폭력배 중에도 이러한 癸丑을 사용하는 이가 있다. 그러나 이러한 癸丑도 火를 얻지 못하면 종교, 철학 등 정신적 세계에 인연하여 살아가게 된다. 지나친 살성이 도리어 만인을 살리는 정의의 칼로 바뀌어 활인구명하며 살아가고 정신계통에 귀의한다. 그것이 癸丑이다.

‖ 샘플 23 ‖

乙	壬	辛	辛	
巳	戌	丑	巳	乾

  위는 삼성 이건희 회장의 사주이다. 겨울의 가장 추운 때 태어났다. 水生木되어 있고 천간에 火가 없지만 辛金이 丙火를 견인하여 유명해졌으며 辛金 또한 금화교역시켜 좋은 사주가 되었다. 지지는 丑月에 戌土와 巳火가 드러나 추운 대지를 따뜻하게 녹이고 지장간(地藏干)에 온통 金이 암장되어 있어 거부가 되었다. 특히 生時가 乙巳시가 되어 해외에서 사업을 하여 큰 성과를 거두는 사주가 되었다.

癸	己	丁	甲	
酉	丑	丑	午	乾

위는 丑月 丑日 酉時에 태어난 사주이다. 년지에 午火가 드러나 추위를 달래주고 있다. 午火 위에 甲木 정관이 드러나 공직에 나가 정년까지 마쳤다. 나머지 지지를 보면 丑土가 가치 높은 것을 가두고 있고 己丑이 록공망이 되어 보이지 않는 것이 식상화가 되어 있다. 또한 酉金 위에 재성이 투출하여 금융계통과 인연이 있다. 젊은 시절 잠시 은행을 다니다 신용보증기금으로 이직하여 지점장을 지냈다.

2. 육십갑자의 변화

앞서 육십갑자의 구성과 성향에 대해 논하였다. 육십갑자는 천간과 지지가 맞물려 생겨난 변화의 결과이다. 그것을 육십가지의 물상으로 나타내어 표현한 것인데 만물은 앞서 설명한 육십가지 만으로 구성되어 있지는 않다. 그 보다 훨씬 많은 상황적 물상이 생겨나는데 그것은 육십갑자가 처한 환경에 의해 각각 다르게 변화하기 때문이다. 가령 앞서 설명한 甲子는 고유의 특성 중 子월 甲木의 물상만을 설명한 것이다. 그러나 甲子라는 간지가 月柱가 아닌 타간지에 놓여 있을 경우 그 해석은 달라질 수 있다. 가령 겨울 甲

子가 아닌 여름인 午月에 갑자 간지가 있다면 甲木은 午월의 甲木의 모습으로 변하고 子水는 午월의 子水의 모습으로 변화한다. 다시 말해 甲子 고유의 기질도 있으면서 변화된 모습도 함께 공존하게 된다는 뜻이다. 그렇게 되면 총 720가지의 경우의 수가 생기고 또, 생시에 따라 온도와 습도가 변화되게 됨으로써 총 8,640가지의 경우의 수가 생겨나게 되는 것이다. 거기에 년과 일의 변수를 다시 더하면 120만 가지의 경우의 수가 생겨나게 되고 대운의 조화를 고려하면 육십갑자의 변화는 실로 무궁하고 다양한 현상으로 나타나게 된다.

그렇다면 이러한 변화와 경우의 수를 어떻게 다 판단할 수 있는 것인가라는 생각이 들 것이다. 물론 모든 경우의 수를 일일이 판단하기엔 너무 엄청난 양이기 때문에 모든 것을 외울 수가 없다. 그러나 이치를 이해하면 많은 경우의 수일지라도 그것을 읽어내는 데 큰 문제는 되지 않는다. 그렇게 하기 위해서는 모든 관점을 열린 마음으로 헤아릴 수 있는 이해력이 필요하다. 필자가 이러한 방식으로 교육하면서 느낀 것은 사람마다 받아들이는 것이 다르고 공부의 발전 속도 또한 모두 다르다는 것이며, 어느 시점에 가서는 정체되어 어떠한 경지를 뛰어 넘지 못하는 경우도 있다. 사람들은 이제까지 자신이 살았던 삶의 경험만을 바탕으로 지식을 이해하고 판단하기 때문에 그 외의 관점을 넘어서지 못하기 때문이다.

육십갑자는 고대에 깨달은 도인이 만들어 놓은 자연의 글자이다. 그래서 자연의 이치와 섭리가 묻혀 있다. 그것을 헤아리기 위해서는 자신의 경험과 지식이 아닌 마음의 눈으로 그것을 바라보아야 한다. 마음의 눈이란 에고 (EGO)가 사라진 마음을 말한다. 즉, 공평한 시각과 관점에서 이럴 수도 있고 저럴 수도 있는 다양성과 양면성을 모두 이해하여야 한다. 공부를 잘하기 위해서 자꾸 마음에 무엇을 담기보다 가볍게 비우는 공부가 필요하다. 그렇게 비워진 마음으로 육십갑자의 간지를 바라볼 때 비로소 그 속에 담겨진 자연의 비밀이 육십갑자를 통해 내 마음에 전달되게 되는 것이다. 이것은 필자가 직접 경험하여 육십갑자를 깨달은 과정이며 아주 주관적인 견해이기 때문에 사람마다 다소 차이는 있을 수 있다.

육십갑자의 변화를 해석하는 법칙을 간단히 소개하겠다.

‖ 샘플 25 ‖

乙	壬	辛	辛	
巳	戌	丑	巳	乾

위는 앞서 소개한 이건희 삼성그룹 회장의 사주이다. 육십갑자의 내용처럼 월간에 辛丑간지가 있다. 그것은 辛丑 그대로 해석하면 된다. 소심해 보이지만 물질에 대한 집착이 강하고 속을 알 수 없으며 그 축적된 힘을 바탕으로 다시 새로운 것을 창조하는 힘이 강한 것이다. 원래 辛巳간지는 여름의 辛巳일 때 재간이 있고 물질에 대한 이해타산이 강한 글자로 해석되었으나,

년간에 辛巳 간지가 있어 약간 가볍고 작은 재물의 느낌으로 해석되었다. 그러나 그러한 辛巳가 丑월에 태어났으니 음양의 조화가 잘 갖추어져 무게감이 생긴 것이다. 그래서 높은 가치를 지니게 되었으며, 巳火가 丑월에 아주잘 쓰이게 됨으로써 큰 재물적 성취가 인성인 특허 이권으로 나타나게 된 것이다. 巳중에 戊土가 있어 관성도 암장되어 있어 자신의 회사가 되는데 큰가치로 함께 거듭나게 되는 것이다.

日柱의 壬戌은 원래 늦가을 수렴의 글자이고 살기를 가지고 있는데 丑월에 이르니 그 살기가 퇴색되어 차분해진 것이다. 또한 壬水가 木을 생하는기운이 정체되어 있지 않고 흐르기 때문에 포악하고 난폭한 기질이 나타나지 않는 것이며 사회적 가치로 승화될 수 있었던 것이다.

時柱의 乙巳는 원래 부드럽고 능글능글한 글자인데 丑월에 태어났으니능글능글한 기질이 사라지고 부드러우면서도 끈기있는 기질로 바뀌게 되며乙丑처럼 힘든 것을 답답하게 극복해 나가는 것이 아니라 오히려 현실적이고 멋지게 정진해 나가는 모습으로 변화한 것이다. 또한 巳월의 乙巳는 욕살이 되어 아이처럼 천진난만하고 낭만적인 성향으로 쓰이나 丑월은 추위가매섭기 때문에 낭만과는 거리가 멀게 되며 현실적인 개발과 기획, 설계로 거듭나게 되는 것이다. 이처럼 육십갑자는 고유의 기질을 가지고 있으면서 주변의 환경에 따라 때로는 유용하게 때로는 유용했던 것이 무용하게 변화하는 조화를 부리는 것이다.

인지부지 여명명지야행
(人知不知 如冥冥之夜行)

人知不知 如冥冥之夜行

인지부지 여명명지야행

'사람이 알지 못하면 어둡고 어두운 밤길을 걷는 것과 같다'

'알 지' 자가 두 번 들어갔습니다. 그건 아예 모른다는 뜻이 아닙니다.

즉, 알고 있는 것이 올바르지 않다는 뜻입니다.

그것은 편견된 지식이나 깊지 못한 지혜를 말하는 것입니다.

예를 들면 하나는 알고 둘은 모른다든지, 선무당이 사람 잡는다든지

하는 모습들을 말합니다.

그런 무지함은 깜깜한 밤에 어두운 길을 걷는 것과 같아서 더듬거리고 부딪히고 진창에 빠질 수밖에 없다는 뜻입니다.

바로 우리 스스로가 그런 어리석은 사람은 아닌지 되새겨 볼 말입니다. 편견은 에고를 낳고 그 에고는 많은 사람을 고통에 빠지게 하고 세상을 어지럽게 하지만 어둡고 또 어둡기에 스스로 그러한지도 모릅니다.

나 자신을 한번 돌아볼 수 있도록 하는 소중한 구절임에 오늘 잠시 깊은 상념에 빠져봅니다.

여러분도 모두 밝히고 또 밝혀서 스스로 어둠으로부터 벗어나는 현명한 사람으로 거듭나시길 기원합니다.

제 **3** 장

격(格)과 그릇의 이해

1. 격(格)과 그릇의 이해

격(格)이란 그 사람이 가지고 있는 사주적 환경을 말한다. 사주의 환경 중 가장 크게 영향을 미치는 것은 바로 태어난 계절과 시간이다. 물론 태어난 년과 일 또한 많은 영향을 미치고 있지만 태어난 년과 일의 기운도 태어난 달(月)의 기운에 의해 크게 영향을 받게 된다. 그래서 태어난 달을 월령(月令)이라 하는데 월은 계절을 의미하며 생물의 환경에 가장 직접적으로 영향을 미치고 있다. 월의 환경은 크게 춘하추동(春夏秋冬)의 기운으로 나누어 오행적으론 木, 火, 金, 水의 네 기운으로 구분하게 된다. 가령 봄에 태어난 사람이라면 봄이라는 환경을 기본으로 모든 해설이 전제가 되고, 여름에 태어났다면 여름이란 환경이 전제가 되어 해석되기 때문이다. 가을, 겨울도 마찬가지로 자신이 태어난 계절이 가장 기본 바탕이 되어 자신을 둘러싼 모든 글자를 해석해 나가기 때문에 월령은 그만큼 중요한 것이다. 예를 들어 여름에 태어난 사람은 자신을 둘러싼 환경이 매우 덥기 때문에 내적으로 휴식과 안정을 간절히 원하게 되고, 겨울에 태어난 사람은 매우 춥기 때문에 변화한 세계로의 진출과 사람들과의 친화와 교류를 간절히 원하게 되는 것이다. 이처럼 사주의 그릇이란 그 사람이 태어난 계절의 환경에 입각하여 모든 관점이 시작되는 것이므로 태어난 계절과 시간에 의해 운명의 방향성이 크게 결정된다.

월령이 육친적으로 비겁이라면 사업이나 교육 등 타인을 주도하고 리드하는 것을 인생의 방향으로 삼고, 식상이라면 재능이나 기술을 중심으로 한 활동을 인생의 방향으로 삼으며, 재성이라면 경영과 상업이 인생의 방향이 되고, 관성이라면 직장 등 조직사회가 인생의 방향이 되며, 인성이라면 글과 학문 또는 이권을 가지고 살아가는 것을 인생의 방향으로 삼게 된다. 가령 인성을 격으로 삼고 있는데 겨울에 태어났다면 정신적인 공부가 되고, 봄에 태어났다면 디자인, 문학, 설계 등의 공부가 될 수 있으며, 여름에 태어났다면 의료, 방송, 법무, 행정 등 세속적으로 인기 있는 공부가 되고, 가을에 태어났다면 세무, 전자, 기계, 요식, 금융 등의 공부가 될 수 있다.

팔자는 그 사람이 살아가는 환경과 같은 것이다. 거친 환경 속에 놓여 있는 사람은 당연히 그 거친 환경을 살아가는 투쟁적 논리가 발전하게 되고, 그 투쟁적 논리는 성격이나 가치관이 되며, 그것은 곧 직업으로 이어지고 결국 인생(팔자)이 되는 것이다. 흔히 우스갯소리로 생긴 대로 논다는 말이 있다. 사주팔자를 분석하다보면 자기 사주팔자의 모습에서 벗어난 사람이 단한 사람도 없음에 놀라지 않을 수가 없다. 생긴 대로 논다가 먼저인지, 그렇게 생겼기 때문에 그렇게 노는 것인지, 닭이 먼저인지 달걀이 먼저인지 정의 내릴 수는 없으나, 개처럼 생겼으면 짖기를 좋아하고, 소처럼 생겼으면 우직하게 일하는 걸 좋아하고, 범처럼 생겼으면 무섭고 날쌔게 살아간다는 것이다. 이런 관점에서 격이란 어떤 팔자가 인생을 살아가는데 큰 중심적 기둥과 같은 역할을 하는 것으로 음양적, 오행적, 육친적 속성을 정의해 놓아 인생의 방향성을 규정하는 틀인 것이다.

운명은 크게 두 가지 길로 나뉘게 된다. 즉, 명예(名譽)를 쫓을 것인가? 실리(實利)를 추구할 것인가? 두 가지 길로 나눌 수 있는데 名은 밝은 것이므로 陽에 속하고, 實은 수렴하고 감추는 것이니 陰에 속한다. 예를 들어 운에서 음이 강하면 그 사람은 명예보단 실리를 추구하는 사람이라고 판단해야 하고, 양이 강하면 명예를 쫓는 삶을 살아가게 된다고 해석한다. 여기서 음양관계는 여름이나 겨울 등의 계절을 의미하는 것이 아니고 인생의 방향이 전체적으로 양이 강한지 음이 강한지를 말하는 것이다.

운명이 명예를 따르건 재물을 따르건 방향이 아니라 그릇의 질과 크기가 중요하다. 질이 좋다는 것은 대체로 가치가 높으면서 오래 지속되는 것을 말하고, 질이 나쁘다는 것은 가치가 낮기도 하지만 번영이 짧은 것을 말한다. 그릇의 크기는 질과 관계없이 얼마나 큰 꿈을 꾸고 그것을 크게 이루어 나가느냐를 보는 것인데 질도 좋고 그릇도 크다면 큰 업적과 번영이 오랫동안 지속되고 유지되는 사람이다.

그릇의 질이 좋다는 것은 또 다른 의미로 사회적으로 가치 있는 일을 말하는 것인데 사주의 질이 좋으면 질 낮은 일로는 돈을 벌려하지 않는다. 질이 나쁜 일이란 험하고 힘든 일을 말하는 것이 아니다. 질이 낮다는 것은 타인에게 불편부당을 저지르면서도 자신의 성공만을 위해 타인의 아픔이나 고통을 외면하는 것으로 이런 모습의 그릇을 질이 낮다고 본다. 예를 들어 그릇의 질이 낮은 사람이 정치인이 되면 온갖 비리와 악행을 저지르면서 자신의 영달만을 위해 힘쓸 것이다. 그러므로 그릇의 질이 청하다, 탁하다함은 그 사람의 직업이나 신분을 말하는 것이 아니라 그 사람의 인격과 도덕성을 의미하는 것이다. 또 그릇의 질이 좋다는 것은 그 사람의 도덕성과 인격이 그릇되지 않고 바르다는 것을 의미하는데 그것만으로 성공이나 출세가 보장된 것이라고 할 수는 없다. 시골에서 농사를 지어도, 공장에서 일을 하더라도, 아무 일도 하지 않는 백수건달일지라도 그 사람의 그릇은 좋을 수 있는 것이다. 그릇은 좋은데 왜 이렇게 사는 것일까? 그것은 그릇은 좋으나 그릇이 크지 못하거나 운이 없으면 초라하게 살 수도 있다. 그러나 우리 사회는 아직까지 그릇이 청한 사람을 잘 알아보지 못한다. 외면적으로 보이는 신분이나 감투를 그 사람의 인품이나 인격으로 믿고 있으니 안타까울 뿐이다.

그릇의 大小는 얼마나 큰 꿈을 꿈꾸는지의 문제를 말한다. 이것은 그릇이 탁하더라도 그릇이 크면 크게 이루기도 하고 그릇이 청하더라도 그릇이 작으면 작게 이루는 것이다. 가장 이상적인 것은 그릇도 청하면서 크면 좋겠지만 이런 구조의 사주는 인구의 5% 미만일 수밖에 없고, 가장 많은 것은 안타깝게도 그릇이 탁하고 작은 사주들이 거의 대다수라 할 수 있다. 그릇이 크다는 것은 그만큼 욕심이 많은 것이고 세상에 이루고자하는 뜻이 많은 것이다. 사람의 욕망은 그릇의 크기에 따라 추구하는 욕망도 다르다.

깨달음의 욕구
홍익의 욕구
명예적 욕구
물질적 욕구
생존의 욕구

사람의 가장 작은 욕망은 생존의 욕구다. 먹고 사는 의식주에 집착하는 삶 그것을 통해서 안정을 얻으려는 욕구가 인간의 가장 근본적인 욕망이다.

두 번째 욕심은 물욕이다. 먹고 사는 것이 충족이 되었음에도 불구하고 더 많은 재물과 땅을 소유하려는 인간의 욕구가 그 다음 욕망에 해당한다.

세 번째 욕구는 명예욕이다. 재물을 충족하고 나면 사람들에게 자신의 우월성을 알리고자 하는 욕구로 재물욕과 명예욕까지는 인간의 욕구 중 낮은 단계의 욕구이다. 대부분의 사람들이 이 단계의 욕구에 머물러 있으며 국가를 이끌어나가는 정치인들 또한 이 단계에 머물러 있는 경우가 많기 때문에 안타까운 일이 아닐 수 없다. 여기까지의 단계가 모두 낮은 수준의 욕구라 말하는 것은 모두 타인의 실패와 고통을 밟고 얻어낸 행복과 성취이기 때문이다. 내가 얻으면 누군가는 잃는 것이고 내가 이기면 누군가는 지게 되는 상극의 관념이고 파괴적 싸움을 하는 단계이기 때문이다. 이 단계의 성취를 원하는 사람은 자신의 욕구를 위해 타인의 고통은 아랑곳하지 않는다. 타인과 함께 살아간다는 생각보다는 자신만을 위해 살아간다는 생각이 강하니 생각이 넓다 말할 수 없다.

상극으로 이루어낸 물질과 명예는 운이 있을 때만 존재하고 운이 다하면 함께 사라지게 된다. 유한한 것이기 때문에 작은 성취라 말한다. 주역에서는 재물은 아무리 많이 쌓아도 소축(小畜)이라 하여 '작게 쌓았다'고 말한다. 일반적으로 낮은 의식의 눈으로 바라보면 돈을 얼마나 벌고 명예를 얻느냐에 따라 그 사주가 좋거나 나쁘다고 판단한다. 그러나 그것은 어디까지나 유한한 가치를 말하는 것이니 운에 따라 행복과 고통이 항상 교차하게 됨을 알아야 한다.

네 번째 단계의 욕망은 많은 사람을 이롭게 하고 함께 행복하려고 하는 단계이다. 이 단계의 사람들은 돈이 되더라도 타인에게 피해가 가는 방법이라면 행하지 않고, 정의롭지 못하거나 물질만을 얻기 위한 수단으로 명예를 따라가지 않는다. 이 단계의 사람들은 많은 사람에게 이로운 상생의 방법을 선택한다. 그래서 대체로 타인을 돕거나, 살리거나, 일깨워 주거나, 먹여 살리거나, 가르쳐 주거나 하는 등의 일을 주로 한다. 가령 음식점을 한다고 해도 돈을 벌기 위해 타인의 몸에 좋지 않은 방법을 사용하지 않고, 돈을 벌기 위함이 아니라 사람을 살리기 위해 병원을 운영한다. 대부분의 병원이 더 좋은 약이나 의료시술이 있더라도 돈이 되지 않으면 채택하지 않는 것은 물욕의 단계에 있기 때문이다. 그러나 돈이 좀 덜 되더라도 사람을 살리기 위해 좋은 방법이 있다면 그 방법을 사용하고, 환자의 비용절감을 위해 더 나은 방법을 추천하는 병원도 있을 것이다. 이 단계를 홍익의 욕구라 한다. 이 단계가 되어야 그 사람의 그릇이 크다 할 수 있는 것이다. 단순히 돈을 많이 번다고 해서 그릇이 크다는 것은 아니다. 돈은 운만 좋으면 크게 벌 수 있지만 홍익을 행하는 것은 굉장히 어렵기 때문에 소소한 일을 하더라도 홍익의 정신으로 일을 하는 사람이 더 높은 단계의 욕망이 있는 것이고, 운을 만나면 크게 이루고 영원할 수 있는 업적을 남기기도 한다.

다섯 번째 욕망은 깨달음의 욕구이다. 붓다나 예수처럼 성인들을 말하는 단계이다. 그릇이 큰 사람은 이 세상 모든 것을 가지려 한다. 그것이 깨달음이다. 모든 것을 버릴 때 모든 것이 내 것이 되는 성인의 진리를 이해하긴 어렵겠지만 사람의 의식이 높고 성장하면 결국 깨달음의 욕망을 따라가는 것이 인간의 마지막 욕구에 해당된다. 사람의 그릇이 작을 때는 물질에 집착하지만 그릇이 클 때는 결국 정신적인 방향으로 전환하게 된다는 것을 알아야 한다. 하지만 본서에서는 그릇의 크기를 대중적이고 보편적인 관점으로 물질이나 명예단계 정도에서 크거나 작다는 의미로 설명하겠다. 그릇의 크기에 따라 요동치고 변화하는 희노애락(喜怒哀樂)의 변화를 알고, 생리를 알게 되면 결국 더 높은 정신세계로 나아갈 수 있게 되는 것이니 물질과 명예를 추구하는 인간의 기본적인 욕망이 의미가 없는 것은 아니다.

그릇이 크다는 것은 무조건 잘된다는 의미와 다른 이야기이다. 사주는 그릇+운이다. 전쟁터에서 싸우는 장수들 중에서 가장 좋은 장수는 용장(勇將), 지장(智將), 덕장(德將), 운장(運將) 순이란 말이 있다. 그만큼 운이란 살아가는데 중요한 요소라 할 수 있다. 그릇이 아무리 커도 운이 나쁘면 뜻을 이루기 어렵다. 고로 운명이란 그릇과 운의 조화작용에 의해 결정된다. 그러므로 그릇을 보는 방법에 관한 개념을 잘 세워야 한다. 사주의 그릇을 보는 개념은 매우 복잡하다. 단순히 양이 음을 만나면 좋고, 또는 음이 양을 만나면 좋다는 식의 이론이 아닌 3차원에서 4차원을 넘나드는 입체적 개념을 이해해야 한다.

사람의 운명이 결정되는 방식에 대해 간단히 설명하겠다. 사람의 운명은 선천적인 운명과 후천적인 운명 두 가지로 나뉜다. 선천적 운명이란 타고난 것이고, 후천적인 운명이란 인생을 살면서 맞이하게 되는 변화를 말한다. 먼저 조상으로부터 유전자를 전달받아 기본적인 기질과 성품, 무의식적인 정신과 선천적인 기본 자아를 갖게 된다. 그것이 부모가 제공해주는 환경, 교육과 정서를 통해 유년과 소년시절의 운명에 작용된다. 이런 유소년의 환경은 성년 이전의 근본적인 선천적 환경이라 할 수 있고 그러한 환경은 성년 이후 미래의 운명에 직접적인 밑바탕이 되어 작용하게 된다. 그렇게 형성된 자아는 무엇을 좋아하고 싫어하는지 가치관을 형성하게 되고, 옳고 그름의 가치관도 선천적인 요인과 후천적인 환경에 의해 자신의 에고에 저장되는 것이다. 이때에도 물론 자신의 선천적 기질과 운이 작용되고 있기는 하지만 완전한 자아가 형성된 시기가 아니므로 아직 본격적인 인생의 무대를 맞이했다고 볼 수는 없다. 그렇게 소년시절에 가정환경과 학업성취의 방법에 의해서 후천적인 운명이 결정되며 본격적인 인생의 변화가 진행되는 것이다. 선천적으로 번잡스러운 환경에서 자란 사람은 후천적으로 조용한 환경을 좋아하게 되는데 운에서 번잡스러운 환경을 맞이하게 되면 괴로워하게 된다. 반대로 선천적으로 외롭고 쓸쓸한 환경에서 자란 사람은 운에서 억제된 환경이나 홀로 일을 처리해야 하는 환경을 맞이했을 때 괴로워하며, 반대로 사람들과 어울리고 자유로운 환경으로 나갈 때 기뻐하며 좋아진다. 다시 말해 똑같은 부모 밑에서 태어났어도 인생의 결과가 다른 것은 그 사람의 타고난 그릇이 다르기 때문이다. 가령 부모가 가난하여 부족하고 척박한 환경이지만 사람에 따라 그것을 밑거름으로 삼아 더 나은 가치로 발전시키고 긍정적인 사고와 가치관으로 인생을 살아가는 사람이 있는 반면, 불우한 환경을 비관하여 문제를 일으키고 인생을 부정적인 길로 걸어가는 사람도 있다. 또 부유한 환경에서 태어나 그 환경을 더욱 승화시켜 긍정적인 인생을 살아가는 사람이 있는가 하면, 나태해지고 나약해져 결국은 인생의 바닥으로 추락하는 경우도 있다. 결국 주어진 환경이 자신의 입장에서 어떻게 작용할지는 그 사람의 타고난 그릇을 알아야 하는 것이다.

그릇이 큰 사람은 먼저 생존의 욕구를 충족하고 그다음 돈과 명예의 순차적 욕망으로 진행되며 세월이 흐르면서 점차 높은 단계의 욕망으로 진화되어 가지만 그릇이 작은 사람은 낮은 차원의 욕망에만 머무르며 그 이상의 욕망은 추구하지 않게 된다. 결국 그릇이 크다는 것은 마음이 크다는 것이며, 그릇이 작다는 것은 자기밖에 모르는 작은 마음을 쓸 수밖에 없다는 것이다.

2. 그릇의 청탁(淸濁)

1) 그릇이 청(淸)하다

그릇이 청(淸)하다는 것은 그 사람의 정신이 순수한 차원에 머물러 있다는 뜻이다. 사람은 어린 시절이 순수하고 나이가 들면 들수록 순수함을 잃어간다. 그릇이 청하다는 것은 그러한 순수함을 잃지 않고 계속 추구하여 이득과 실리에만 집착한 비인간적인 행위를 하지 않는 것을 말한다. 그래서 무한한 잠재력을 가지고 있으며 운을 만났을 때 크게 빛을 발휘할 수 있는 힘이 있다. 그러나 청정함은 쓰임이 많지 않고 이 세상의 혼탁한 환경에서 빛을 발휘하기란 쉬운 일만은 아니다. 그래서 그릇이 청한 사람이 큰 재물이나 높은 지위를 얻는 경우는 상대적으로 드물 수밖에 없고, 이런 사람이 많은 재물이나 높은 지위를 가졌을 때 그 사회는 밝아지고 맑아지게 되어 그 혜택을 보는 구성원이나 사회적 집단은 상대적으로 삶의 만족도가 높아질 수 있다.

일반적으로 이러한 사람은 비세속적인 성향이 강하기 때문에 '비정상'이라는 놀림을 받기도 한다. 그 뜻이 청정하고 맑아 순수한 차원의 생각을 하게 되어 현실적 관념을 가진 사람들은 그 사람을 이해하지 못한다. 미운오리 새끼처럼 남들과 달라 고민하기도 하고 슬퍼하기도 하고 왕따를 당하기도 한다. 그래서 전혀 엉뚱한 길을 걷게 되어 고생을 하는 경우도 많고 좋은 직장을 걷어차 버리고 자신의 이상을 쫓아가게 되어 가족이나 주변 사람과 갈등을 빚기도 하지만 결국 운을 맞이하여 크게 성공하는 예도 있다.

그릇이 청한 것은 몇 가지의 조건에 의해 결정된다. 팔자 내에 청한 기운이 있는 가운데, 운에서 그것이 적극적으로 활용될 때이다. 청한 그릇일지라도 운이 막히거나 청한 글자가 활용되지 못할 때 탁하게 살아가게 된다. 그릇이 청하게 되는 예는 다음과 같다.

① 계절에 희소한 글자를 가졌다.

② 팔자 내에 청한 글자로 삶이 귀결되어 있다.

③ 팔자가 소통되어 중화를 이루었다.

④ 대운이 청한 글자를 쓰게 한다.

계절에 희소한 글자를 가졌다는 의미부터 알아보자.

겨울태생 - 火, 여름태생 - 水

가을태생 - 木, 봄태생 - 金

겨울은 음기가 득세하기 때문에 火가 상대적으로 희소하다. 여름은 양기가 득세하기 때문에 水가 상대적으로 희소하다. 봄은 木이 득세하기 때문에 상대적으로 金이 희소하다. 가을은 金이 득세하기 때문에 상대적으로 木이 희소하다. 이처럼 계절의 반대 글자가 가장 약한 기운이면서 희소하고 귀한 글자로서 작용된다. 귀한 글자는 사주에 귀하게 작용되는 것이다. 그렇게 귀한 글자는 사람을 청하게 만들며 고귀하고 순수한 기운으로 작용되도록 하는 것이다. 그러나 사주는 한 글자만으로 구성되어 있지 않다. 여름태생이 水만 가지고 있다고 그 사주를 무조건 청하다고 보아서는 안 된다. 그 팔자 내에서 水의 작용이 희소하고 귀하게 쓰이는 모양이 되어야 그 사주가 청하게 되는 것이다. 청한 글자가 너무 여러 번 사주에 나오게 되면 상대적으로 희소가치가 떨어지게 되므로 그만큼 가치는 떨어지게 된다. 반대로 만약 여름에 火가 투출되었다면 그런 사람은 매우 현실적인 사람이고 물질과 현실적으로 눈에 보이는 세계만을 추구하는 인자로 작용하여 순수하지 않게 되는 것이다. 순수하지 않다는 것은 많은 사람들이 추구하는 비슷한 가치를 추구한다는 의미로 같은 행위와 같은 가치관으로 타인과 경쟁하고, 타인의 아픔을 발판삼아 성공과 성취를 하기 때문에 격이 탁해지는 것이다. 그러므로 흔하고 많은 것은 희소가치를 떨어뜨리게 되어 그 사람의 쓰임도 가치도 낮아질 수밖에 없는 것이다. 사주가 청한 글자로만 구성되어 있다는 것은 그 사람의 인생이 전반적으로 청한 인생으로 살아갈 수 있는 가능성이 높은 것이고, 또한 운에서도 청한 글자를 도와주는 글자가 오면 그 사람이 뜻을 펼치며 크게 될 수도 있다는 것이다. 만약 사주가 청한 글자와 탁한 글자가 혼잡되어 있다면 운의 작용을 잘 살펴보아야한다. 운에서 청한 글자를 쓸 것인지 탁한 글자를 쓸 것인지를 결정하게 되어 그 사람의 삶이 청하게 살았다가도 탁하게 사는 양면적인 모습을 보이게 된다.

사주 내에 청한 글자가 있다하여도 인생의 방향이 청한 것을 향해 가는가 아니면 청한 글자만 있느냐에 따라 차이가 있을 수 있다. 가령, 여름에 水가 투출한 가운데 드러난 글자가 土, 金이라면 삶의 귀결이 水에서 끝나게 되므로 인생의 방향도 결국 순수차원의 세계를 향해 달려가지만, 水가 있다 하더라도 여름에 木, 火가 투출되었다면 순수함은 있지만 결국 인생의 방향은 청하지 않은 삶을 살게 된다.

청한 것이 반드시 부하고 큰 것은 아니다. 청렴한 선비가 반드시 부귀영화를 누리는 것도 아니고 꼭 사람들에게 인정받는 것도 아니다. 그러나 격이 청하다는 것은 정신이 순수한 것이니 인격적으로 크게 성숙할 수 있는 인자임은 분명하다. 격이 청하면서 그릇이 크기 위해서는 맑은 격을 만드는 글자가 소통이 잘되어 현실적인 인자와 잘 맞물려 돌아갈 때 세상의 가치로 승화되는 것이다. 그러나 그러한 구조는 많이 드물다. 결국 순수하고 고귀한 글자가 있더라도 어떻게 쓰여지느냐에 따라 그 사람의 인격이 결정되는 것이다.

사주에 청함이 있더라도 중화가 되어 있어야 한다. 왜냐하면 중화되지 못한 청함은 결국 현실성을 잃어버리게 되고, 자기만의 세계 속에서 살아가게 되어 삶의 중도를 잃게 되기 때문이다. 순수함을 추구한 나머지 일을 하지 않는다거나, 타인은 순수하지 못하고 더럽다 생각하는 것은 청한 글자가 오히려 글자를 탁하게 만들어버린 것이므로 청한 글자가 있는 가운데 사주의 음양오행이 중화를 어느 정도 갖추어야 좋다.

사주에 청한 글자가 있더라도 운에서 그 글자를 쓰지 않는 환경으로 간다면 청하지 않은 모습으로 살아가게 된다. 가령 군대라는 환경에 가게 되면 모든 사람들이 자신의 본 모습을 버리고 규율에 따라가게 되어 각자의 개성이 사라지듯이 운에서 본연의 모습이 가려져 버리면 청한 사람도 청하지 못하게 된다.

‖ 샘플 26 ‖

	庚	己	壬	
	申	酉	寅	乾

위는 휴먼다큐멘터리 '울지마 톤즈'의 주인공 故이태석 신부님의 사주이다. 酉月 庚申日 금왕지절(金旺之節)에 태어나 양인을 격으로 삼아 칼을 다루는 사주로 학창시절 의학을 전공하여 의사가 되었다. 년에 寅木이 투출되어 청한 기운이 있다. 운이 젊은 시절 水대운으로 흘러 金生水, 水生木으로

寅木을 향해 달려간다. 그래서 본명은 국내에서 의사의 길을 버리고 아프리카 수단으로 건너가 그곳의 소외받고 상처받은 사람들을 위해 평생을 바쳤다. 2010년 1월 14일 癸丑대운, 丁丑月, 甲子日, 乙丑時 암으로 순수하고 고귀한 삶을 마감했다. 많은 사람들은 故이태석 신부님을 추모하고 그리며 그의 죽음을 안타까워했다. 그는 개인적으로 부를 이루려는 욕망도 없었고, 명예를 위해 사는 삶을 살고자 하지도 않았으며, 우리나라도 아닌 먼 타국, 세상에서 가장 가난한 나라 수단에서 가난과 질병에 고통 받는 사람들을 구하기 위해 자신의 몸도 돌보지 않는 삶을 선택했다. 하여 그는 전 세계가 아프리카에 관심을 갖게 하는 큰일을 해내었다. 이것이 청한 사주의 그림이라 할 수 있다. 고인의 명복을 빈다.

2) 그릇이 탁(濁)하다

그릇이 탁(濁)하다는 것은 앞서 설명한 그릇이 청한 경우의 반대라 할 수 있다. 그릇이 탁하다는 것은 작은 관점에만 포커스를 맞추는 행위, 즉 에고가 강하고 욕심이 과한 것을 말한다. 작은 관점에만 머물러 있으니 개인의 번영과 영화에만 눈이 어두워 타인을 기망하고 상처 주는 일을 서슴없이 행하는 사람의 격이다. 그것은 소견이 좁아 생기는 문제로서 나 아닌 다른 사람을 힘들고 어렵게 하면 결국 자신이 어렵고 궁색해지며 결국 대인으로 거듭나지 못한다는 것을 알지 못하기 때문이다. 이러한 사람의 그릇은 현실지향적이며 고집이 세고 독단적인 성향일 수밖에 없다. 또한 재물을 모으는 것만 알고 타인에게 베풀지 않는다. 그릇이 탁하면 탁할수록 이기적인 성향으로 발전하게 되고 타인의 아픔과 고통을 외면하면서 재물을 모으고 명예를 추구한다. 그렇다 보니 성공과 번영이 영원하지 못하며 일시적인 성공과 성취만이 있을 뿐이다.

그릇이 청하면 대인의 기질을 갖게 되고, 그릇이 탁하면 소인배 기질이 강하게 나타난다고 볼 수 있다.

이 세상에 가장 작게 쌓는 것은 재물을 쌓는 것이다. 그 다음은 명예를 쌓는 것이다. 그 다음은 학문을 쌓는 것이다. 마지막으로 가장 크게 쌓는 것이 공덕을 쌓는 것이다. 그러므로 재물을 쌓은 사람은 재물만 갖게 되니 가장 작은 것이고, 명예를 쌓으면 재물과 명예를 함께 갖게 되는 것이니 그보다 조금 더 큰 것이고, 학문을 쌓으면 재물과 명예와 지식을 함께 얻으니 더 큰 것을 갖게 되는 것이고, 공덕을 쌓는 것은 재물과 명예와 지식을 쌓은 사람들을 모두 얻은 것이니 가장 큰 것이다. 그래서 대인의 삶은 순수하고 타인을 배려하며 사람을 소중하게 여기게 된다. 그러므로 그릇이 작은 사람일수록 재물이나 명예에만 집착하게 되고 타인의 안위는 생각하지 않게 되어 거칠고 이기적인 사람이 될 수밖에 없다.

그릇이 탁한 경우는 다음과 같다.
① 자기계절의 글자나 계절이 旺해지게 돕는 글자를 가졌다.

② 팔자 내에 탁한 글자로 삶이 귀결 지어져 있다.

③ 팔자가 소통되지 않고 막히고 치우쳤다.

④ 대운이 탁한 글자를 쓰게 한다.

⑤ 같은 글자가 많아(多字) 탁해졌다.

⑥ 조후를 잃었다.

자기계절의 왕한 기운은 많은 사람들이 추구하는 것으로 눈에 보이는 이해관계를 말한다. 가령 여름에 丁火가 투출되어 있다면 그 사람은 현실적인 이해관계를 다루는 영역에서 살게 되는데 그런 것은 많은 사람들이 쫓고 원하는 것이기도 하다. 많은 사람들이 추구하는 것은 희소가치가 떨어져 순수성을 잃게 되며 성취하기 위해서는 타인을 물리칠 수밖에 없다. 가장 대표적인 것이 돈과 명예인데 돈이나 명예가 더럽거나 나쁜 것이 아니라 순수하지 못한 방식을 사용하거나 자신의 욕망을 성취하기 위한 최종 목적이 된다면 가치가 떨어지게 된다는 뜻이다. 많은 사람들이 그런 방식을 택하고 타인의 아픔과 좌절이 나의 기쁨이 되기 때문에 사회는 더욱 비인간적인 성향으로 흐르고 결국 사회 전체의 복지나 행복도가 떨어지게 된다. 다시 말해 그런 방식의 성취는 결국 개인과 가정의 행복도가 낮아지고 그릇이 탁한 소인의 삶으로 갈 수밖에 없다.

그릇이 현실적인 글자와 희소한 글자로 섞여 있더라도 마지막에 추구하는 삶의 방향이 현실적으로 치우친다면 결코 청한 사람이라 말할 수 없다. 순수함을 가장하여 자신의 이익을 추구하는 방향으로 흐를 수 있기 때문에 기운의 방향을 잘 관찰하여야 한다. 그것은 사이비 종교집단을 형성하기도 하고 많은 사람을 희롱하기도 한다.

　팔자가 소통되지 않고 막혀 있으면 그 막혀있는 구간에 가서 생각이 정체된다는 뜻이다. 그것은 점차 에고와 고집 그리고 이기주의로 변하여 결국은 사주의 그릇을 청하지 못하게 만든다. 그러므로 사주의 기본은 오행의 소통에 있다고 할 수 있다. 소통이 되면 재물을 좋은 일에 나누어 쓰고 명예도 얻고 거듭 발전하게 된다. 순수하게 사람을 돕기도 하고, 얻은 재물로 더욱 더 많은 사람이 혜택 받을 수 있도록 규모를 늘려나가는 순환적 구조가 되어 그릇의 청함을 유지할 수 있게 된다. 오행의 소통이 막혀버리면 결국 소견이 좁아져 크게 성장하지 못한다. 이것은 일반적으로 조후적인 문제로 나타나 소통을 방해하기도 하고, 통관을 못시키는 두 가지 형태로 나타난다.

　좋은 글자도 많이 나와 있으면 그 순수성을 잃게 되고, 희소적 가치도 떨어지게 되고, 현실적인 글자가 많이 나와 있으면 청탁의 입장에서 탁한 기운을 쓰는 세월이 상대적으로 많아지게 되어 그릇이 탁해질 수밖에 없다.

3. 그릇의 대소(大小)

그릇의 대소(大小)란 야망의 크기를 말하고 재화를 얼마나 크게 다룰 수 있는가를 말하는 것이다. 청탁은 귀천(貴賤)의 개념이나 그릇의 대소는 청하거나 탁한 방법을 가지고 얼마나 큰 꿈을 꾸고 그것을 이룩해 나갈 수 있는 힘이 있느냐의 문제를 판단한다. 그러므로 그릇이 탁하다 하여 반드시 그릇이 작다고 할 수 없고, 그릇이 청하다 하여 반드시 그릇이 크다 할 수는 없다. 그릇이 탁하지만 큰 사주는 탁한 방법을 이용해서 큰 재산이나 명예를 이루기도 하고, 그릇이 청한 사주가 그릇이 크면 청한 방법을 이용해 큰 재산이나 명예를 이루기도 한다. 결국 그릇이 크면 사회적으로 많은 재화를 다루게 된다고 할 수 있지만 그릇의 청탁에 의해서 그 방향과 방법은 달라질 수밖에 없다. 일반적으로 사회적 명예나 지위가 높으면 그릇이 청한 것으로 오인되기도 한다.

그릇의 대소는 인간의 야망과 관계가 있다. 누구나 욕망이 있지만 그것을 이루는 사람과 그렇지 못한 사람이 있다. 그것은 사주의 구조와 관계가 있다. 그것이 순수한 욕망이든 아니든 그것을 크게 성취하려는 자체는 야망이라 할 수 있다. 그러므로 그 야망을 이루는 사람은 그릇이 크다 할 수 있고, 야망만 있고 성취하지 못하는 사람은 그릇이 작다고 표현할 수 있다.

사주에 들어 있는 글자는 모두 욕망에 해당한다. 그것이 순수한가 그렇지 않은가의 문제는 위 '그릇의 청탁'에서 알아보았고, 이제는 어떤 글자가 그 욕망이라는 것을 크게 작용하게 만드는지 알아보자.

◆ **사주에 욕망이 강하게 작용할 때**

① 사주천간에 겁재가 투출하였다.

② 오행적으로 기운이 한쪽으로 쏠렸다.

③ 백호, 괴강, 양인, 공망 등 살이 강하게 들었다.

사주천간에 겁재가 투출하면 큰 욕망의 소유자라 할 수 있다. 겁재는 일반적으로 무한경쟁심을 말한다. 겁재가 있는 것으로 그릇이 크다고 말할 수는 없지만 겁재가 잘 쓰일 때 큰 부자가 되기도 한다. 겁재만 보았을 때는 큰 욕망이라 할 수 있다. 오행적으로 기운이 한 방향으로 몰렸을 때도 욕망이 크다. 사주에 괴강살, 백호살, 양인살, 공망 등 각종 살이 들어 있다는 것은 기운이 집중되어 있다는 의미로서 욕망이 크게 작용하게 된다. 그러나 욕망은 욕망일 뿐 성취해내는 것과는 별개의 문제다.

똑같은 결실을 이룬다 하더라도 일의 성격이나 그 사람의 가치관에 따라 귀천이 나뉘고, 반대로 비슷한 취지와 가치관으로 어떠한 일을 해도 그 결과는 다를 수 있다.

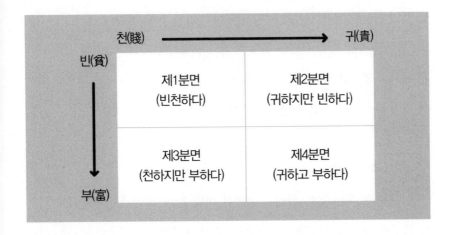

그것을 부귀빈천(富貴貧賤)이라 말한다. 삶의 방식을 정하는 것은 귀천에 해당하고, 업적이나 결과물 등 경제력은 빈부에 해당한다. 귀천은 사회적 지위와 관련이 있지만 빈부는 경제력과 밀접한 관련이 있다. 부귀빈천의 성적표는 매순간 변한다. 1분면에 있던 사람도 세월이 흐르면서 3분면으로 이동할 수 있고 4분면으로 이동할 수 있으며 반대로 4분면에 있던 사람이 2분면으로 움직일 수도 있다.

물론 1과 3분면에 있었던 사람도 2나 4분면으로 이동할 수 있고, 2나 4분면에 있었던 사람도 1이나 3분면으로 이동될 수 있다. 그러나 이것은 눈에 보이는 현상이며 사람의 청탁이 바뀌는 것이라고 할 수 없다. 사주구조는 청한 글자와 탁한 글자가 섞여 있을 때 운세의 변화에 의해서 달라진다고 보면 된다.

기본적으로 팔자 원국을 기본으로 하고 운은 그것을 드러내거나 감추는 역할을 할 뿐이기 때문에 원래 천한 기질을 가지고 있는 사람이 귀하게 되는 것이 아니라 팔자 원국에 이미 양면적인 인자가 작용하고 있다는 것이다. 또, 천한 인자를 가진 사람은 돈을 벌어도 천할 수밖에 없고, 원래 귀한 사람은 재물의 영향을 받지 않는다고 할 수 있다. 흔히 당장 물질이 많으면 귀하다 여겨질 뿐이니 귀천과 빈부의 차이를 잘 이해하여야만 한다.

1) 그릇이 크다

그릇이 크다는 것은 위에서 설명한 바와 같이 욕망이 강하면서도 기운이 잘 소통되어 있음을 뜻한다. 여기서 그릇이 크다함은 마음이 넓다는 의미가 아니고 사회적으로 역량을 크게 펼친다는 의미로 이해하면 좋겠다. 사람이 역량을 펼치는 것은 평생 가능한 것이 아니다. 운에 의해서 크게 펼쳐질 때 크게 움직이게 되고 운이 나빠지면 원래 큰 그릇이었던 사람도 크게 움직일 수 없게 된다. 그러므로 사주원국에 이미 고정된 그릇과 운의 조화에 의해 판단해야 한다. 그릇이 작은 사람이 운이 좋아졌다고 큰 그릇이 되는 것은 아니다. 그러므로 원국의 사주구조가 가장 중요한 부분을 차지하게 된다고 말할 수 있다.

① 오행이 소통되었다.
② 조후를 갖추었다.
③ 금화교역을 이루었다.

그릇이 큰 사주는 생각보다 간단하다. 오행이 소통되면서 조후를 잘 갖추었으면 그릇이 큰 사주가 된다. 조후를 갖추고 오행이 소통되었다는 것은 그 속에 자동적으로 金과 火가 나와 조화를 잘 이루고 있다는 뜻이다. 거기에 백호대살, 양인, 괴강, 공망, 겁재 등이 섞여 있으면 꿈을 크게 이룰 수 있는 사주가 된다. 더불어 오행의 소통을 도와주는 운을 만나면 대발하고 큰돈을 벌기도 하며 큰 명예를 얻기도 한다.

‖ 샘플 27 ‖

辛	壬	乙	丁	
丑	辰	巳	丑	乾

위는 세종대왕의 사주다. 생시는 정확하지 않지만 평소 학문에 관심이 많았고, 이공기술에 관심이 많았던 세종대왕의 특성으로 보아 辛丑時로 추측된다. 이렇게 되었을 때 천간의 기운이 金生水, 水生木, 木生火로 구슬을 꿰듯 돌아가서 귀한 사주가 된다. 巳月 丑時에 태어났으니 음양의 조화를 갖추었으며 丑土가 水의 역할을 하고, 辰土가 巳火를 생하여 巳火가 丑土를 생하고 土가 巳중 庚金과 丑중 辛金을 생하는 구조이다. 이렇게 되면 사주 그릇이 클 뿐 아니라 청한 사주가 된다. 세종대왕의 어진 마음은 여름의 壬水기운 때문에 그러하고, 순수하고 어진 마음과 현실적으로 쓰이는 乙木과 丁火의 조화가 구슬처럼 이어져 그릇이 청하면서도 큰 사주가 되었다. 이런

사람이 정치를 하고 사업을 하면 모든 사람이 배부르고 행복하게 되며 영원히 오랫동안 그 업적과 정신이 남게 되는 것이다.

2) 그릇이 작다

① 사주가 소통이 안 되고 중간 중간 끊겼다.

② 조후를 잃었다.

③ 오행이 한쪽으로만 쏠렸다.

④ 사주에 겁재나, 양인, 백호, 괴강, 공망 등의 살들이 없다.

⑤ 다자(多字)하여 탁해졌다.

사주가 소통이 안된다는 것은 글자의 기운이 끊긴 것을 말한다. 가령 수생목, 목생화, 화생토, 토생금, 금생수 등으로 잘 소통되면 좋은 사주가 된다. 그러나 어떤 특정한 글자가 빠질 경우 글자의 소통이 막히고 만다. 그것은 정신적으로도 더 발전되지 못하게 되어 이른바 큰머리가 돌아가지 않게 되고 나아가 고집스럽고 어떠한 일에서 빠져나오지 못한다. 그것은 반드시 드러난 글자만을 말하는 것은 아니다. 사주는 눈에 보이지 않고 감추어져 있거나 기운으로만 존재하는 것도 함께 보아야 한다. 그러므로 글자와 기운을 함께 보는 힘을 길러야 한다.

酉	未	巳	子	乾

　위의 명조는 지지만 보아도 여름에 태어나 火生土하여야 하는데 巳火와 未土는 완전하게 소통하지 못하고 격각된다. 또 土生金에 있어서 未土와 酉金이 격각되어 소통이 원활치 않다. 金生水에서도 酉金과 子水가 파가 되어 원활치 않고 水生木도 원활치 않다. 이렇게 소통이 원활치 않으면 격이 낮아지게 되고, 운에서 어떠한 글자가 원활치 못한 상황을 해결하지 못하면 그릇이 작아지게 될 수밖에 없다.

　조후를 잃어도 그릇이 작아진다. 조후는 특히 여름이나 겨울생에 대해서 크게 작용하는데 여름생이 金水를 얻지 못하였거나 겨울생이 木火를 얻지 못하면 오행이 제대로 소통하지 못하여 그릇이 작아진다. 또 조후는 얻었다 할지라도 사주가 너무 한쪽으로 쏠려 있으면 그릇이 작고 고집이 세게 된다. 가끔 그릇이 한쪽으로 쏠렸으면서도 좋은 사주가 있는데 그런 사주는 기운적으로 오행을 소통시키고 있는 경우가 많은 사례이다.

　글자가 강한 글자(寅, 巳, 申, 戌, 辰)가 없거나 괴강, 백호 등의 강한 신살이 없으면 사람이 너무 순하기만 하기 때문에 큰 일을 해내기 어려워 그릇이 작아진다. 과거에는 이러한 살을 무조건 나쁜 것으로만 취급했었는데 위 세종대왕 사주를 보았듯이 그런 살들이 나쁜 작용만 하는 것은 아니다. 이 세상 모든 것은 좋은 점과 나쁜 점을 함께 갖고 있음을 명심하고, 그 글자나 신살이 올바르게 쓰일지 그릇되게 쓰일지를 잘 판단하여야 한다.

사주에 글자가 많은 것은 다자무자(多字無字)라 하여 없는 것만 못하다란 말이 있다. 사주에 많은 것은 욕심이나 욕망을 뜻하는 것으로 많이 얻었다는 의미는 아니다. 가령 남자 사주에 재성이 많이 있으면 재성은 여자를 말하는데 여자가 많아 좋은 것이 아니라 여자가 너무 많아서 삶이 문제가 되기 때문에 오히려 '없는 것만 못하다'라는 뜻이 되기도 한다. 여자는 번듯한 사람 한 명만 있으면 되고 많으면 오히려 소중함을 잃게 되어 가치를 떨어뜨린다. 또 관성은 직업이나 직장을 말하는데 너무 많으면 여러 가지 일을 하게 되고 집중하지 못하게 되어 높고 크게 이루는 데는 장애가 된다. 물론 여러 가지 일을 하면서 다양하게 직업 활동을 하고 투잡, 쓰리잡을 통해 돈을 벌수는 있지만 크게 성공하기는 어려울 수 있다.

‖ 샘플 29 ‖

戊	己	戊	甲	
辰	丑	辰	辰	坤

사주에 비견과 겁재가 많은 사주이다. 辰月, 辰時에 태어났으나 사주에 火가 빠졌고 金水도 지장간에 있기는 하지만 봄철이라 허약하다. 위 사주는 특별한 직업이 없었으며 여러 남자를 전전하며 살았다. 가난했고 40대 후반

무속인의 권유에 속아 신내림을 받았다.

이제까지 그릇의 청탁과 대소에 대해 논하였다. 사주를 부귀빈천만을 생각하는 일반적인 관점으로 접근하면 풀기 어렵다. 인간은 정신과 육체로 구성되어 있으며 그 정신은 다양한 양상을 보이기 때문에 세속적인 관점이나 부귀의 관점으로만 빈천을 바라보게 되면 그 사람의 운명을 정확히 헤아리기 어렵다. 사주를 잘 관찰하기 위해서는 사람에 대해 잘 알아야 하고, 인간의 정신세계를 더욱 깊게 연구하여야 학문적인 발전도 이룰 수 있다. 남에게 이기고 악착같이 잘 사는 사람이 좋은 사주 같지만 앞서 설명하였듯 그것은 영원한 것이 아니다. 때문에 좋은 사주를 보는 관점은 바뀌어야만 한다. 사주공부를 잘 하기 위해서는 자신의 그릇을 키워야 한다. 그릇을 키운다는 의미는 욕망의 눈으로 사주, 여덟글자를 바라보지 않는다는 것을 뜻한다. 순수한 마음으로 돌아와 사주 공부를 한다면 인간의 희노애락을 좀 더 구체적으로 느끼고 알 수 있게 될 것이다. 그렇게 함으로 한 차원 높은 학문적 세계도 경험할 수 있게 될 것이다.

4. 일간의 왕쇠강약

왕쇠강약이란 일간(日干)이 주변에 얼마나 세력을 얻었느냐의 여부를 판단하는 것이다. 세력을 얻었다는 것은 일간 중심의 삶, 사주원국의 주인공이 자신의 삶을 주도하고 이끌어간다는 의미이다. 만약 일간의 힘이 약하다면 주도적인 삶이 아닌 이끌려가고 의지하는 삶을 선택한다. 그러한 모습을 놓고 사주학에서는 태강(太强), 신강(身强), 신약(身弱), 태약(太弱) 사주로 구분한다.

왕쇠강약의 개념은 오행적 왕쇠강약을 의미하는 것으로 일주의 왕쇠강약뿐만 아니라 계절적 왕쇠강약을 특히 고려하여야 한다. 계절이란 내가 태어남과 동시에 부여되는 큰 환경적 요소로서 사람으로 치면 지구와 같은 것이고, 현재 내게 부여된 숙명적 환경과도 같은 것이기 때문에 명(命)에 지대한 영향을 미친다 할 수 있다.

가령 辰月 태어난 甲일간의 경우 오행적으로 목극토(木剋土)하여 약한 듯 보이지만 辰월은 만춘지(晚春支) 계절로서 辰中 乙木이 甲木의 세력을 지장간에서 돕고 있으므로 약하다고 보지 않는다.

이것은 12운성의 왕쇠강약을 기준으로 판단하여야 하며 일간이 년지, 월지, 일지, 시지의 12운성적으로 세력을 얼마나 얻고 있는지 보아야 한다. 또한 지장간도 참고하여 관찰하여야 한다.

‖ 샘플 30 ‖

甲			甲	
	辰			戌
〈세력이 있다〉			〈세력이 없다〉	

辰月 甲木은 만춘지 木이라 세력이 있다고 봐야 하고 戌月의 甲木은 가을에 甲木이라 세력이 없다고 봐야 한다.

‖ 샘플 31 ‖

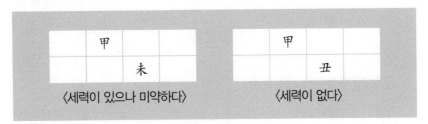

	甲	
	未	
〈세력이 있으나 미약하다〉

	甲	
	丑	
〈세력이 없다〉

未月의 甲은 12운성상 묘지로 들어가는 시기이라 약하다. 그러나 未中 지장간 乙木에 甲木이 뿌리내리고 있어 미약한 기운에 의지를 할만한 기운은 있다고 봐야 한다. 또 丑月은 12운성상 관대지이긴 하나 甲木이 추위에 얼어 있는 지상이므로 세력이라 보기 어렵다. 이처럼 세력 여부를 따질 때는 계절과 왕쇠강약에 근거하여 따져야 한다. 단순히 사주에 드러난 글자의 개수만 따져 강하다 약하다 하면 안 된다.

‖ 샘플 32 ‖

乙	甲	壬	甲
丑	子	申	寅

이 사주는 가을에 태어나서 주변에 水氣와 木氣를 많이 가지고 있다. 그

러나 계절이 가을이면 木의 기운이 절지로서 가장 힘이 약한 시기고 생시 또한 丑時에 태어났으니 신약한 사주이다. 다만 주변에 나를 돕는 인성이 많고 년에 뿌리를 얻었으니 약한 환경에서도 주변에 후원자와 동반자를 얻어 살아가는 팔자다. 자신이 약한 환경에 태어났어도 자립심과 독립심을 갖춘 사주라 보아야 한다.

1) 득령(得令)과 실령(失令)

득령이란 일주가 월지 즉 월령에 세력을 얻고 있느냐의 여부를 말하는 것으로서 월에 세력을 얻고 있다면 득령(得令)하였다하고, 월에 세력을 얻지 못하였다면 실령(失令)하였다고 한다. 월에 세력을 얻고, 못얻고의 여부는 일주의 왕상을 의미하는 것일 뿐 길흉화복과는 무관하다. 가령 일주가 월령을 얻었다면 득령한 것으로서 일주가 신강하게 되는 것인데, 신강하다는 것은 자신의 주장이나 뜻이 지상에도 펼쳐졌으니 간여지동과 같은 강한 자아를 나타내는 것일 뿐 운명의 길흉화복과는 무관하다. 가령 寅月에 甲木일간이라면 木氣가 왕한 계절에 태어났으므로 甲木이 득령한 것이라고 보는 것이다.

월은 연월일시지 중 자신이 태어난 월로서 사주상 기운적 영향을 가장 많이 미치는 간지이다. 그래서 월지를 월령(月令)이라고 부르며 사주의 기본 틀을 의미한다. 월이란 근묘화실 중 묘(苗)에 해당하므로 학문성이나 인생의 방향성을 잡는 구간이기 때문에 자신이 주도하는 사업이나 컨설팅 등 주도하는 삶을 살아간다는 의미이다.

2) 득지(得支)와 실지(失支)

득지란 일주가 자기 지지에 세력을 얻었느냐의 여부를 말하는 것으로 세력을 얻고 있다면 得支라 하고 세력을 얻지 못하면 失支하였다 한다. 일지는 자신을 주관하고 주체하는 자리이므로 득지를 했느냐의 여부는 신강 신약 판단에 중요하다. 그러나 월지의 영향력보단 작게 보아야 한다. 일지는 근묘화실 중 화(花)의 자리이므로 자신의 주관적 사상을 나타낸다.

3) 득시(得時)와 실시(失時)

득시란 일주가 태어난 시간의 세력을 얻었느냐의 여부를 말하는 것으로 시간의 세력을 얻고 있다면 得時하였다 하고 세력을 얻지 못하면 失時하였다고 한다. 시지는 근묘화실 중 열매 실(實)을 의미하므로 말년의 인생, 삶의 방향성, 자식을 바라보는 나의 관점, 인생의 결과적 양상을 의미한다. 시에 뿌리를 얻으면 말년의 삶이나 취미나 대외 활동을 주도하게 되고, 먼 곳에서 사업하게 된다는 의미로 보기도 한다.

4) 세력을 이루는 글자들

일간	세력을 이루는 간지
甲, 乙	寅, 卯, 辰, 未, 亥
丙, 丁	巳, 午, 未, 寅, 戌
戊, 己	巳, 午, 未, 寅, 辰, 申, 戌, 亥, 丑
庚, 辛	申, 酉, 戌, 巳, 丑
壬, 癸	亥, 子, 丑, 申, 辰

위 세력을 이루는 글자는 일간이 지장간에 록을 이루는 글자를 의미한다. 강한 글자는 자기 계절에 록을 이룰 경우에 강하고 그 다음으로 일간을 생하는 전 계절의 지장간에서 뿌리로 작용하는 글자가 강하다. 그 외의 글자는 그보다 약한 모습으로 작용하는 것을 의미한다. 묘지나 쇠지, 양지 등에 들어 있는 글자는 외적인 형태는 약할지라도 내적으로 자신의 주체를 세워나가려는 뜻이 들어 있으므로 일간의 록으로 작용한다고 보아야 한다.

5) 신강 신약의 해석상의 의미

지금까지 일간을 중심으로 신강, 신약의 구분을 관찰하는 법을 배웠다. 일간이 신강하다는 것은 그 사람의 삶의 스타일이 양(陽)적이란 의미로서 드러내고 내세우며 주관적으로 행동하길 좋아하는 것을 의미한다. 그러므로 남의 이야길 듣기보단 자신의 계획대로 주도하고 이끌어가는 것을 좋아한다. 반대로 신약하다는 것은 그 사람의 스타일이 음(陰)적이며 감추고, 움츠

리며, 주장을 내세우기보다는 타인이 주도하는 것을 따라가길 좋아한다.

신강 신약은 사주 이론 중 억부이론[5]에서 용신(用神)을 구분하기 위한 이론으로 사용되었으나 그러한 용도보다는 그 사주의 주인공이 삶을 살아가는 스타일로 보아야 한다. 신강한 사람은 반드시 사업을 하고, 신약한 사람은 직장생활을 해야 한다는 이론이 있는데, 그러한 논리는 임상을 조금만 해보아도 문제가 있음을 알 수 있다. 신강한 사람은 일반적으로 남을 이끌기를 좋아해 지도력을 발휘하는 분야라면 직장생활도 무난하게 한다. 운이 일반적으로 財官운일 땐 신강하여도 직장생활을 하게 되며, 타고난 리더적 기질을 발휘할 수 있는 직종이나 분야에서 활동하게 되고, 그렇지 못한 경우에는 직장생활에 잘 적응하지 못한다.

신약한 사람은 일반적으로는 어떤 일을 주도하고 전면에 나서는 것을 싫어한다. 그래서 보편적으로 직장생활을 하게 되지만 운이 비견 겁재 운으로 흐를 때는 록(祿)[6]을 얻어 자신의 뜻을 발휘하게 된다. 신약한 사람은 사업을 하더라도 참모들의 이야기를 잘 수렴하고, 독단적으로 일을 처리하지 않기 때문에 주변의 조화력을 얻어 크게 성공하는 예도 적지 않다. 모난 돌이 먼저 뽑힌다는 말이 있듯이 신강하면 자신의 주장이 강해 타인과 마찰을 많이 일으킬 가능성이 높고, 신약하다는 건 그만큼 자신의 뜻을 낮추고 감추기 때문에 타인과 직접적인 마찰이 상대적으로 적지만 우유부단할 수 있고 추

---

5) 억부이론_고전 책에 나온 이론으로서 신강한 사주는 일간의 힘을 빼주는(食, 財, 官) 오행과 육친을 용신하고 신약하면 일간의 힘을 강하게 해주는(印, 比) 오행과 육친을 용신으로 삼는다는 이론
6) 록(祿)_12운성상 건록이나 제왕의 운기를 말하며 육친적 비견이나 겁재운을 말한다.

진력이 느릴 수 있다.

이처럼 신강신약은 한 사람이 삶을 살아가는 방식일 뿐 길흉의 도구나 무조건적으로 직업의 유무나 귀천, 고하를 판단하는 결정적인 도구가 될 수는 없다. 단지 삶의 해결 방식이고 심리이며 스타일이라고 할 수 있다.

5. 격(格)의 구성

1) 월령(月令)의 의미

월지를 의미하며 사주의 체(體)를 이루는 요소 중 계절적 환경을 의미하는 것으로 사주의 환경 중 가장 영향을 많이 미치는 글자이기 때문에 월령(月令)이라 칭한다. 월은 절기를 의미하고 계절의 한난조습을 의미하며 일간 등 나머지 글자는 월의 환경에 따라 희기(喜忌)가 가려진다. 사주는 나를 의미하는 일간이 관점의 주체가 되지만 월의 환경이라는 조건 속에서 일간의 관점이 펼쳐지기 때문에 월의 환경은 상황을 의미하고 분석의 기준이 된다. 다시 말해 덥고 습한 날 태어났으면 덥고 습하기 때문에 金을 좋아하게 되고, 水를 꺼리게 되는 마음을 말한다. 그러므로 같은 일간일지라도 태어난 월지(계절)가 다르면 모든 관점과 기준이 바뀌어 버리게 되는 것을 말한다. 그러므로 사주는 일간중심이 아닌 월지의 환경속의 일간과 주변 글자들의 동태를 파악하여야 한다.

2) 오행적 격의 분류

격은 크게 음양오행으로 나누어 구분하여야 한다. 陽은 크게 木과 火로 구분되고, 陰은 크게 金과 水로 구분된다. 이러한 오행의 분류는 이미 결정된 기운의 상황을 말하는 것이다. 그러나 오행은 살아 움직이고 있으며 역동하고 있다는 전제에서 보아야 한다. 그렇게 기운의 방향을 살펴보면 水木은 양적이고 火金은 음적이다.

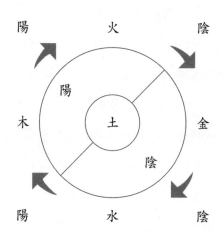

① 겨울(水)에 태어난 사람

겨울에 태어난 사람은 기본적인 환경이 춥고 척박한 환경 속에서 사는 사람과 같다. 그래서 인간에 대한 그리움이 크고 외로움이 많다. 겨울은 혹독한 환경이다 보니 만사 진지할 수밖에 없다. 겨울이란 환경 속에서는 물건

하나도, 도구 하나도 다 소중하다. 언제 무슨 일이 생길지 모르니 만사 대비하고 있어야 마음이 편하다. 그래서 인색하고 절약 정신이 있으며, 생활력도 강하다. 겨울이라는 환경 속에서는 예쁘고 반듯한 것을 따질 겨를이 없다. 여차하면 얼어 죽을 수도 있으니 몸은 가만히 있더라도 머리는 항상 바쁘게 돌아간다. 그래서 어떤 판단을 할 때 겉으로 보이는 모습보다는 활용가치나 내구성을 중요하게 생각한다. 무엇이든 활용가치가 있으면 혹한을 대비하여 저장하고 축적해 놓아야 마음이 편하다. 겨울태생의 삶의 도구는 화려한 도구가 아니다. 황량한 환경에서 구할 수 있는 것은 번듯하고 아름다운 것이 아니다. 남들이 내버린 것, 소외된 것, 남들 안하는 것, 남들 못 먹는 것 등이 겨울태생의 삶의 도구라 할 수 있다. 그래서 겨울태생은 거칠고 모진 일도 별로 꺼리지 않는다. 죽기 살기의 정신으로 생존을 위한 처절한 투쟁을 하는 것이 겨울태생이다. 그러한 겨울 태생은 밝고 따뜻함을 그리워한다. 현재의 모습은 더럽고 지저분하더라도 밝은 세계로의 진출을 항상 꿈꾸며 많은 사람과 교류하면서 자신의 존재를 드러내어 생존의 전쟁에서 승리한 사람의 기분을 만끽하고 축하받고자 하는 것이 겨울 태생이다. 그러므로 겨울태생 인생의 방향은 火다.

② 봄(木)에 태어난 사람

봄에 태어난 사람은 만물이 피어오르고 역동하는 계절에 태어났다. 모든 기운은 하늘로 오르고 위로 펼쳐나가며 풍요의 나래를 펼치기 위한 경쟁을 하는 시기이다. 봄은 날씨는 포근해졌으나 겨우내 아껴서 먹던 식량도 다 떨어졌기 때문에 들에 나가 새로운 식량을 구해야 한다. 날씨가 포근하니 주변에 경쟁자도 많이 나와 있다. 빨리 서두르지 않으면 경쟁에서 뒤처질 수 있기 때문에 바쁘게 움직일 수밖에 없다. 날씨는 따뜻해졌어도 곡간의 식량은 떨어졌으니 겉으로는 웃고 있을지라도 속마음은 물질을 얻기 위한 집착이 강할 수밖에 없다. 봄엔 지천에 널린 것이 먹을거리다. 그러나 큰 것이 아니다. 작은 풀과 작은 열매가 먹을거리니 끊임없이 이동하고 옮겨 다니며 작은 것을 모아 배를 채워야 한다. 그러니 한 곳에 오래 머무를 수가 없고, 이곳저곳 여기저기 다녀야 그날의 목표를 채울 수 있다. 그러므로 봄 태생의 삶의 도구는 새로운 것이다. 또한 사람들이 관심 갖고 집중하는 물건을 새롭게 창조하고 길러내는 것이 봄 태생의 삶의 도구이다. 봄 태생도 아직은 춥고 배고프기 때문에 가고자 하는 인생의 방향은 화려한 문명의 세계이다. 그러나 겨울태생처럼 한 가지 목표를 위해 참고 견디는 것이 아니라 이 방법 저 방법을 동원하며 변신하고 개혁해 나가면서 발전해 나가려는 것이 봄 태생이다.

③ 여름(火)에 태어난 사람

여름에 태어난 사람은 화려한 문명의 세계에 태어난 것과 같다. 다시 말해 겨울태생이 시골출생이라면 여름태생은 도시에서 출생한 사람과 같다. 그래서 세상사에 대한 이해가 밝고 사람들의 문화와 유행을 잘 이해하는 것이 여름 태생이다. 그러한 여름태생은 눈치가 빠르고 처세가 좋아 사람들이 무엇을 좋아하고 싫어하는지 잘 이해하고 있다. 도시에서 살아남으려면 무엇보다 처세가 중요하다. 타인의 주목을 받으려면 어떻게 해야 하는지 어떻게 하면 돈벌이가 잘 되는지를 잘 알고 있다. 그렇다 보니 여름태생들은 경쟁 사회에서 쉽게 우위를 점하고 타인의 주목을 받게 된다. 여름태생은 사회에서 쉽게 우위를 점하게 되고, 자신에게 도움을 받고자하는 사람들을 상대하기는 하지만 많은 두뇌회전과 대인관계 속에서 많은 에너지를 소모하게 되어 항상 지치고 피곤하게 된다. 여름태생은 젊은 시절에는 왕성한 사회활동을 하지만 중년이 되면서 서서히 혼자만의 세계나 조용한 곳으로 떠나기를 갈망한다. 여름태생의 삶의 도구는 매우 세속적인 것이다. 사람들이 좋아하고, 선망하고, 즐거워하는 분야가 여름태생에게는 주요한 삶의 도구가 된다. 또 도시에서 지치고, 아프고, 부족한 사람들의 해결사나 조언자 역할도 여름태생의 몫이라 할 수 있다. 여름태생의 주요 삶의 도구는 겨울태생처럼 멋없고 사람들이 좋아하지 않을 만한 것이 아니다. 여름 태생의 목적지는 金을 지나 水로 가는 것이 목적이다. 金은 결실이고 水는 휴식과 안정이다. 그러므로 여름태생은 길고 오랫동안 끄는 것을 좋아하지 않고 빨리 결실을 보고 지친 심신을 쉬는 것이 목적이다.

④ 가을(金)에 태어난 사람

가을에 태어난 사람은 오곡백과 결실이 풍요로운 계절에 태어난 사람이다. 사방에 가을의 풍성한 열매가 가득하고 지천에 먹을거리가 풍성하니 바쁘게 움직일 필요가 없다. 그저 있는 것을 잘 지키고 재테크만 잘하면 사는 데 문제가 없다. 자신의 가족이 오순도순 잘 살기만 하면 더 바랄나위 없다. 살아가는 데에 굳이 도움이 필요하지도 않고, 대부분은 도움을 요청하는 사람들이니 귀찮을 따름이다. 그러므로 밖에 나가서 잘 보일 필요도 없고 간섭받는 것도 원치 않는다. 그렇기 때문에 누군가 나의 공간에 깊숙이 관여하게 되면 굉장히 불편해 한다. 가을태생은 친한 몇 명의 친구만을 사귀며 자신의 가족을 소중하게 여긴다. 새로운 사람에게 마음의 문을 여는데 시간이 오래 걸리고 외적으로 적당한 처세를 하며 자신의 감정을 잘 내어주지 않는다. 그리고 많은 시간이 지나고 경험한 후에야 비로소 마음의 문을 조심스레 열어간다. 자신의 사람이 되었다 느낄 때는 매우 소중히 여기며 잘 변치 않는 특징이 있다.

가을태생은 타인의 주목을 받는 것도 그리 원치 않으며 안정되고 편안하면서도 적당한 사회활동을 하길 원한다. 밖으로는 적당한 火를 추구하여 부가가치를 올리고 안으로는 水를 추구하여 안정과 편안함을 원한다. 그렇게 중립적인 가을태생의 궁극적인 방향은 水를 지향하는 것이다.

가을태생은 풍요로운 계절에 태어난 사람이니 기본적으로 삶의 안정성이 보장되는 것을 추구한다. 겨울태생처럼 힘들고 궂은 일은 선호하지 않는다. 갖추어진 사람처럼 삶의 시작도 안정이 보장되는 사회적 위치나 직업을 선호하고, 힘들지 않으면서도 부가가치를 많이 올릴 수 있고 가치 있는 일이 가을태생의 기본적 삶의 도구가 된다.

가을태생은 이미 결실을 다 보았기 때문에 열매를 익히거나 결실을 얻기 위한 방법으로 火를 쓰지 않는다. 가을태생이 火를 바라보는 마음은 순수한 차원에서 바라보게 된다. 굳이 무언가를 꼭 얻어야 할 필요가 없는 가을태생은 순수한 사회활동을 하기 때문에 경쟁이나 집착이 아닌 편안하고 순수한 사회활동을 의미하며 사랑과 평화, 행복, 안정이 가을생의 궁극적인 목표다.

위와 같이 계절은 그 사람의 시작과 출발점을 말하기 때문에 그 사람의 기본적인 의식을 관장한다. 또한 태어난 생시와 주변의 간섭하는 글자에 따라 변화하는 것이므로 결론적인 내용이라고 할 수는 없다. 다만 그러한 입장에서 모든 관점이 시작되었다는 뜻이므로 사주해석을 할 때에 결론적으로 '그렇다'라고 추론하면 오류가 나게 된다. 가령 가을 태생이라도 봄의 운을 걸어갈 땐 가난한 사람처럼 무언가를 얻고자 돌아다니게 되는 것이니 선천적 환경과 후천적 환경을 고려하여 추론하여야 한다. 예를 들면 여름태생이 봄의 운을 걸어가는 것과 가을태생이 봄의 운을 걸어가는 모습은 분명히 차이가 난다. 그러므로 운을 보는 방식을 깊이 연구하여 추론하여야 한다.

3) 육친적 격의 분류

위에서 오행적 격에 대해서 논하였다. 오행적 격은 그 사람의 근본적인 입장을 의미하는 것이며 시작과 출발점을 상징한다. 그러나 육친적 격의 분류는 그것의 방식을 정하는데 있다. 월령은 근묘화실적으로 보면 싹이 움트는 자리로서 그 사람의 직업결정과 삶의 모습을 규정하는 데 지대한 영향을 미친다. 물론 월령뿐만이 아니라 태어난 년이나 일과 시도 영향을 미치기는 하나 연월일시중 그 사람의 인생의 방향을 크게 결정하는 것은 월이므로 월을 중심으로 나머지 환경을 해석해 가는 것이 최우선이다. 고전 격국론에서는 월의 격을 잡아 그 사람의 인생방향을 크게 한두 가지로 정하였으나 필자가 연구해본 결과 삶의 방식은 한 가지 방향으로 정해진 것이 아니라 그 사람이 가지고 있는 월을 비롯해 년과 일, 시의 글자에 따라 삶의 방향이 달라진다. 예를 들면 월에 관성이 들었다면 고전 격국론에서는 그 사람의 인생을 공직이나 직장생활자라고 규정하였으나 일이나 시에 비견이나 겁재가 간섭할 경우 직장생활을 하다가도 어느 때에 가서는 사업을 하게 되는 삶으로 방향을 전환하기 때문에 월의 격만을 가지고 인생의 방향을 정하는 것은 정밀한 관찰이라 볼 수 없다. 또한 월의 격은 외적으로 드러난 육친뿐만 아니라 지장간 속에 감추어진 글자까지도 인생의 방향에 영향을 미치게 된다. 그러므로 좀 더 세밀한 사주 연구를 위해 여덟 글자를 정밀하게 쪼개서 보는 관점이 필요하다.

6. 육친적인 격의 구성

1) 건록격(建祿格)

① 지지의 건록

건록격은 12운성으로 건록의 글자가 월에 있으면 건록이라 한다. 일반적으로 비견을 의미하지만 격으로 바라볼 때는 건록이나 근(根)이라 표현한다. 또한 월의 격일 때에는 가장 강하게 작용하며 다른 간지에 있을 때도 월지보다는 약하지만 그것이 발용될 때 동일한 현상으로 나타난다.

‖ 샘플 33 ‖

	甲				乙	
		寅				卯

위와 같이 일간의 글자가 지지에 그대로 드러나 있는 형태를 건록이라 한다.

‖ 샘플 34 ‖

	戊				丙	
		寅				戌

위와 같은 형태는 외적으로 건록은 아니다. 그러나 지장간 속에 록을 이루는 글자가 들어 있다. 戊土의 입장에서 寅木은 편관이 되지만 寅중 戊土가 지장간에 있어 록이 들어있다고 봐야한다. 또 丙의 입장에서 戊土는 식신이지만 戊중에 丁火가 있어서 록을 이루고 있기 때문에 근을 얻었다 할 수 있다고 본다. 그래서 일정부분 건록의 행위가 이루어진다. 土일간의 경우는 巳나 午를 록으로 삼지만 辰戌丑未 그리고 지장간에 土가 있는 글자를 합치면 록을 삼을 글자가 많아 건록이 지장간에 많이 들어 있다고 볼 수 있다.

건록격은 일단 자기 계절에 강한 기운을 갖고 태어났으니 무엇보다도 신왕(身旺)하다고 보아야 한다. 건록이란 30대 정도의 인생으로서 록(綠)을 먹을 나이가 되었다는 뜻이다. 이제 막 부임한 신입의 모양이고 아직까지 사회물정에 능숙하지 않은지라 건록은 어떤 일이든 철두철미하게 처리하는 것을 좋아한다. 건록은 이제 인생의 장도에 오르는 시기이니 모든 일에 의욕과 자신감을 갖는다. 실수하는 것을 두려워하여 매사 치밀하고 완벽하게 처리하려 하고 순수한 마음씨를 가졌기 때문에 마음씨는 착하다. 그러나 아직 세상경험이 부족한 사회 초년병이기 때문에 융통성이 부족하다. 할 만큼 하고 받을 만큼 받으려는 매우 계산적이고 철두철미한 마음을 가진 것이 건록격의 특징이다.

또, 건록은 부모의 후원을 떠나 스스로 독립의 길에 나서는 시기이니 자수성가별로 본다. 그래서 일반적으로 건록격들은 부모덕이 없는 경우가 많다. 스스로 독립의 별을 가지고 태어났다고 하는 것은 무엇이든 잘 할 수 있는 능력을 기본적으로 가지고 태어났다는 의미이다. 내가 주체가 되어 움직일 수밖에 없으니 건록격들은 일반적으로 타인을 리드하기를 좋아한다. 타인을 리드하는 대표적인 일이 사업이다. 그래서 건록격 사업가들이 많다. 또 남을 리드하는 일이란 것은 교육, 컨설팅, 감독 등 직장생활 속에서도 남을 리드하는 분야에 많이 소속되어 있다.

월에 록을 이루고 있다는 것은 부모를 모셔야 하는 운명성을 가진 것이다. 그래서 일반적으로 장남 장녀가 많다. 장남 장녀가 아니더라도 장남, 장녀 노릇을 할 수밖에 없는 운명성을 말한다. 아니면 집안에서 대장노릇이라도 해야한다.

내가 건록격을 가지고 태어났다는 것은 내 주변에 나를 도와줄 수 있는 존재가 없다는 것을 의미한다. 부모뿐만 아니라 형제, 부인, 남편 등의 도움을 받을 수 없는 상황을 말한다. 그러니 내가 주체가 되어 움직일 수밖에 없고 그렇게 살게 된다.

② 천간의 비견

천간의 비견은 지지의 록의 개념과는 완전히 다른 개념이다. 천간은 형이상적인 개념이고 지지는 형이하적인 개념이기 때문에 같은 비견일지라도 천간과 지지를 구분하지 못하면 사주 해석이 어긋나게 된다. 천간의 비견은 나와 같은 형제를 바라보고 있는 것을 의미한다. 그러므로 협동심을 말하고 협력을 통해 일을 나누고 보상도 함께 나누려는 분배의 의지도 가지고 있다. 천간에 비견이 있으면 공동체 활동이나 협력을 통해 목적을 성취해 가는 일을 좋아하여 대리점 사업, 프랜차이즈 사업도 좋다. 또한 모임 단체 가입을 통해 이익을 도모하려는 성향을 말한다. 천간에 비견이 있으면 물론 경쟁심도 있지만 합리적 경쟁을 원하고 타인에게 나누기도 잘한다. 비견이 없는 사람이라면 타인과 나누는 일을 싫어한다. 평소 나누고 살지 않았기 때문에 운에서 비견이 와서 나누는 상황이 되면 매우 불편해 한다.

③ 지장간의 비견

지장간의 비견은 다른 육친에 싸여 록을 발휘하는 것이니 지도력을 발휘하는 분야이긴 하지만 주체적 사업이나 독립적인 일이 아닌 형태에서 주체적인 일을 한다는 의미이다. 만약 관 속에 록이 들어 있다면 직장을 다니면서 그 속에서 교육을 한다든지 사업을 지휘하는 일을 맡아한다는 뜻이다.

2) 양인격(羊刃格)

① 지지의 양인과 겁재

양인은 천간의 양(甲, 丙, 戊, 庚, 壬)이 지지에서 12운성으로 왕지에 해당하는 글자(子, 午, 卯, 酉)를 만나면 양인이 된다. 겁재는 음(乙, 丁, 己, 辛, 癸)이 지지에서 12운성으로 왕지에 해당하는 글자(寅, 巳, 申, 亥)를 만나면 겁재가 된다. 또한 월지에 위치하고 있어 격으로 작용될 때 가장 강하게 작용하며 다른 간지에 있을 때는 월지보다는 약하지만 그것이 발용될 때 동일한 현상으로 나타난다.

‖ 샘플 35 ‖

甲					庚		
	卯					酉	

위와 같이 드러난 것을 양인이라 한다.

‖ 샘플 36 ‖

丁					癸		
	巳					亥	

위와 같이 드러난 형태는 그냥 겁재로 분류한다.

양인은 칼을 다루는 사람이란 뜻으로 팔자에 칼을 지니고 태어났다 할 수 있다. 양인이 월령에 임해 양인격이 되면 임전무퇴(臨戰無退)의 기질을 가지고 있으며 강한 살기로 타인을 압도하게 된다. 이런 기질 탓에 양인격으로 태어나면 어려서부터 동네 골목대장이거나 무리의 수장 노릇을 하는 경우가 많고, 삶의 방향이 살기를 다루는 분야로 진출하게 된다. 일반적으로 법무, 의료, 군인, 금융 계통으로 진출하거나 요리, 공학, 기술계통으로 나가 무서운 살기를 다루고 살아가게 된다.

양인은 잘 다루면 훌륭한 권력자나 재능인이 되지만 양인을 잘못 다루면 난폭해지거나 천한 일에 종사하게 된다. 그것은 사주구조에 따라 다르며 양인은 살기를 말하는 것이라 이해하면 좋다. 양인의 살기는 일반적으로 육친상 편관을 만나면 잘 조절되는 것으로 보아 긍정적인 판단을 하지만 관성을 만나지 못하면 살기가 강해 부정적으로 보는 경향이 있다. 양인은 그 외에도 주변 글자의 변화에 따라 주방장, 도살 등 무서운 기계를 다루며 산다.

양인격들은 일반적으로 눈이 부리부리하고 눈에 살기가 있다. 눈이 번쩍거리고 왼손잡이가 많고 머릿결도 빳빳하다. 양인격은 卯午酉子로 되어 있어서 전문성을 말하고 처세가 능수능란하다. 또한 모두 대단한 고집을 가지고 있다.

겁재는 양인과 달리 살기를 다루는 분야가 아니다. 일반적으로 건록격과 비슷하지만 대단한 야망을 의미한다. 재화를 크게 움직이고 큰 사업을 벌이고 끊임없이 확장, 발전해 가려 하는 것이 겁재이다.

양인과 겁재는 12운성상 제왕지를 가지고 태어났기 때문에 부모덕을 기대할 수 없고, 모두 자수성가를 해야 한다. 또한 양인이나 겁재는 일단 남들을 리드하고, 자신의 꿈을 지상에 실현하고자 하는 마음을 뜻한다. 나누어 먹자는 의미보다는 천하통일이나 흡수통일을 하여 엄청난 이익을 만들어내려는 것이 겁재이다. 그것으로 인하여 때로는 많은 손실을 입기도 한다. 그렇기 때문에 잔인함과 용맹함이 있다. 늘 뺏기거나 빼앗기 때문에 남을 도와줄 때도 화끈하게 도와준다. '모' 아니면 '도'라는 식의 화끈한 별이 양인과 겁재의 별이다.

② 천간의 겁재

사주 천간은 모두 겁재라 부르며 양인은 없다. 지지 겁재도 건록과 마찬가지로 자신의 뜻을 지상에 펼치려는 마음은 동일하다. 그래서 사업성이나 교육성 등 타인을 리드하는 분야로 진출하게 된다. 그러나 겁재가 천간에 있으면 그것은 대단한 승부욕으로 작용하게 된다. 큰 꿈을 꾸고 야심과 야망이 대단한 것을 말한다. 그러니 용맹하고 전투적일 수밖에 없고 모든 일을 투기하는 것처럼 크게 벌이는 경향이 있다. 천간의 겁재를 잘 쓰게 되면 큰 사업가나 부자가 된다. 그러나 천간의 겁재를 잘못 쓰게 되면 투기 도박꾼이다. 그것은 사주 구조에 따라 다르며 겁재는 그러한 야망을 표현하는 것이지 길흉을 말하는 것은 아니다.

③ 지장간의 겁재

지장간의 겁재도 마찬가지로 록으로 쓰인다. 그러나 다른 육친 속에 들어 있는 것이니 변형된 형태에서의 지도력을 말한다. 가령 재성 속에 겁재가 있으면 무리를 이끄는 조직이나 사업체의 수장 노릇을 한다.

3) 식신격(食神格)

식신을 월지에 가지고 태어났을 때 식신격이라 한다. 또한 월의 격으로 작용될 때 가장 강하게 나타나며 다른 간지에 있을 때도 월지보다는 약하지만 그것이 발용될 때 동일한 현상으로 나타난다.

‖ 샘플 37 ‖

	甲		
		巳	

	癸		
		卯	

식신은 자연스럽게 피어난 꽃과 같고 나의 수단이나 재능을 나타내는 별을 뜻한다. 그 수단이나 재능이 능동적이기보다는 수동적이거나 실행적인 의미를 갖는다. 일반적으로 지지의 식신은 행위, 물건, 상품, 기술력, 전문성 등을 의미한다.

① 지지의 식신

식신격들도 양간(陽干)의 경우는 식신을 寅巳申亥로 쓰며, 물건이나 돈을 버는 직접적인 수단으로 쓰고, 음간(陰干)들은 식신을 卯午酉子로 쓰기 때문에 전문성이나 상징성으로만 활용한다. 그 외 丙丁火 일주들은 식신이 辰未戌丑으로 이것저것 섞여 있는 형태로 쓰며 글자의 속성에 따라 그 성질을 가늠하여야 한다.

寅巳申亥 식신의 경우는 다음 글자인 재성을 열어주기 때문에 타고난 재능을 그대로 사업화하거나 결과물로 만드는 능력이 자연스럽게 이루어진다. 그러나 卯午酉子를 식신으로 쓰는 경우에는 재능은 있으나 그것을 사회적 결과물로 만드는 힘이 약하다는 것을 의미하기 때문에 결국 주변 글자들의 간섭에 의해서 사용되기도 하고 의미적이고 상징적인 형태로만 쓰이기도 한다. 가령 글 쓰는 재능을 가지고 있다면 寅巳申亥를 식신으로 사용하는 사람은 그 재능을 살려 사회에 나가 책도 쓰고 강의도 하면서 강사나 교수의 길을 걸어가게 되지만 卯午酉子로 태어난 사람은 글은 잘 쓸지라도 사회적인 가치로 만들어내지 않고 재능적으로만 살아갈 뿐 그것을 사회적인 가치로 만들어내지 않는다.

일반론에서는 식신을 음양적으로 구분하지 않고 무조건 좋은 별로만 묘사하고 있다. 물론 좋은 점도 많지만 단점도 상당히 많다. 식신은 태어나면서 부여된 자연스러운 꽃과 같다고 하였다. 자연스럽게 부여되었다는 것은 때가 되면 꽃이 피는 것과 같기 때문에 식신들은 느긋하지만 융통성이 부족하다. 무엇이든 순리적으로 해결하려 하다 보니 일이 늦어지고 열매가 작을 수 있다. 다시 말해 자연에서 나는 열매는 영양은 풍부하지만 열매가 크지 않고 조악하다는 단점이 있는 것과 같다. 또한 제철이 되어야만 먹을 수 있고 그 시기를 지나면 절대로 얻을 수 없는 것이기에 융통성이 없는 것이다. 그래서 식신은 일반적인 분야의 재능이나 전통적으로 인간이 살아왔던 특별하지 않은 분야의 재능을 의미한다. 일반적으로 집필, 교육 쪽으로 재능이 많아 인문, 사회, 행정 정도의 단조로운 구조를 갖는다. 공직으로 나가는 경우에도 일반 공무원, 일반 샐러리맨, 일반 제조업, 일반 농축산업 등 단순하면서 큰 스킬이 필요 없는 일을 뜻한다.

식신은 자신의 표현방식을 말하는데 수동적이라 먼저 나서지 않고 상대방 이야기를 수렴하려는 편이며 화술에 능숙하지는 못한 편이다. 식신은 집중력 있게 한 가지 일에 매달려서 파고들어 끝장을 본다. 늦더라도 확실하게 하는 것을 좋아하고 차근차근 일처리를 한다. 좁지만 깊은 인간관계를 형성하고, 정관이나 정인과 짝(합)을 지으므로 바른 생활을 하려고 애를 쓰며 편법을 싫어한다.

② 천간의 식신

천간의 식신은 형이상적인 재능을 말하고, 자신의 의사를 통해 타인이 동(動)하거나 영향 받게 하려는 것이고 먼저 표현하는 것이다. 그래서 천간에 식신이 있으면 타인을 먼저 배려하여 밖에서 인기가 있다. 그러나 의견이 맞지 않으면 자신의 의견을 굽히려 하지 않으니 가정에서는 갈등이 많다. 천간 식상의 마음은 타인을 동하게 하여 자신이 원하는 방향으로 이끌려고 하는 것을 말한다. 사주에 인성이 강한 사람이라면 좋겠지만 같은 식상이 천간에 있으면 서로 자신의 의견대로 상대를 움직이게 하려 하니 부딪힘이 크게 일어난다.

식신의 표현은 논리정연한 근거에 입각하여 말하고 표현한다. 상관과는 다소 표현방법에서 차이가 날 수 있지만 쓰임은 비슷하다. 천간의 식신은 일반적으로 기술성, 말재주처럼 보이지 않는 재능이나 서비스 등을 의미한다.

③ 지장간의 식신

지장간의 식신은 타 육친의 속성을 외적으로 나타내면서 내부의 관계가 물건을 다루거나 몸을 쓰는 일(기술, 재능, 서비스 등)을 하고 있음을 의미한다.

④ 진술축미 식신

‖ 샘플 38 ‖

	丙				丙	
		戊				辰
	丁				丁	
		未				丑

辰未戌丑 식신은 잡다하게 섞인 것을 말한다. 식신의 기본적인 속성은 같지만 식신의 모습이 모두 다르고 다양한 패턴을 갖는다. 또 辰未戌丑는 겉과 속이 다른 요소로서 표리부동하게 나타난다.

戌은 겉으로는 가을 土지만 내면에 火를 간직하고 있어서 언제든지 火의 뜻을 따라가려고 한다. 겉모양은 늙고 오래된 것이고 초라한 것이고 비세속적인 것이나 속은 火의 뜻을 계승하므로 마음은 따뜻한 것이다. 戌은 비견겁재 쪽으로 치우치므로 재능 중심의 사업을 따라간다. 보통은 낡거나 옛것에서 큰 부가가치가 있는 물건을 뜻한다.

辰은 겉은 화려한 것이고, 멋있고 인기 있는 것이나 속은 水의 뜻을 계승하니 차갑고, 부정적인 마음이고, 덩어리는 크나 속이 작다. 辰은 水운동을 하기 때문에 관의 뜻에 따라 재능중심으로 직장생활이나 의지해서 가는 것을 선호한다.

未는 열토(熱土)로 여름에 양기를 가득 머금고 있으니 그 표현이 멋지고 예의 바르나 속은 木의 뜻을 계승하니 인성이 되어 재능을 다루는 학문이나 자격, 교육성을 추구하게 된다.

丑은 동토(冬土)로 겉이 단단히 얼어 붙었으니 표현이 냉랭하고 차가운 것이고, 속은 金의 뜻을 계승하니 안정적이고 이해타산적인 마음이라 하겠다. 재성의 뜻(金)을 계승하니 돈 다루는 공간이나 경영하는 환경을 선호한다.

이처럼 辰未戌丑은 이것저것 섞여 있으니 식신으로 쓰일 때 식신이 그러한 성향을 가진다는 의미이다. 나머지 육친도 육친적 해석만 바꿔 해석하면 되기 때문에 이하 타 육친에서는 辰未戌丑적 해석은 하지 않겠다.

4) 상관격(傷官格)

상관을 월지에 가지고 태어났을 때 상관격이라 한다. 또한 월의 격으로 작용될 때 가장 강하게 작용되며 다른 간지에 있을 때도 월지보다는 약하지만 그것이 발용될 때 동일한 현상으로 나타난다.

‖ 샘플 39 ‖

	甲				乙	
	午				巳	

상관은 식신과 마찬가지로 자신의 수단이나 재능, 표현, 행위 등을 상징한다. 식신을 자연스럽게 생겨난 자연의 꽃을 비유했다면 상관은 인공적으로 만들어지는 꽃을 상징한다. 식신은 일반적으로 느긋하고 온화하며 순하다면, 상관은 빠르고 변칙적이며 역동적이다. 그러한 상관은 매우 총명하면서 재치가 뛰어나고, 비밀이 적고 솔직하며 또한 빠르고, 화려한 말솜씨로 사람의 마음을 현혹하여 사로잡는다. 그래서 상관은 넓은 인간관계를 구축하며 주변 사람들과 금방 친하게 지낼 수 있으나 깊은 인간관계라고 볼 수는 없다.

상관이란 '상할 상', '벼슬 관'을 쓴다. 그래서 상관은 官을 깬다는 의미를 가졌다. 관이란 사회적 규범과 규율을 말하는 것이고, 사회적으로 정형화되이 있고 인간사회에 정해 놓은 약속을 말한다. 그런데 상관은 그 약속을 깨는 것이니 의외성을 말하고, 규범과 규칙이 아닌 변칙적 사고방식을 말한다. 변칙적 사고방식이란 남들 안하는 것, 남들 못하는 것, 특별한 것, 새로운 것을 말하기도 한다. 그래서 상관은 남들 못하는 기발하고 대단하고 획기적이고 엉뚱한 것 등에 재능이 많아 연예, 오락, 제조, 공학, 의학, 정치, 사회, 경제, 모든 분야에서 두각을 나타낸다.

상관의 의외성이란 남들이 생각하지 못하는 것을 의미하므로 바꾸어 말하면 대단한 능력인 것이다. 가령 음악이 늘 똑같다면 지루하고 재미없을 것이지만 새로운 장르나 느낌으로 만들어낸다면 좋은 음악이 될 것이다. 또 정치인이 늘 똑같은 연설과 발언만 한다면 그 사람은 대중의 인기를 얻기 힘들 것이다. 그런 것처럼 상관은 보수적인 것을 좋아하지 않는 진보주의적 성향을 말한다. 음식점을 하더라도 상관은 남이 생각지 못하는 획기적인 음식을 개발하여 인기를 얻고 제조를 하더라도 남들이 하지 못하는 발명품을 개발하는 등 늘 획기적이고 독특한 자기만의 길을 걸어간다. 그러므로 상관은 나쁜 것이 아니고 프로의 별을 의미한다. 하지만 사주의 구조가 좋지 못하여 상관을 나쁘게 사용하게 되는 경우에는 탈법, 불법, 반항, 배반을 하는 것이기 때문에 중요한 것은 어떻게 쓰이는지를 잘 관찰하여야 하는 것이다.

상관은 천재적인 머리를 말한다. 빠르고 재치가 있으며 기발한 아이디어를 잘 만들어낸다. 그것은 경쟁심에서 비롯된 것이며 남보다 능력적으로 뛰어나려고 하는 호승심에서 비롯된다. 고전이론을 보면 상관은 아주 나쁜 별로 묘사되고 있다. 그러나 필자가 관찰한 상관은 나쁜 점만 있지는 않았다.

상관은 의사나 정치인 등 사회 고위층에 많았고, 인기를 얻고 살아야 하는 선출직 명예가 필요한 사람이나 연예인 등이 상관을 긍정적인 측면으로 사용하고 있었다.

① 지지의 상관

또한 상관이 월에 임하여 있다는 것은 부모가 망한 자리라는 뜻이 있다. 부모가 일반적인 틀을 갖고 있지 못하다는 의미에서 상관은 부모 무덕을 말한다. 부모가 망했으니 상관은 가족의 도움을 얻을 수 없고, 식신처럼 자연스럽게 무언가를 기다리자니 답답해서 견디지 못한다. 그래서 남보다 더 빨리 성공할 수 있는 교묘하고 기발한 계략을 짠다. 사주 격이 좋으면 의료, 정치, 공학, 연예계이나 사주의 격이 나쁘면 밀수, 탈세, 불법 등을 통하여 성공을 꿈꾼다.

상관들은 특별한 재능 중심의 삶을 살아간다. 일반적으로 예능이나 특수제조, 의학기술, 공학기술 등 남들이 쉽게 하기 힘든 일에 재능을 발휘하며 살아간다. 식신은 임가공이라 할 수 있고, 상관은 설비도입을 통한 대량생산을 만들어낸다고 할 수 있다. 상관은 자신이 자율성을 중시하기 때문에 규칙을 지켜야 하는 직장생활을 거부한다. 상관은 수단의 별이니 자신의 행동에 대한 결정은 스스로 선택하길 원한다. 직장생활은 일반적으로 내가 결정하는 것이 아니고 룰과 규칙에 의해 내가 따라야 하는 것이므로 직장생활에 잘 적응하지 못한다. 또 상관이란 자신의 의견을 피력하고자 하는 성분이기 때문에 남의 말 듣기를 싫어하는 심리도 포함된다.

일반적으로 여자는 관을 상하게 하므로 남편 덕이 부족한 경우가 많고, 관을 제어하니 남편을 자기 뜻대로 조정하려는 심리를 뜻한다. 그러나 지지의 상관은 그렇지 않고 오히려 기발하게 남편을 보필한다. 상관이 편인을 보면 상관을 바르게 쓰며 거듭해서 편관이 있으면 육친적으로 좋은 격이 된다.

② 천간의 상관

천간의 상관은 화려한 말솜씨를 말한다. 또한 타인의 마음을 선동하고 움직일 수 있는 재능을 말하고 대단한 호승심을 뜻한다. 천간의 상관은 사람의 마음을 잡는 재능이 뛰어나 많은 이들을 선동하고 움직이게 하여 조직의 리더가 되기도 한다. 상관을 잘못 쓰면 모반의 선두에 서는 것이 천간의 상관이다.

여자가 천간에 상관이 투출하면 관을 극하려는 기운이 강하여 남편을 무시하고 자신의 뜻대로 남편이 움직여주길 바란다. 일반적으로 자식생산 이후 상관적 기질이 더 강해지고 보통 남편을 달달 볶는 경우가 많다. 착한 남편을 만난 사람은 잘 살기도 하지만 성품이 강한 남편을 만난 사람은 갈등이 많아 해로하지 못하고 이별하기도 한다.

③ 지장간의 상관

지장간의 상관은 해당 육친성의 속성을 외적으로 나타내면서 내부의 관계가 특수한 물건이나 남다른 능력을 발휘하는 일(특수기술, 예능, 특별한 재능, 이색 서비스 등)을 하고 있음을 의미한다.

5) 정재격(正財格)

정재를 월지에 가지고 태어났을 때 정재격이라 한다. 또한 월의 격으로 작용될 때 가장 강하게 작용되며 다른 간지에 있을 때도 월지보다는 약하지만 그것이 발용될 때 동일한 현상으로 나타난다.

‖ 샘플 40 ‖

	丙				丁	
		酉				申

재성은 일반적으로 현금을 말한다. 뿐만 아니라 재성은 사회적인 역량을 말하기도 한다. 재물은 사회적으로 큰 영향력을 발휘할 수 있다. 많은 사람을 움직일 수 있고 큰 사업이나 투자를 통해 많은 사람에게 영향을 미칠 수 있다. 그러므로 재성을 재물뿐만이 아닌 사회적 영향력으로도 보아야 한다.

① 지지의 정재

지지의 재성은 자신의 손발을 대신하는 것들을 말한다. 만약 내가 상황이 안 되어 돈을 주고 사람을 고용한다면 그것은 재성에 해당하는 것이다. 그래서 재성은 고용인, 직원, 아랫사람, 하청업체 등을 말하며 나의 지시나 오더에 따라 움직이는 존재를 말한다. 그것은 사람이 될 수도 있고 돈이 될 수도 있는 것이다. 그중에서도 정재는 안전제일의 합리적 성향의 재성 활동을 말한다. 그러므로 재성을 쓰는 사주는 종업원을 많이 두게 되며 관성과 무리 지으면 경영을 하게 된다.

남자에게는 재성이 여자에 해당한다. 재성이 많으면 여자가 많은 환경에서 살아가게 되지만 그것을 무조건 여자가 많다고 해석해서는 안 된다. 왜냐하면 애정문제는 육친으로만 판단하는 것이 아니라 음양 오행적 판단을 먼저 하고난 후에 육친적 판단을 하여야 하기 때문이다.

정재는 안정된 재물 유통이나 수입을 뜻한다. 아랫사람이나 고용인도 비정규직보다는 정규직을 선호하고, 무리한 투자나 사업 확장보다는 안정되고 확실한 사업 투자와 확장을 선호한다.

지지의 재성은 록을 쓰는 운이 올 때 타인을 고용하게 되며 록을 쓰지 않으면 직장에서 재물을 다루거나 아랫사람을 다스리는 일을 하게 된다.

② 천간의 정재

천간의 재성은 사회적인 큰 영향력을 말한다. 또한 이런저런 사회적 시스템이나 기반 금융 등을 잘 활용하고 이용하는 것이 천간의 재성이다. 천간의 재성은 큰 물욕을 말하기도 하지만 자신이 가지고 있는 사회적 역량을 의미하기도 한다.

천간에 재성이 있으면 매사 계산을 하고, 이해타산에도 밝아 주고받는 것도 정확히 하고자 하는 마음이 생겨난다. 타인에게 받아야 될 것이 있으면 그것을 확실하게 요구하고 자신의 것을 확실히 챙긴다. 또 재물의 활용을 잘하고, 재테크에 관한 지식도 많아 사회 경제와 이권에 많은 관심을 갖게 된다.

천간의 재성은 여자나 아랫사람이므로 여자의 사회활동을 권장하고 동등한 입장에서 여자를 바라보려 한다. 아랫사람 또한 마찬가지로 동등한 입장에서 힘껏 길러주고 키워주려고 한다. 특히 정재는 여자를 바라보는 마음도 올바르며 정석적인 부부 역할을 하기를 원한다.

③ 지장간의 정재

지장간의 재성은 해당 육친의 속성을 외적으로 나타내면서 내부의 관계가 아랫사람, 부하, 수하 등을 거느리거나 관리하며 살아가는 것을 의미한다.

6) 편재격(偏財格)

편재를 월지에 가지고 태어났을 때 편재격이라 한다. 또한 월의 격으로 작용될 때 가장 강하게 작용되며 다른 간지에 있을 때도 월지보다는 약하지만 그것이 발용될 때 동일한 현상으로 나타난다.

‖ 샘플 41 ‖

	丙	
	申	

	丁	
	酉	

정재가 안전제일을 우선시하고 한 단계 한 단계 정진해 나가는 방식을 추구한다면 편재는 음양이 치우쳐져 결과물을 한방에 만들어내려는 심리를 말한다. 편재는 거부의 꿈을 가지고 이 세상을 살아간다. 정재가 자신이 가진 능력과 여력만을 가지고 살아가려 한다면 편재는 주변에 모든 동원 가능한 여력을 끌어들여 활용 가치를 높이기 위해 수단과 방법을 가리지 않고 더 높고, 더 좋은 결과물을 창출해 내려 노력한다. 또 편재는 목표를 위해 재물의 운용범위나 주변의 인간관계를 매우 잘 활용한다.

편재는 정법보다는 남들이 잘 하지 않는 편법에 능하여 융통성이 없는 사람을 좋아하지 않는다. 일반적으로 '네 돈이 내 돈이고 내 돈도 내 돈'이라는 식이어서 타인의 능력도 자신의 활용 범위로 생각하여 가진 것이 없어도 다 가진 사람처럼 생각한다. 그러한 편재는 돈 씀씀이가 크고 작은 돈엔 관심을 두지 않으며 큰돈을 활용하는 것에 관심이 많다. 또한 편재는 도박적이고 투기적인 성향이 강하여 돈 되는 일이라면 한방에 투자해서 일확천금을 벌어보자는 심리가 있어 자기 돈이 없으면 남의 돈을 끌어다 일을 벌이는 배짱도 있다. 편재는 고액의 이자와 이윤을 보장해주며 주변의 능력과 여력을 잘 활용하기 때문에 세상에 안 되는 일이 없고, 하면 된다는 자신감으로 가득 차 있어 진취적이며 모험심과 도전정신이 강하다. 편재는 남을 잘 도와주기도 하지만 결과적으로 얻을 것이 없는 일엔 한 푼도 쓰지 않는 계산적인 사고방식이 있으며 과시욕이 강하다.

① 지지의 편재

지지의 편재는 아랫사람이나 하청 또는 필요할 때만 쓰는 방식의 임시직이나 아르바이트 등의 성향을 말한다. 그것은 음양이 짝짓지 않았기 때문이며, 편재는 필요할 때 사람을 잔뜩 모았다 필요 없어지면 모두 해산시키는 방식을 좋아해 시간당 비싼 값을 치르더라도 탄력적이면서 부담없는 거래관계를 좋아한다. 정재는 모든 것이 자기 것이고 자기 사람만을 활용하여 살아가니 규모가 작고 움직임의 폭이 크지 않지만 편재는 자기 것이 적고 남의 것을 이용하는 형태의 모양을 취하기 때문에 항상 몸이 가볍고 민첩하여 금방 새로운 일을 벌일 수 있다. 정재는 정식 직원이 많고 자신의 기계와 설비로 일을 해 나가는 반면, 편재는 임시직이나 하청, 외주 등 자신의 몸을 가볍게 하고 비용이 좀 들어가더라도 주변의 것을 활용하는 것을 선호한다.

남자는 재성과 음양의 짝을 이루지 못하여 한 여자에 만족하지 못하고 세상에 모든 여자를 마음만 먹으면 다 내 여자로 만들 수 있다는 이유 없는 자신감이 있다. 또한 부인을 바라보는 경향도 필요할 때만 함께 시간을 보내려고 하고 그 외의 시간은 자유롭고 부담 갖지 않기를 원한다.

편재는 남의 돈이나 재산을 활용하고 보전, 관리하는 것에 능하므로 은행, 보험, 증권, 감정평가, 자산관리, 세무회계, 특허 등 금전이나 이권과 관련된 직업군에 고루 포진되어 있으며 당장 써먹을 수 있는 공부를 좋아한다.

② 천간의 편재

천간의 편재는 무한한 사회활동과 장악력을 말한다. 천하의 대권과 경제력을 장악하여 세력을 얻으려는 것이 천간의 편재이다. 그러니 세상 돌아가는 상황에 밝고 눈치가 빠르며 천하에 큰 영향력을 떨치려는 야망을 가진 것이 천간의 편재가 가지고 있는 특성이다. 특히 세상에 안 되는 일은 없다고 생각하고 있으니 무한한 자신감으로 똘똘 무장했으며 무에서 유를 창조하는 천재적인 사회성을 지녔다. 아랫사람을 내세우거나 부인이 사회 활동을 하는 것에 대한 개념은 천간의 정재 설명과 유사하다.

③ 지장간의 편재

지장간의 편재는 해당 육친의 속성을 외적으로 나타내면서 내부의 관계가 아랫사람, 부하, 수하 등을 거느리거나 관리하며 살아가는 것을 의미하지만 완전한 직원의 형태가 아닌 비정규직이나 불특정 거래처 등을 관리하는 것을 말한다.

7) 정관격(正官格)

정관을 월지에 가지고 태어났을 때 정관격이라 한다. 또한 월의 격으로 작용될 때 가장 강하게 작용되며 다른 간지에 있을 때도 월지보다는 약하지만 그것이 발용될 때 동일한 현상으로 나타난다.

‖ 샘플 42 ‖

	丙				丁	
	子				亥	

정관은 사회적으로 모든 사람이 인정할 만한 법, 규칙, 규범, 도덕, 윤리, 약속 등을 뜻한다. 고서에서도 정관을 선비의 별이라 칭하였던 것은 일반적으로 질서 있고 예의바른 모습을 하고 있기 때문이다. 정관은 보통 강제적 통제가 아닌 자발적으로 법과 질서를 준수하기 좋아하고, 사회적으로 남들이 꺼려하는 일이나 물건을 기피하고 타인의 시선을 생각하고 의식하며, 많은 사람들이 정해 놓은 룰과 규칙을 중시한다. 그래서 정관은 물건을 살 때도 유명 브랜드를 선호하고, 직장을 다녀도 명실 공히 타인에게 말하여도 부

끄럽지 않은 직장에 다니길 원하며, 사회에서 정의하는 보통의 평범한 구성원으로서 살아가길 원한다. 관성은 이타적 심리로서 사회전체를 생각하고 공명정대한 판단을 하려는 합리적인 성향을 가졌으며 남 앞에 나서는 것도 좋아하지 않는다.

정관은 갑작스러운 변화를 좋아하지 않고 늘 안정되고 계획된 모양의 삶을 선호한다. 그러나 그런 삶의 모양이 딱딱하고 경직된 모습인지라 타인이 볼 때는 고지식하고 답답한 사람으로 보일 수 있다. 12운성으로는 *絕胎*의 별로 태어났으니 성격이 온순하고 평화주의자이며 신약하여 사회적 보호 장치에 의존하고 의지해 가려는 심리가 강하다.

① 지지의 정관

지지의 정관은 일반적으로 직장 등 조직사회를 말하고 그곳에 몸담고 살아가는 것을 말한다. 정관의 심리는 자기 사업보다는 직장생활을, 기왕이면 공직을 선호하고 차선으로 이름난 기업에서 일하기를 원한다. 만약 운에 의해 사업의 길로 들어서게 되면 정형화되어 있는 틀을 갖춘 사업성을 선호하여 일반적으로 프랜차이즈나 대리점 사업을 하게 된다.

정관이 인성을 만나 관인소통하면, 승진이 의미 있는 직장생활을 하게 되며 관성이 인성을 보지 못하고 상관과 함께 있으면 직급이 별 의미 없는 연구직이나 개발, 전문직 등에 종사하게 된다. 정관이 재성과 함께 하면 기업 경영의 꿈을 꾸며 무리를 이끌기를 좋아하고 관성이 많으면 대민업무나 고관을 꿈꾸며 허송세월을 보내는 예도 있다.

관성이 비겁과 있으면 스포츠, 부동산회사, 증권사, 투신사, 선거 관련 등 경쟁을 요구하는 조직으로 나아가게 되고, 관성이 식상과 있으면 기술 중심의 조직사회, 제조회사, 교육조직, 유통회사 등으로 나아가게 된다. 또 관성이 재성과 함께 있으면 재무조직, 경영 관련 업무, 은행 등으로 나아가게 되며 관성이 인성과 함께 있으면 학교, 연구소, 보험회사, 부동산회사 업무 등과 인연하게 된다.

② 천간의 정관

천간의 정관은 사회적 명예를 말한다. 명예란 사회적인 인기를 말하며, 인기란 대중성을 의미하고 문화를 선도해가는 것을 의미한다. 인기 있는 사람들의 말이 유행이나 문화를 만들어내어 사회에 영향력을 미치게 되는 것이다. 천간에 관이 있다는 것은 그러한 문화를 리드하는 사람이고 대외적으로 인정받으려는 의지를 갖고 있다는 뜻이다. 특히 정관은 원리원칙적인 방식을 말하며 정도를 지켜가면서 명예를 이루려고 한다. 억지나 강제가 아닌 늦더라도 정확한 방법을 통해 사회적 질서를 따라가려는 마음이 정관이다. 천간의 관성은 직장이 아니기 때문에 지지의 관성과 혼동하면 안 된다.

③ 지장간의 정관

지장간의 정관은 해당 육친의 속성을 외적으로 나타내면서 내부의 관계가 조직이나 무리를 이루어 나가는 것을 의미한다. 가령 식상 속의 관성이라면 전문직이지만 직장생활자라 볼 수 있고, 비겁 속의 관성이라면 사업가로 타 회사에 연계된 사업을 하고 있다고 해석하면 된다.

8) 편관격(偏官格)

편관을 월지에 가지고 태어났을 때 편관격이라 한다. 또한 월의 격으로 작용될 때 가장 강하게 작용되며 다른 간지에 있을 때도 월지보다는 약하지만 그것이 발용(發用)될 때 동일한 현상으로 나타난다.

‖ 샘플 43 ‖

				癸	
	戌			丑	

壬		
	戌	

편관은 일명 칠살(七殺)이라 하여 무서운 호랑이의 별이라고 한다. 편관은 정관과 달리 음양이 치우쳐져 강한 역동성을 보이는 별이다. 편관도 법을 준수하고 사회 정의를 실현하고자 하는 마음은 같지만 그 방법에 있어서 편관은 엄격하고 살벌하며 강제성을 동원하여 사회적 법과 도덕을 지키고자 하는 것을 말한다. 편관은 위엄이 있고 절도가 있다. 무엇도 두려워하지 않는 용기가 있으며 의협심도 강하고 모험심도 강하다.

편관을 살(殺)이라고도 표현하는데 인성을 만나면 살인상생(殺印相生)

하여 무서운 호랑이가 지혜를 만난 격이니 국가 공직에 나가 군인, 경찰, 법관 등 권력 기관에서 활동하게 된다. 편관이 식상을 만나면 난폭한 호랑이를 조정하니 전문성을 가지고 국가와 사회의 악, 질병, 재해와 맞서 싸우는 사람이다. 그러나 편관이 적절한 중화를 얻지 못하면 무서운 호랑이가 우리에서 나와 사람을 해하는 격이니 안하무인에 깡패 기질을 가진 사람이라고 본다. 편관은 겉으로는 위엄이 있고 매너가 좋은 사람처럼 보이지만 겁재를 견인하는 별이기에 중화를 이루지 못하면 폭력으로 남의 것을 통째 빼앗는 도둑놈 기질도 가지게 된다.

정관은 얌전한 선비의 별이어서 자신의 일신을 생각하며 몸을 사리지만 편관은 이 한 몸 바쳐 사명을 다하려 한다. 정관보다 훨씬 대단한 의리와 사명감을 말하며 정관의 명예가 정규승진과 같은 것이라면 편관은 특별승진과 같이 불규칙적이면서 단시일에 한방에 이루는 명예라고 할 수 있다.

정관이 제도권의 명예라면 편관은 비 제도권의 명예를 뜻한다. 정관의 명예는 학교나 제도권을 통해 얻어지는 명예와 명성을 말하는 것이며, 편관의 명예는 동네에서 유명해지거나 언론을 통해 얻어지는 명예와 명성을 말한다.

① 지지의 편관

지지의 편관은 정관과 마찬가지로 직장이나 조직사회를 뜻하지만 좀 더 광범위한 사회조직을 의미하고 성과에 의해 조직에서 자리가 바뀌거나 승진

등 보상이 주어지는 곳을 말한다. 즉, 실적에 의해 큰 보상이 주어지거나 선출직 명예 같은 기간직, 임시직 등 특별한 형태의 사회 활동을 말한다.

여자에게 남편의 별이 편관일 경우 음양의 짝을 이루지 못했으므로 가끔 필요한 남편을 말한다. 그래서 안 좋다는 의미가 아니다. 능력도 좋고 사람도 좋지만 내 입장에서 가끔씩만 남편의 덕이나 정을 필요하게 느낄 뿐이지 통념적으로 말하는 남편 덕과는 무관하다.

② 천간의 편관

천간의 편관은 사회적 명예를 말한다. 편관의 명예는 수단과 방법을 가리지 않고 얻는 명예를 말한다. 이가 없으면 잇몸이라도 사용해 사회적 명예나 업적, 성취를 이루려는 것이 천간에 있는 편관이다. 편관의 사회적인 인기는 폭발적인 인기를 말한다. 문화를 압도해 나가고 성취를 위해 문화 조성도 잘하는 것이 천간에 있는 편관이다. 정관은 정해진 법이나 보편타당한 문화 속에서 인기나 명예를 누리지만 편관은 자신이 필요하다면 법을 바꾸고 문화를 조장해서라도 그 뜻을 이루려 한다. 대단한 인기나 성취를 얻어내고 역사에 새로운 한 획을 긋는 것이 바로 편관의 몫이다. 그러나 편관적으로 얻어진 명예는 오래갈 수 없고, 한 시절을 풍미하며 역사 속으로 사라지게 된다. 반면 정관의 명예는 느리지만 오래가고 영원한 것이다.

③ 지장간의 편관

지장간의 편관도 정관과 마찬가지로 해당 육친의 속성이 외적으로 나타나면서 내부의 관계가 조직이나 무리 속에서 이루어지는 것을 말한다. 다만 그 속성이 편관적 기질이라는 것만 차이가 있다.

9) 정인격(正印格)

정인을 월지에 가지고 태어났을 때 정인격이라 한다. 또한 월의 격으로 작용될 때 가장 강하게 작용되며 다른 간지에 있을 때도 월지보다는 약하지만 그것이 발용될 때 동일한 현상으로 나타난다.

‖ 샘플 44 ‖

	戊				己	
	午					巳

정인격은 인성 중심의 삶을 말한다. 즉, 글과 학문을 쫓고 자격증 등 유형, 무형의 이권이나 권리를 갖고 살아가는 것을 말한다. 인성이란 생각하는 별로서 끊임없이 노력하고 생각하며 이런 저런 궁리를 많이 하는 별이다. 정인은 후원자의 별로 어머니를 바라보는 마음과 같으니 의존적 별이라 할 수 있다. 그래서 인성은 기다리는 것을 좋아하여 서두르는 법이 없다. 또, 타인에 대한 의존성이 많아 주기보다는 받기를 좋아하며 행동하기보다는 모든

것을 머리로서만 해결하려 하니 사주 구조가 좋으면 생각이 깊은 사람이고 나쁠 땐 잔머리만 굴리는 사람이다.

인성이 바르면 근면성실 노력하고 지구력도 좋으나 인성이 너무 많으면 사방에 나를 생하는 별만 있으니 얻어먹기만 좋아하고 타인의 후원을 기대하니 엄살도 많고 게으른 사람이 된다.

정인은 음양이 짝지어져 바른 것이니 인성이 관성의 생을 잘 받으면 학업성취가 원만히 이루어지고 부모덕도 원만하여 부모나 후원자의 덕을 보고 산다. 정인은 바른 어머니를 얻은 것과 같으니 모범적이고 차근차근 실적만 쌓으면 된다. 그러므로 급할 것이 없어 특별한 학문을 이루려는 생각보다는 모범적이고 검증된 학문으로 실적을 쌓아가려 한다. 과거 전통적으로 내려오는 학문을 하며 일반적으로 인문, 사회, 행정, 국문학 등 전통적인 공부를 선호하는 것이 정인의 특징이다.

인성은 또 부동산, 문서를 말하는 것으로 정인은 바른 문서를 말한다. 바른 문서란 사각으로 바르게 지어진 건물, 매매가 잘 이루어지는 건물, 매매가 편리한 토지 등으로 문서, 재산을 말하기도 한다.

① 지지의 정인

인성이 지지에 있으면 일반적으로 손 안대고 먹고사는 직업을 선호한다. 글과 학문이 바탕이 되거나 문서나 이권 중심의 삶을 살아가게 된다. 교육, 지적재산, 부동산, 임대업, 대여업, 컨설팅, 연구원, 소설가, 평론가 등 머리를 써서 살아가거나 이권을 대여하거나 판매하여 살아가는 것이 정인이다. 이 또한 바르고 안정되어 있으며 오랫동안 활용할 수 있는 학문이나 이권을 말한다.

② 천간의 정인

천간의 정인은 무형의 권리를 말한다. 특허, 자격, 라이센스, 결재권 등 무형의 이권을 뜻하며 오랫동안 사용할 수 있는 이권으로 안정성이 보장되는 형태를 뜻한다. 천간의 인성은 의존심이며 타인에게 희생과 배려를 강요한다. 즉, 먼저 얻고자 하는 심리이며 자기중심적인 사고이기 때문이다. 그러나 천간에 인성이 투출하면 어른을 공경하기 때문에 윗사람에게는 인정과 사랑을 받는다.

③ 지장간의 정인

지장간의 정인도 해당 육친의 속성을 외적으로 나타내면서 내부의 관계가 이권이나 학문이 바탕이 되어 있는 것을 의미한다. 가령 회사라면 경력이 의미 있는 것, 사업이라면 이권이나 자격을 통해 사업이 이루어지는 것이라 할 수 있다.

10) 편인격(偏印格)

편인을 월지에 가지고 태어났을 때 편인격이라 한다. 또한 월의 격으로 작용될 때 가장 강하게 작용되며 다른 간지에 있을 때도 월지보다는 약하지만 그것이 발용될 때 동일한 현상으로 나타난다.

‖ 샘플 45 ‖

	戊	
	巳	

	己	
		午

편인이란 인성이 음양의 짝이 맞지 않은 것으로 대단한 생각이나 사고를 말한다. 정인이 원칙적이고 정형화되어 있는 생각과 사고를 한다면 편인은 남들이 생각하지 못하는 자기만의 입체적이고 사차원적인 생각과 사고를 한다.

편인의 특별한 생각과 엉뚱한 상상은 독특한 사고로 이어져, 보이는 것보다는 먼 미래의 보이지 않는 것들을 상상하며 행동하기에 천재적이며 사차원적인 사람으로 보일 수 있다. 그래서 편인은 이공기술의 공학이나 의료, 철학, 종교 등의 학문에 인연이 깊다. 편인의 학문들은 매우 독특하여 눈에 보이지 않는 신비스러운 형이상학적인 분야로 이러한 것이 주로 편인의 관심사가 되는 것이다. 바다에 다리를 놓아 차가 다니게 한다는 상상도 결국 편인들이 만들어 내는 생각이며 달나라에 인간이 가려는 것도 편인의 마음이다.

또 보이지 않는 신에 대한 세계를 엿보려는 마음도 편인의 마음이며 인간의 정신과 육체를 탐구하고 이해하려는 마음도 결국 편인의 마음인 것이다.

편인은 기인처럼 행동하기도 하고 독특한 자기만의 개성을 가진 사람이 많으며 어떤 일에 몰두하면 깊이 파고들어 열중하고 최선을 다한다. 그러한 편인의 노력이 결국 현재의 과학문명을 발달시켰으며 에디슨이나 아인슈타인 같은 과학자들도 모두 여기 포함된다고 할 수 있다.

① 지지의 편인

지지의 편인도 정인과 마찬가지로 이권중심, 학문, 자격, 부동산 등을 뜻한다. 그러나 편인은 확실하고 오랫동안 써먹는 것이 아닌 불확실하고 단기적이고 단편적인 이권을 말한다. 이러한 불확실성은 큰 부가가치를 만들어내기도 한다. 아무나 할 수 없는 특별한 영역으로 자리매김 한다. 예를 들면 오지에 가서 광산 채굴권을 얻어낸다든지, 북한에 사업을 할 수 있는 권리를 얻어낸다든지 하는 남들이 하지 못하는 독자적이고 대단한 일들을 뜻한다. 학문적으로는 일반적인 공부가 아닌 남들이 잘 모르거나 어려워하는 분야의 독창적인 학문이다. 예를 들면 공학, 철학, 의학, 과학, 종교 등을 말하는데 남들하고 다르게 자기만의 방식과 영역을 확보해 나가는 독특한 학문성을 말한다. 부동산도 올바르고 정석적인 모양이 아닌 특별한 테마나 독자적인 컨셉(concept)이 있는 부동산을 선호한다. 지지의 편인은 이렇게 문서나 이권, 부동산 등을 삶의 도구로 하지만 상당히 독특하고 기발한 발상을 하며 살아간다.

② 천간의 편인

천간의 편인은 편인적인 라이센스나 이권을 말하고, 후원인, 학교, 결재권이나 집행권을 의미한다. 천간의 편인은 심리적으로 의존적이며 기대심이 있으며, 큰 혜택을 바라는 마음이다.

③ 지장간의 편인

지장간의 편인도 해당 육친의 속성을 외적으로 나타내면서 내부의 관계는 큰 이권이나 전문적인 학문이 바탕이 되어 있는 것을 말한다. 가령 기술이라면 남들 따라 하기 힘든 기술에 관한 이권을 뜻하고 별정직이나 특수직 직장을 의미한다.

7. 생(生), 왕(旺), 묘(墓) 글자들의 특징

같은 육친일지라도 생(生), 왕(旺), 묘(墓) 글자를 구분하여 판단하여야 한다. 글자는 멈추어 있지만 글자를 볼 때는 그 글자가 어떻게 움직일지를 예측하여야 그 변화도 예측할 수 있는 것이다. 같은 육친일지라도 생, 왕, 묘의 글자 특성과 변화가 달라 결과적으로 쓰임이나 모습도 달라지게 됨을 명심하여야 한다는 뜻이다.

1) 생(生) 寅, 巳, 申, 亥

생이란 12운성의 장생지 글자를 말한다. 장생지 글자는 무언가를 창조하고 발전해가려는 기운을 가지고 있어, 그 글자에서 장생하는 글자를 살리는 것이 목적과 움직임이라 할 수 있다. 가령 寅이라면 丙火를 장생하기 때문에 寅은 발전 지향적인 모습을 보인다. 그래서 무언가를 발전시키고 사회적인 쓰임새가 있도록 계속 만들어 가는 것이 생지 글자의 특성이다. 일반적으로 생지의 글자는 그 글자 자체로서 사회적 쓰임이 있다. 가령 寅木을 관성으로 쓴다면 직장생활을 하려할 때 무난하게 하는 것이다. 생지의 글자는 다음 글자를 열어가려는 발전 지향적인 마음은 강하지만 가볍고 날렵하기 때문에 내공이 깊은 전문가나 프로의 기질이라 할 수는 없다. 그러나 일을 만들고 거래를 성사시키는 분야에 능숙한 생지의 글자는 항상 부지런하고 먼 곳도 귀찮아하지 않는 근면함과 성실함을 가지고 있다.

‖ 샘플 46 ‖

		甲	
		寅	

丙이 사주에 없지만 丙으로 나아가려는 의도를 갖고 있다.

寅은 火와 土를 살리며 나아간다.

巳는 金을 살리며 나아간다.

申은 水를 살리며 나아간다.

亥는 木을 살리며 나아간다.

‖ 샘플 47 ‖

| 甲 | 甲 | 庚 | 丙 | →丙 식신 |
| 子 | 辰 | 寅 | 申 | 乾 |

위 사주는 甲木일주가 寅月에 태어나서 건록격이 되었다. 寅月에 태어나 년간에 丙火가 투출되어 아름답지만 지지에 申金 관성이 임하였다. 이는 丙火를 쓰기 위해서 관성을 써야 한다는 의미이다. 또한 寅木이 공망 맞고, 寅申沖 하여 역마를 쓰는 사업성이 되었다. 本命은 현재 식재료 관련 사업을 하고 있다. 그것은 상관이 아닌 식신 丙火를 쓰기 때문이며 지지에 관성이 임하여 있으므로 회사를 상대로 식재료 영업을 하고 있다.

‖ 샘플 48 ‖

| 乙 | 庚 | 甲 | 乙 | |
| 酉 | 午 | 申 | 未 | 乾 |

위 사주는 庚일주가 申月에 태어나서 건록격이 되었다. 申月에 필요한 것은 음양의 조화이며 申金을 쓸 만한 金으로 만들기 위해선 반드시 巳火나

午火가 있어야 한다. 천간에 비록 丁火가 투출하지 못하였지만 지지에 午火가 있어 금화교역이 잘 이루어졌다고 볼 수 있다. 申月에 투출한 甲乙木들은 申金이 생하는 壬水의 보이지 않는 생을 얻어 절처봉생(絶處逢生)하였다. 그래서 물상적으로 연약한 것을 살리는 일이 이 사람의 직업이 되어 의료기 사업을 한다.

‖ 샘플 49 ‖

壬	壬	己	辛	
寅	午	亥	卯	乾

위 사주는 壬일주가 亥月에 태어나서 건록격이 되었다. 亥月은 한기와 왕한 水氣를 제어하여야 좋은 사주가 되는데 午火가 있어 한기를 달래고 水生木, 木生火 소통이 잘되지만 지지에 드러난 土와 金이 없어서 격이 낮아졌다. 이 사주는 현재 대기업에서 비정규직으로 근무하고 있으며 처덕이 좋다. 처덕이 좋은 것은 午火가 세력이 있고 반가운 글자로서 식신생재 재생관을 잘하기 때문이다.

戊	甲	甲	癸	
辰	午	寅	巳	乾

위 사주는 甲木이 寅月에 태어나서 건록격이 되었다. 천간에 비록 丙火가 투출하진 않았으나 지지에 巳火와 午火의 세력이 있어 좋은 사주가 되었다. 관성이 투출하지 못하여 아쉬운 점이라고 할 수 있으나 운에서 관운을 만나 오랜 세월 직장생활을 하였고 申運에 퇴직하였다. 앞으로 자기사업 중심으로 살아가면서 실리적으로는 식신생재가 잘되니 번성할 수는 있겠으나 명예를 빛내거나 거부가 되긴 어렵다. 그 이유는 丙火가 투출하지 못하였고, 식신생재가 되긴 하였으나 관인의 소통이 미약하고 사주에 金이 미약하기 때문이다.

∥ 샘플 51 ∥

戊	乙	丙	甲	
寅	酉	寅	寅	坤

이 사주는 乙木이 寅月에 태어났으니 겁재격이다. 寅月에 丙火가 생하여 따뜻하게 비춰주고 년간 甲木이 丙火를 생하여 좋은 사주가 되었다. 이 사주는 부모가 대기업 CEO이며 법대를 나와 박사학위까지 받았다. 겁재격

임에도 부모덕이 있는 것은 월간의 丙火가 세력이 좋기 때문이다. 다만 겁재란 내가 부모덕을 다 갖지 못하고 형제와 나누기 때문에 부모의 혜택을 상대적으로 덜 받는다는 의미이다. 이 사주에서는 丙火가 중요하기 때문에 자식에 대한 사랑이 남달라 결혼하여 자식 교육에 열중하고 있다. 또한 높은 학벌에도 주부가 된 것은 지지에 火가 없어 상대적으로 치열한 경쟁세계로 나가려는 마음이 적기 때문이다. 남편은 酉金이므로 칼을 쓰는 의사 남편을 두었다. 이처럼 겁재격도 격을 잘 갖추고 있으면 좋은 사주가 된다. 무조건 단식 판단을 하는 것은 금물이며 사주 각 글자의 세력과 글자간의 관계를 잘 이해하여야 한다.

2) 왕(旺) 卯, 午, 酉, 子

왕은 12운성상 왕지 글자를 말한다. 왕지의 글자는 생지와 달리 빠르고 날렵한 성질이 아니다. 깊고 예리한 전문가적 기질을 가진 것이 왕지의 글자이다. 또 왕지에 있으니 자신을 중심으로 세력을 모으려한다. 자신이 중심이 되어 세력을 만들어 나가려 하고 타인의 마음을 움직일 수 있는 강한 기운이 있어 많은 사람들의 시선이나 주목을 받아 자기중심적인 삶을 살아간다. 왕지의 글자는 자신이 결정한 일에 대해서는 한 치의 물러섬이 없고 타협하려 하지 않는다. 전문적인 프로정신을 가졌지만 에고가 강하다.

생지는 무에서 유를 창조하는 것이지만 왕지는 자기만의 강력한 무언가를 가지고 있으며, 그것을 밑천이나 바탕으로 사용하며 살아간다. 예를 든다면 예쁜 미인은 예쁜 것이 밑천이니 가만히 있어도 이런저런 제의를 받으며 인생을 살아갈 것이다. 또 양인살이 있는 경우라면 강한 살기가 있어 의사나 법무 계통에 진출하지만 실질적으로 폭력을 행사하거나 사람을 죽이지는 않는다. 오히려 그 살기 때문에 이런저런 이권이나 자리가 생겨서 살아가는 것을 뜻한다. 그러므로 왕지의 글자는 그 자체로 무언가를 만들어가는 것이라 할 수는 없고 그것으로 인한 파급 효과를 보는 형태로 그 글자를 사용하게 됨을 말한다.

卯午酉子 왕(旺)지는 자신의 기운이 가장 극단적으로 드러나 있는 상태이다. 기운이 가장 극단적으로 드러났다고 하는 것은 더 이상 갈 곳이 없다는 의미이다. 양이 시작되어 가장 극단에 이르게 되면 음이 시작되듯이 왕지란 극단에 이르러 자신의 기운을 극단적으로 펼치기에 앞으로 더 전진하지 못하고 후퇴하게 될 기운을 뜻한다.

왕지는 卯에서 癸가 장생하고, 午에서 乙이 장생하며, 酉에서 丁과 己가 장생하고 子에서 辛이 장생한다. 기운은 木生火, 火生土, 土生金, 金生水로 돌아가는 것을 순행이라 하는데 卯午酉子는 木生水, 火生木, 金生土火, 水生金을 하기 때문에 기운이 역행됨을 의미한다. 그래서 더 이상 앞으로 나아가지 못하고 뒤로 후퇴하는 기운이므로 기운을 발산하는 것이 아니라 끌어 모으는 것이다. 그러므로 寅巳申亥와 사회적으로 나아가는 방향성이 전혀 다르다.

卯는 癸를 열어가고 있기 때문에 앞으로 나아가려는 성질이 아니라 흡수하여 자신을 채우려는 방향으로 움직인다. 그래서 주체적이긴 하지만 식상을 열어가지 않고, 자신에게 다가오거나 부여되는 것을 도구삼아 살아간다. 그러므로 독립적으로 쓰지는 못하고 다른 글자와 합하여야만 유용성이 사회적으로 발현된다.

‖ 샘플 53 ‖

癸	壬	丙	己	
卯	戌	子	巳	坤

이 사주는 양인격으로 태어나서 어려서 부모덕이 없었지만 년간의 정관과 일지의 편관이 양인의 기질을 적절히 제어하고 있고 월간 丙火는 子월의 丙火이니 사회적인 성취가 강하고 만인을 살리는 빛을 밝히는 모습이다. 그러나 子水의 쓰임이 적어 바로 쓸 수 있는 형태는 아니다. 子월에 년지 巳火가 좋고, 천간에 己土 관성이 투출되었으니 사업이 아닌 직장생활을 좋아할 사주이다. 학창시절 법을 전공하였으나 子水이기 때문에 전공을 살리지

는 못하였고 호텔에 취업하였다. 그러나 호텔은 이 사주가 오래도록 할 일은 아니라 생각된다. 이 사주는 무리를 이끌고 경영하는 것이 삶의 목적이다.

‖ 샘플 54 ‖

癸	甲	乙	癸	
酉	辰	卯	丑	乾

이 사주는 甲일주가 乙卯月에 태어나 양인격이 되었다. 卯月은 음양의 조화가 잘 이루어져야 좋은 계절이라 하였는데 음기는 잘 갖추었으나 일점 양기를 얻지 못하여 좋은 그릇이 되긴 어렵다. 가난한 시골에서 태어나 공업 고등학교 기계과를 나와 고철관련 자기 사업을 하였다. 어려서 동네 골목대 장이었으며 강한 고집과 집념이 강한 사람으로 사주에 식상이 없어 현재는 화학재료 납품하는 사업을 하고 있다.

‖ 샘플 55 ‖

丙	庚	己	丁	
戌	子	酉	酉	乾

이 사주는 庚金일주로 酉月에 태어나 양인격이 되었다. 어려서는 부모 덕이 없었으나 년월에 관인의 소통을 이루며 酉金에 모두 세력을 두고 있으

니 대학까지 나왔다. 특히 년간 丁火는 庚金을 좋은 그릇으로 만들기 때문에 끊임없이 노력하는 사람이라 볼 수 있다. 시간 丙火 편관이 투출하여 양인의 기질을 잘 조절하니 좋은 사주가 되었다. 현재 철강회사에 근무하고 있으며 중간 간부이다. 이 사람이 회사원이 된 것은 연월일까지가 모두 子와 酉로 되어 있어서 잘 써먹기 어려운데 생시의 戌은 쓰기 좋고 천간에 丙火가 투출하여 관을 쓰기 때문에 직장으로 간 것이다.

‖ 샘플 56 ‖

丙	壬	庚	辛	
午	午	子	亥	坤

이 사주는 壬水 일주가 子月에 태어나 양인격이 되었다. 子月은 한랭한 계절인데 일지 午火가 있고 시주가 丙午라 추위가 모두 가셨다. 그러나 월일시가 모두 午子 왕지라 활용하기 어려워 잘 쓰지 못하니 년의 亥를 쓰게 된다. 년간이 辛金 인성이므로 학문성을 근거로 한 자기 사업이나 독립적인 일을 할 사주인지라 작가가 되었다. 부모덕은 부족하고 장남에게 시집갔으며, 남편은 午중 己土라 착한 사람이지만 경제력이 부족하고, 충이 되어 돌아다니며 사회 활동하는 남편이다.

己	辛	戊	丁	
亥	亥	申	未	坤

이 사주는 辛金 일주가 申月에 태어나서 겁재격이 되었다. 가을은 건조한 계절인데 년주 丁未가 金을 빛나게 하고, 일시에 거듭하여 亥水가 드러나 있어 음양의 조화를 이루어 좋은 사주가 되었다. 이런 상황에서 申金이 가장 반가운 것은 丁火가 될 것이다. 丁火는 편관으로서 관성이고 未土는 편인 학문성이 된다. 그래서 이 사주는 교직으로 나가 활동하고 있다. 남편도 丁火의 기상을 가지고 있으므로 辛金의 입장에서는 만족도가 높은 남편이며 큰 조직사회에 나가 활동하는 남편이다. 그래서 은행원을 만나 오순도순 잘 살아가고 있다.

3) 묘(墓) 辰, 未, 戌, 丑

묘지의 글자는 12운성상 묘를 말한다. 묘는 만물을 수렴하고 거둬들이는 특성이 있는 글자이다. 그래서 辰戌丑未는 이것저것 잡다한 것을 다루고 혼합된 세력이나 조직을 통해 살아가는 것을 뜻한다. 왕지가 독자적인 발걸음이라면 묘지의 글자는 많은 사람을 모아 무언가 일을 만들어 나가는 형태를 말한다. 왕지의 글자는 자신과 뜻이 다르면 배척하지만 묘지의 글자는 뜻이 다르더라도 그것을 받아들이고 수렴하여 합의점을 찾아내려 한다. 묘지는 중심에 서서 다양한 입장이나 문제를 조율, 중재하여 결국 일을 성사시키고 크게 세력을 확대해 나가는 형태로 몸집을 불리는 것을 뜻한다. 가령 戌은 金의 작용을 하면서 火를 입고시키는 작용을 하지만 결과적으로 水를 향해 가는 결과를 낳게 된다. 다시 말해 생지와 왕지는 미시적으로 움직이지만 묘지는 거시적으로 움직인다는 뜻이다.

辰은 春土이면서 水를 입고시키고 火를 열어간다.

未는 夏土이면서 木을 입고시키고 金을 열어간다.

戌은 秋土이면서 火를 입고시키고 水를 열어간다.

丑은 冬土이면서 金을 입고시키고 木을 열어간다.

‖ 샘플 58 ‖

	庚		
	寅	丑	

위의 사주는 丑이 드러나 있다. 丑은 金을 완전히 갈무리하는 글자이다. 위 사주에 金이 만약에 왕성하다면 비견겁재가 왕성한 것이니 재물이 들어와도 비견겁재의 분탈(分奪) 작용이 일어나 좋지 않다. 그런데 丑이 있음으로서 비견겁재가 득세하지 못하기 때문에 丑이 없는 사람에 비해 재물의 분탈 작용이 적은 구조가 된 것이다. 반대로 비견겁재는 죽으니까 형제의 죽

음, 횡액 등 형제가 힘을 못 쓴다.

예를 들면 辰의 방향은 때로는 水를 입고하여 火를 열어주는 역할을 하고, 때로는 삼합으로 水의 세력에 동조하기도 하고 때로는 木으로서의 역할을 하기도 한다. 그러므로 辰未戌丑을 볼 때 그냥 土로구나 하고 단순하게 생각하면 오행의 이치를 깨닫기 어렵다. 土가 지금의 입장에서 어떤 방향으로 나아가야 할지를 확실히 알아야 변화작용을 예측할 수 있는 것이다. 土에 관한 변화 작용은 훗날 〈지천명리『행운론』〉편에서 심도 있게 다룰 예정이다.

‖ 샘플 59 ‖

	庚	
	丑	

위 사주는 庚일주가 丑月에 태어났다. 丑은 육친으로 볼 때 정인에 해당하므로 외면적인 글과 학문을 추구한다. 그러나 丑은 金의 성질과 水의 성질이 내면에 감추어져 있으니 학문 중심으로 남들 안하는 특이한 학문적 사업을 하겠다는 뜻을 내포한다. 사업성은 丑中 辛金에 있으므로 독립의 의지를 말하는 것이고, 丑中 癸水는 상관이므로 이공기술, 철학, 종교 등 남들이 하기 어려워하는 독특한 학문을 의미한다.

	庚		
	寅	辰	

위 사주는 庚일주가 辰月에 태어났다. 육친적으로는 편인격이며 辰中에
는 癸水와 乙木이 암장되어 있으므로 상관과 정재의 특성을 따라가게 된다.
상관이란 위에서 말한 바와 같이 특별하고 독특한 학문을 의미하고, 정재는
바른 재물로 연결시키려는 뜻을 의미하므로 사업적 연결성을 의미한다. 그
러나 辰土는 춘토(春土)이므로 만물을 생육하고 부양하는 것이 의무이기 때
문에 특수교육, 영양, 의학 등의 학문을 바탕으로 살아가게 된다.

	庚		
		未	

위 사주는 庚일주가 未月에 태어났다. 未은 육친적으로 정인이다. 그
러나 未土는 丁火와 乙木이 암장되어 있다. 丁火는 정관이며 乙木은 정재
가 되므로 일반적으로 관에 의지하기를 좋아한다. 官에 의지하는 것이란 일
반적인 직장생활을 말하는 것으로 교육이나 출판, 학교 등과 관련이 있다.
官은 직장생활을 의미하며 일반적으로 자기 사업을 꺼린나. 그러니 만약 주

변 글자나 운에 의해 자기 사업을 할 경우에는 관에 의지해서 살아가는 사업 적 모양을 선택한다. 官과 관련이 있는 사업이란 유명 학습지 대리점이나 유명학원의 프랜차이즈 사업 등을 말한다.

‖ 샘플 62 ‖

	庚		
		戌	

위 사주는 庚일주가 戌月에 태어났다. 戌은 육친적으로 편인이다. 그러나 戌土는 辛金과 丁火가 암장되어 있다. 辛金은 겁재이며, 丁火는 정관이다. 그러므로 戌土는 겁재의 영향을 받아 주도적인 성분을 갖게 된다. 주도적이란 교육, 컨설팅 등의 타인을 리드하는 사업을 말한다. 거기에 정관의 영향을 받으니 官의 그늘을 잘 벗어나지 않는다. 官의 그늘이란 사업으로 말하면 대리점 사업이나 큰 회사와 관련된 것을 뜻하며 그렇지 않으면 직장생활을 하면서 그 안에서의 개인적 사업이나 주도적 성향을 말한다.

土라는 성분은 土만의 고유의 성질이 아닌 내면에 암장되어 있는 글자에 따라 그 입장을 달리하게 되며 주변에 간섭하는 글자나 대운의 영향에 따라 모양이 바뀌어간다. 고전에서도 辰未戌丑월에 태어난 사주를 잡기격(雜氣格)이라 하여 다양성이 있음을 암시하고 있다.

丁	庚	丙	乙	
亥	子	戌	卯	乾

위 사주는 庚일주가 戌月에 태어나 편인격이 되었다. 그러나 戌土위에 丙火 편관이 투출하였고, 년의 乙木이 丙火를 생하고 있어 戌土의 세력이 관성의 세력을 돕고 있다. 이 사주는 戌土 고유의 성분인 편인의 성분을 써서 공대를 나왔으며 연구소에서 근무하고 있다. 연구소에서 근무하는 것은 사주의 세력이 관성 중심으로 쏠려 있기 때문에 직장생활을 하게 된 것이다.

|| 샘플 64 ||

壬	己	丁	丁	
申	丑	未	巳	坤

위 사주는 己일주가 未月에 태어나 건록격이 되었다. 未月에 태어났으나 木의 세력보다는 火의 세력이 강하여 未土가 火의 세력을 돕고 있다. 그러므로 인성 중심의 삶을 살아가게 되며 자격 중심의 교육 분야로 진출하게 되었다. 지지의 식상 세력이 왕하여 유아교육과 음악을 전공하였고 현재 음악 개인 교습소를 운영하고 있다. 교육 분야를 전공하고, 개인적으로 사업을 하게 된 것은 未土가 건록이기 때문에 자기 사업성을 발휘할 수 있게 된 것이다.

8. 천간과 지지의 관계

이제까지 지지의 격에 대한 공부를 하였다. 그러면 천간은 격과 그릇을 보는 관점에서 어떤 역할과 작용을 하는지 그 개념을 정확히 파악하여야 한다. 다시 한 번 천간과 지지를 정의하자면 천간은 형이상(形而上)적인 것을 말하고, 지지는 형이하(形而下)적인 것을 말한다. 그러므로 천간에 관성이 있는 것을 직장이라고 판단한다면 해석상 지대한 오류가 발생하게 될 것이다. 천간은 형이상적인 요소이기 때문에 인기나 명예 등 대외적인 사회적 모습을 말하는 것이고, 지지에 있다면 그것은 직장으로 보아야 한다. 천간과 지지를 구분하지 못하는 사주풀이는 이미 빗나간 화살과 같은 것이니 개념을 잘 잡아 차근차근 공부해 나가기를 바란다.

1) 천간의 역할

사주천간은 그 사람의 지향성과 방향성을 말한다. 먼저 어떤 오행이 투출되었느냐에 따라 그 기질과 성질이 결정되고, 그 다음 육친적으로 무엇이냐에 따라 그 방식이 결정되는 것이다. 간혹 오행은 무시하고 육친만을 따지는 경우가 있다. 그러나 사주는 음양오행이 우선이고 육친은 더 하위 개념임을 잊으면 안된다.

사주천간을 분석할 때는 제일 먼저 투출된 글자가 음양오행으로 어떤 모양인지를 살펴보아야 한다. 특히 월간에 투출한 글자가 그 사람의 삶에 제일 큰 영향을 미치게 되므로 월에 투출한 글자를 보아야 한다. 먼저 양적인지 음적인지 그 다음 주변의 글자와 어떻게 관계되어 있는지, 그리고 한난조습에 의해 어떤 입장에 놓이게 되는지를 살펴 그 글자의 쓰임을 정확하게 파악하여야 한다.

천간의 글자는 방향성을 나타냄으로 먼저 양적이라면 그 사람은 양적인 공간이나 방식으로 나타내려 할 것이니 주변 글자가 운과 상생하는지 상극하는지를 살펴 그 뜻의 성취여부를 판단하여야 한다. 마지막으로 육친을 판단하여 해결 방식을 결정하는 것이다.

천간이 양의 성질을 가진 간지라면 그 행위는 공개적이고 대외적인 방식을 통해 일을 해결하고 전개해 나가려는 의도를 가졌다는 뜻이고, 천간이 음의 성질을 가진 간지라면 안정적이고 실리적인 방식을 통해 일을 해결하고 전개해 나가려는 의도를 가졌다고 보아야 한다.

천간의 글자가 있더라도 주변의 글자에 의해 상생 받고 있다면 그 글자가 가진 힘은 지속적이라고 본다. 만약 상극을 받고 있다면 투쟁과 마찰을 통해 일을 추진해가야 한다는 뜻이다. 생을 받지 못하면 근본이 약하고, 지속성도 오래가지 못한다고 보아야 한다. 다음 글자를 상생하고 있다면 그 행위를 통해 일이 다음 단계로 전개, 발전해 나간다고 보아야 하고 그렇지 않다면 시도만 있고 일이 더 이상 진전이 안 된다고 보아야 한다. 만약 일부는 상생하고 일부는 상생하지 못하면 상생되는 단계까지는 일이 진행되다가 상생되지 않는 구간에서는 일이 멈추게 된다.

예를 들면 水生木이 잘되면 철저히 준비된 일을 바탕으로 새로운 일이 진행이 되어 가는 것이고, 木生火가 잘되면 추진하고자 하는 새로운 일이 사회적으로 크게 확장되어 번영할 수 있는 근거가 마련된다는 뜻이고, 火生土를 이루면 큰 세력을 규합할 수 있다는 의미이고, 土生金을 이루면 세력을 바탕으로 사회적 결과물을 얻어낸다는 의미이다. 또 火剋金이 되면 사회적인 큰 업적과 실적을 낸다는 의미이고, 金生水가 되면 사회적 결과물 축적이 잘되고 새로운 계획과 준비도 잘한다는 의미이다.

육친으로 비겁이라면 타인과 경쟁하거나 협력을 통한 방식을 선택할 것이요, 식상이라면 재능이나 기술력을 통한 방식을 선택할 것이요, 재성이라면 사회적인 재물활동과 세력 확장을 통한 방식을 선택할 것이요, 관성이라면 유명세나 인기를 통한 방식을 선택할 것이요, 인성이라면 글과 학문이나 라이센스가 중심이 되는 삶을 선택할 것이다.

2) 천간과 지지의 조화

천간이 대외적인 슬로건을 만들어 내고 싶어하는 마음이라면 지지는 그 천간의 뜻을 성취하기 위한 현실적 수단과 방식을 말한다. 가령 천간에 관성이 있고 지지에 식상이 있다면 명예나 인기를 이루기 위해 현실적으로 식상의 행위, 기술이나 예능성을 가지고 인기와 명예를 얻는다는 의미다.

천간의 형이상적 '수(垂)'는 드리운다는 의미가 있고 지지의 형이하적 '수(受)'는 받는다는 의미를 가졌다. 정역(正易)[7]에서는 '天垂象 地受形'이라 말하였다. 의역하면 하늘은 상(象)을 드리우고, 땅은 수(受)로 받아 형체가 된다는 뜻이다. 좀 더 쉽게 설명하면 하늘의 기운은 상(象)으로만 존재하며,

---

7) 정역(正易)_1884년 일부(一夫) 김항(金恒)선생이 집필한 책으로서 역의 이치와 우주변화의 道를 담아 놓은 책

그것을 드리우고자 하는 기운을 가졌으니 표현하고, 나타내고, 강조하고, 성취하는 능동적인 태도를 취하며, 땅은 하늘의 기운을 받아 형체를 이루었다는 뜻으로 수렴하고, 받아들이고, 수행하고, 수긍하고, 실천한다는 수동적 의미를 가졌다는 것이다. 그러므로 사주를 분석할 때 반드시 이러한 개념을 염두에 두고 천간과 지지의 조합을 잘 살펴야 한다.

천간에 투간 된 글자의 조화는 월령의 환경에 따라 그 쓰임이 달라지게 된다. 이는 이미 육십갑자에서 밝혀 놓았으므로 육십갑자를 깊이 공부하고 이해하면 된다.

‖ 샘플 65 ‖

丁	甲	庚	丁	
未	戌	戌	酉	乾

위 사주는 甲木일주가 戌月 未時에 태어났다. 지지의 환경을 보면 戌月, 未時에 태어났고 쌀쌀한 계절의 낮 시간에 태어났으니 음기가 강한 가운데 따뜻함을 얻었다고 할 수 있다. 가을날은 안전 지향적이면서 가치가 높은 일을 찾는 것이 기본 성향이고 戌土가 酉金과 방합하였다. 이는 관성이 되니 직장생활이 되고 년지에 있으니 공직을 말한다. 戌土 위에 庚金이 투출하였고, 酉金 위에 丁火가 투출하였으니 기술직이나 기능직 공무원이다. 여기서 눈여겨봐야 할 것은 水가 없다. 水는 팔자에 인성이 없다는 뜻인데 인성이 없는 공무원은 승진이 의미 없는 자리를 말한다. 즉 기능직이면서 열

심히 해도 직급발전이 없는 업무가 이 사람의 팔자다. 이 本命은 청소 미화원 사주이다.

‖ 샘플 66 ‖

丁	戊	丁	己	
巳	子	丑	酉	乾

위 사주는 戊土일주가 丑月 巳時에 태어난 사주이다. 지지의 환경을 보면 춥고 척박한 계절이지만 사시에 태어나 척박한 도구를 세속적인 가치로 만들어내는 것이 이 사람의 운명인데 그것이 인성이므로 글과 학문, 부동산, 이권사업 등을 말한다.

丑위에 丁火가 있으므로 사업성인데 문서, 이권 중심의 사업을 말하여 부동산업을 하고 있다. 식상인 酉金이 년지에 있으니 국가에서 진행하는 일이 내 도구가 된다. 그러므로 분양, 공매, 경매 등 국가에서 주관하는 일을 하면서 부가가치를 높이는 일이다. 사주에 관성인 木이 없는데 木이 없다는 것은 중간에 참여한다는 의미이다. 키우고 길러가는 과정을 생략하였으니 다 된 밥상을 차지하여 먹고 사는 팔자로 부동산 중개가 맞다 할 수 있다. 이 사주는 관성이 없어 평생 직장생활은 거의 하기 힘든 사주라고 할 수 있다.

辛	戊	己	乙	
酉	子	丑	未	乾

위 사주는 丑月 酉時에 태어났다. 사주가 한랭한데 년간 未土가 있어 반갑다. 未土위에 乙木이 투출되어 정관이 되니 국가 공무원이다. 그리고 사주의 전체적인 세력은 식상이 강하고 丑중의 辛金 또한 식상이므로 기능직이라 할 수 있다. 또한 록이 많기 때문에 그곳에서 교육, 컨설팅, 감독 등의 일을 수행하는 사람이라 할 수 있다. 위 사주는 항공기능직 공무원으로 근무하고 있다. 丑未 刑이 있어 역마살이 있는 기능직으로 변용되었으며 그곳에서 관리자로서 아랫사람을 관리하는 사람이다.

쉼터

이상형

이상형이라는 것은 선망하고 바라는 기운이나 형태를 가진 것을 말합니다. 특히 연애시절에 이상형을 많이 찾습니다. 이상형은 연애시절 뿐만이 아니라 살아가면서도 많이 생각합니다. 이런 자식을 낳고 싶다. 우리 아들이 이렇게 되었으면 좋겠다. 우리 남편이 사회적으로 이런 사람이 되었으면 좋겠다. 나에게 이런 사람이 찾아왔으면 좋겠다. 이런 사람들과 가까이 지냈으면 좋겠다. 등등 이런 모든 바람은 모두 이상형이라 할 수 있습니다.

이상형은 일반적으로 자신이 선망하는 것 중에서 가장 높은 가치를 말합니다. 가끔 이상형을 만났다는 사람들을 볼 수 있습니다. 그리고 결혼까지 골인한 경우도 있는데 이런 사람들은 일반적으로 잘 살지 못하는 경우가 더 많습니다. 왜 일까요? 이상형을 만났으면 더 잘 살아야 마땅하지 않을까요? 이상형은 자신이 바라는 마음입니다. 상대방에게 원하는 가치입니다. 이상형은 모두가 잘난 것들입니다. 대부분이 외적인 것에 치중되어 있습니다. 즉, 모두가 보기에 잘난 것을 원합니다. 그래서 그것을 자신이 누리고자 바라는 것입니다. 즉, 욕망이 가득 들어있는 마음이고 또 약간은 과대 포장되어 있다고 생각되기도 합니다. 좋다고 생각되는 외형만 보고 결혼했기에 같이 살다보면 나쁜 것이 눈에 보이기 시작합니다.

상대의 외형만 보고 결혼했기에 성격이 안 맞는 것입니다. 백마탄 왕자는 화장실도 가지 않을 것이라 생각했기에 화장실에 가는 왕자를 보고 실망하게 되는 것입니다. 그것뿐만 아니라 자녀문제도 사회문제도 같은 이치입니다. 보통은 이상형이 없거나 자기 원래 이상보다 조금은 낮은 상대와 결혼할 때 그 커플은 훨씬 행복하게 잘 살 확률이 높습니다. 왜일까요? 기대치가 낮아서입니다. 옷을 잘 못 입고 다니는 사람인데, 살아보니 굉장히 다정한 면이 있음에 감동하고, 키가 작은데 막상 살아보니 책임감이 강하고 남자다워서 기쁨이 더 큽니다. 처음에는 조금 마음에 차지 않더라도 나중에 만족하고 기뻐할 수 있는 것도 나쁘지 않습니다. 그것이 세상사는 이치이고, 음양입니다.

제 **4** 장

격(格)의 변화원리

1. 격의 변화

태어난 월령은 한 사람이 살아가는데 중심이 되는 환경이다. 같은 달에 태어났을지라도 태어난 시간에 따라 그 사람의 삶의 환경은 변화한다. 예를 들면 여름날 낮에 태어난 사람과 밤에 태어난 사람은 온도와 습도가 다르게 되어 처음엔 비슷한 양상을 보이다가도 시간이 흐르면서 전혀 다른 삶의 변화가 나타나게 된다. 그 이유는 근묘화실적인(7장 근묘화실론 참조) 관점도 있고, 조합되는 글자가 달라서 운에 의해 반응하는 시점이나 방식이 변화되어 운명도 다르게 전개되기 때문이다.

만약 사람의 격이 고정되어 있다면 인생의 방향이 정해진 한 가지 방향으로만 흐르게 되겠지만 실상은 평생 한 가지 직업만 가지고 살아가는 사람은 드물다. 대부분은 여러 가지 직업이나 인생의 변화를 겪기 때문에 사람의 격은 한 가지 틀로 고정되어 있다 말하기 어렵다. 고전 격국론에서는 격을 정하고 용신을 정하여서 사람의 운명을 대체로 하나의 틀로 고정시키는 관점에서 해석을 했었다. 그것은 1000년 전 인간 삶의 방식이 고정적이며, 단조로운 삶의 틀이 많았기 때문에 그렇게 보는 것이 합당하였다. 그러나 현대시대는 후천교역의 시대로 역마를 쓰며 살아가기 때문에 변동, 변화가 많고 수도 없이 다양한 직업군이 존재하므로 고전의 입장에서 사주를 풀다보면 현대 사회를 살아가는 사람의 사주 해석에 오류가 생길 수밖에 없다.

1) 운과 사주에 의한 격의 변화

태어난 월령이 팔자에 가장 큰 영향을 미치기는 하나, 그 주변글자의 조합에 따라 원래의 모습이 변화하거나 탈바꿈하게 되는 경우도 있다. 가령 월령이 관성으로 되어 있어 직장생활을 하는 사주 구조를 가졌다고 하더라도 나머지 간지에 비겁이 많다면 운에 의해 사업을 하게 된다. 또 월령에 비겁이 들었어도 나머지 글자에 관성이 많으면 운에 의해 직장생활을 하게 된다. 그러나 월령이 비겁이라면 그 속성은 그대로 유지하려는 성질이 있어서 직장생활을 하면서도 타인을 리드하려는 성향을 함께 사용하게 되니 조직에서 리더나 컨설팅, 교육 등과 관련된 직장생활을 하게 된다. 또 관성이 격으로 자리 잡고 있다면 운에서 사업을 하는 운이 올지라도 일반적인 자영업이 아닌 조직이나 회사와 관련된 형태의 일을 하게 되거나 자신이 사업을 통해 조직을 만든다. 이렇게 월령은 한 사람의 인생에 큰 영향을 미치며, 그 명조가 가지고 있는 글자와 대운에 의해 그 모습이 변화하고, 탈바꿈하게 되면서 전혀 달라 보이는 삶을 살아갈 수도 있다. 그러므로 격을 절대적 관점의 시각으로 보아서는 안 된다.

사주의 그릇, 즉 가지고 있는 글자는 그 사람의 모든 운명을 암시한다. 가지고 있는 글자에 어떤 특정한 글자가 오게 되면 반응하게 되고 그로 인해 변화가 생겨나는 것은 그 글자가 가지고 있는 특성 때문에 일어나는 것이다. 가령 寅을 가지고 있다면 午가 왔을 땐 삼합하고, 卯가 왔을 땐 방합하고, 申이 왔을 땐 충하고, 酉가 왔을 땐 원진이 되는 등 운에 의해 다가오는 글자에 따라 달리 반응하게 되는 것은 모두 사주에 寅이라는 글자가 있기 때문에 발생되는 사건일 수밖에 없다. 다시 말해 만약 사주에 寅이 없었다면 발생할 수 없는 일이었기에 寅자체가 그 사람의 그릇이 되는 것이다. 물론 여러 글자의 조합에 의해 결론적으로 그릇이 청하다 또는 크다 등등으로 구분할 수 있지만 사주에 가지고 있는 글자가 무엇이냐에 따라 인생이 변화되고, 사건이 달라지게되고, 결국 운명이 달라지기에 육친적으로 같은 격이라 할지라도 운명은 크게 달라질 수밖에 없다.

2) 주변 글자의 간섭

주변 글자의 간섭이란 生, 合, 沖, 刑, 破, 害 등의 각종 신살이 원국에 있을 때 어떻게 작용하는지에 따라 개념을 달리 정리해야 한다는 것이다. 일반적으로 이러한 신살이 있으면 부정적으로 보는 시선도 있지만 그것은 올바른 관점이라고 할 수 없다. 왜냐하면 이 세상은 무조건적인 부정도 없고, 무조건적인 긍정도 없다. 이 세상 모든 것은 희기(喜忌)가 동소(同所)하기 때문이다. 즉, 좋은 것과 나쁜 것은 늘 항상 함께 붙어 다닌다는 뜻이다. 그럼에도 불구하고 보통 冲이나 刑이 들면 나쁜 것으로 해석해 버린다. 그러나 나쁜 것만 있는 것이 아니라 좋은 점도 있음을 반드시 알아야 한다. 만약 팔자에 형이 있으면 위험하거나 무서운 것을 다루고 살아간다고 본다. 그것은 일반적으로 공학이나 법, 의료 등의 일을 뜻한다. 이것을 나쁜 것이라 말할 수는 없다. 그러나 살면서 刑에 의해 발생되는 부상이나 관재구설은 있을 수 있다. 그것은 큰 압력을 쓰며 살아가는 사람이기 때문에 운이 나쁠 때 결국 압력에 의해 크게 다칠 수도 있다는 의미이다. 가령 사주에 이런 신살이 아무 것도 없는 사람이라면 그냥 평범하게 살아간다. 압력이 없다는 것은 능력이 없다는 뜻일 수도 있다. 그냥 직장 다니고 조용하고 평범하게 살아가는 사람이 크게 잘 되는 경우는 드물다. 그래서 이 사람은 큰 성취도 없지만 살면서 큰 해도 없다. 또 다른 예를 들어보면 어부는 고기를 잡아 먹고 살지만 결국 물에 빠져 고기밥이 될 수 있는 위험이 항상 존재하는 것이니 고기잡이 행위 자체가 좋다 나쁘다고 말할 수는 없다. 단지 운이 좋으면 고기를 많이 잡아 부유하게 잘 사는 것이고 운이 나쁘면 물에 빠져 고기밥이 될 수도 있다는 것이다. 이처럼 사주 안에 있는 신살은 다양한 해석을 할 수 있으니 그 특성을 정확하게 파악하는 것이 중요하다. 그러므로 올바른 사주해석을 하기 위해서는 신살의 적용방법을 확실하게 터득하여야 한다.

◆ 생(生)

바로 옆 글자와 상생의 관계에 있다면 생하는 글자가 옆의 글자를 바로 생한다는 의미이다. 즉 생하는 글자와 관련된 일은 바로 다음 일로 연결이 된다는 것을 말하므로 일반적으로 일이 잘 풀려나가고 발전되는 양상을 띤다. 글자들의 상생은 격을 보는 관점에서는 가장 긍정적인 모습이긴 하나 일정 글자까지만 상생이 되고 그 이후로 상생이 막혔다고 한다면 그것이 긍정적일지 부정적일지 판단해야 하는 문제가 남기 때문에 무조건 좋다는 의미로 받아들여서는 안 된다. 다만 다음 글자로 잘 소통시켜줄 뿐이다.

‖ 샘플 68 ‖

	甲		
午	寅	亥	申

위 사주는 지지의 글자간의 상생이 잘된 구조를 말한다. 년지의 申은 관성인데 직장을 얻으면 인성으로 연결되어 결재권이 자연스럽게 생기고 인성이 록으로 연결되어 주도권을 얻게 되며 식상으로 연결되니 내 방식과 기술을 주체적으로 사용하는 구조가 된다.

丁	庚	丁	乙
丑	申	亥	卯

위 사주는 현대 故정주영 회장의 사주다. 이 사주는 생일부터 거꾸로 생을 하는 구조를 가졌다. 申金의 록이 식상을 생하고, 식상이 卯木을 생하여 乙木을 세우고 乙木이 다시 丁火 관성을 살리고, 丁火가 庚金을 금화교역하는 구조로 돌아간다. 생시의 丑土는 록을 가두고 입고하니 말년에 명예 때문에 곤욕을 치루고 사업체를 자식에게 빼앗긴다는 것을 암시한다.

◆ 합(合)

옆 글자와 합을 하고 있다는 것은 어떠한 일을 할 때 항상 끌려온다는 의미이다. 예를 들어 식상과 관이 합되어 있으면 식상의 행위를 할 때 관이 간섭되고, 관의 행위를 할 때도 식상이 간섭되는 상황이 발생된다. 현실적으로 바꾸어 설명하면 직장을 구할 때 전문성을 가지고 직장생활을 한다는 뜻으로 해석할 수 있다. 또 육친으로는 해당 육친이 항상 서로 간섭하고 의지하는 관계라고도 해석할 수 있다. 가령 관과 식상이 합하고 있으면 남편이어디 갈 때 항상 자식을 대동하려 하고 자식도 무엇을 할 때 아버지의 영향을 받으려는 모습을 말한다. 합이란 이렇게 한 가지 일을 동시에 여러 방식으로 간섭하는 상황을 말한다. 그러므로 좋고 나쁜 것과는 상관없이 다만 상황이 그럴 뿐이라 해석할 수 있다. 그러나 이 또한 좋은 점과 나쁜 점은 엄연히 별도로 존재한다.

‖ 샘플 70 ‖

	甲		
酉	申	巳	

위 사주는 巳申합, 申酉 방합이 된 구조다. 모두 관성이 무리지어 있다. 巳도 巳중 庚金이 있어 관성과 식상을 동시에 쓸 수 있는 글자로 보아야 한다. 관성이 무리지었다는 것은 발령 따라 돌아다니는 직장과 인연이 있다는 의미이다. 巳火를 쓸 때는 전문성을 쓰고, 申金을 쓸 때는 지장간의 인성을 쓰고 酉金을 쓸 때는 관성만 쓰는 구조라 할 수 있다. 모두 합을 짓고 있다는 것은 서로 연관성이 있음을 나타내는 것이다.

‖ 샘플 71 ‖

	甲		
		巳	酉

위 사주의 경우 巳酉合 金이 있어서 巳酉 金局을 이뤄 식상이 아닌 관

격의 모양으로 따라간다. 이러한 모양은 식신과 관성이 서로 합쳐진 모양을 하며 살아간다. 식신은 원래 기술성 중심의 독립적인 길을 걸어가기 때문에 자영업이나 프리랜서의 삶을 살아가지만 관성의 간섭을 받고 있기 때문에 전문성을 가지고 직장생활을 하며 살아가는 형태를 말한다. 가령 의사라면 개업의사가 있고 병원 월급 의사가 있는데 위의 경우 월급 의사라고 봐야 할 것이다.

변화의 이치는 삼합의 원리에 들어 있다. 각 글자들은 각각 삼합의 운동을 하는 글자를 가지고 있는데 주변 글자나 운에 의해서 방합 운동을 하는 경우도 있고, 삼합 운동을 하기도 하며 육합 운동을 하기도 한다. 즉 글자의 이중적 삼중적 특성을 이해해야 한다.

가령 寅 중에 지장간은 戊丙甲이 들어 있다. 寅이라는 글자는 火의 성질로 갈 수도 있고 木의 성질로도 갈 수 있다는 이중성을 말하는 것이다. 寅이라는 글자 옆에 午가 있다면 火의 성질로 따라갈 것이고 卯나 亥가 있으면 木의 성질이 되어 버린다.

똑같은 木일지라도 卯는 지장간에 甲乙이 들어 있기 때문에 오직 木의 성질만 나타난다. 그러므로 같은 木이라도 내부적 성질이 달라 실질적인 양상이 다르다는 것을 잘 이해해야 한다. 같은 木이라고 寅과 卯를 똑같은 것으로 이해하는 순간 상세한 사주 풀이는 멀어져 가는 것이니 이 부분을 잘 이해하기 바란다.

	戊		
	午	寅	

	戊		
		卯	未

戊土일주가 寅月에 태어나서 주변에 午나 戌을 보면 寅은 火의 성질을 돕는 역할을 하게 되므로 학문 중심이나 자격증 중심의 조직생활을 하게 된다. 그러나 戊土일주가 卯月에 태어나서 주변에 未나 亥를 보게 되면 관성으로 순수한 생산, 제조, 기획, 디자인 등 창조하는 성질이 나타나고 직장생활 중심으로 살아가게 된다.

일반적으로 寅巳申亥 글자들은 다음 글자를 장생하기 때문에 다음 글자를 따라가는 형태의 삶을 살아가고 子卯午酉 글자는 자체로 메말라 있으므로 글자 스스로는 잘 쓰지는 못하고 주변에서 합으로 견인하여 세력을 이루면 그 글자와 섞여 사용된다.

위의 예처럼 戊土일주가 卯月에 태어나 未와 세력을 이루었다. 未는 겁재가 되므로 사업성이나 투기성 그리고 자기가 주도하는 분야로 가게 되지만 만약 亥水가 卯木과 합하여 卯木을 견인하면 재생관이 되므로 비주도적인 일반 직장생활자로 살아간다. 이처럼 어떤 글자가 와서 간섭하고 견인하느냐에 따라 원래의 격에서 변화하는 모습을 잘 관찰해야 한다. 즉 월의 격만 가지고는 그 사람의 진로나 미래를 예측할 수 없고, 사주 구조에 따라 변하는 모양을 잘 관찰하여야 한다는 뜻이다.

‖ 샘플 73 ‖

	癸	辛	壬
	酉	亥	寅

위 사주는 癸水 일주가 亥月에 태어나서 겁재격이 되었다. 원래 겁재의 성분인 투기성이 있으니 큰돈이 오가는 곳이나 사업을 하는 성분으로 나아가게 된다. 그러나 옆에 寅木 상관과 酉金이 간섭하여 전문기술성을 내포하고 있으니 辛金 편인의 이공기술을 잘 살려 큰 재물을 쫓아가는 사주가 되었다. 본 사주는 토목건축 분야 사업을 하는 사주이다. 이처럼 사주의 격이 구심점 역할을 하면서 주변의 글자에 의해서 변화하고 조정, 조율되는 모양을 잘 관찰하여야 한다.

◆ 충(沖)

충은 한 공간에서 같이 존재할 수 없거나 어떤 오행이나 육친에서 일이나 상황이 동시에 할 수 없음을 말한다. 가령 식상과 관성이 沖이라면 직장생활을 할 때는 몸 쓰는 일을 하지 못하고 반대로 식상을 쓸 때는 직장생활을 못하고 프리랜서를 하게 된다. 육친상 남자에게 식상은 장모가 되고 자식은 관성이 되므로 결혼 전에 장모가 안계시거나 계셔도 자식 생산 이후 장모님의 운세가 급격하게 쇠약해져 내 자식은 외할머니 얼굴을 못 보거나 왕래가 없이 산다.

沖이 되었을 때 沖이 된 글자를 운에서 역동하면 그것을 역마의 형태로 사용한다.

‖ 샘플 74 ‖

	甲	
	巳	亥

인성과 식상이 沖이다. 여자라면 내 어머니와 자식이 서로 인연이 없다는 뜻이다. 또한 식상이 沖이니 생산수단을 위해 역마를 써야 한다는 의미이고, 학문성취를 위해 역마를 써야한다는 의미다. 운에 의해 亥水를 사용할 수 있게 된다면 巳火를 쓰지 못하게 되고, 巳火가 사용되면 亥水를 쓰지 못하게 되나 申이나 寅運이 올 때는 함께 사용할 수 있다.

◆ 형(刑)

형은 큰 압력이다. 강제적으로 깨고 다듬고 하는 성질을 가지고 있다. 형이 사주에 들어 있으면 큰 압력을 행사하는 일을 한다는 의미다. 가령 관성에 형이 들면 직장이 그런 직장이란 의미이고, 식상에 형이 들면 나의 기술이 그런 기술이란 뜻이고, 인성에 형이 들면 내 학문이 그런 학문이란 뜻이다. 그래서 공학, 기술, 의료, 법무, 정치 등이라 할 수 있고, 운에서 그것을 역동하게 만들면 큰 권세가 생길 수도 있다. 큰 권세가 있으니 운이 나빠지면 큰 해를 입기도 한다. 크게 사업을 벌여 부도가 난 것과 작은 구멍가게를 하다 부도가 난 것은 다르다. 이처럼 형은 큰 압력을 다루고 행하는 것을 말한다. 모든 것은 긍정적인 측면과 부정적인 측면이 항시 공존한다. 그러므로 형으로 인한 권위와 권세는 수술과 사고, 관재구설 등이 동전의 양면처럼 공존하는 것이다. 형이 없으면 큰 영향력을 행사할 수 없기 때문에 큰 관재구설이나 큰 사고에 휘말릴 가능성은 없다고 보는 것이다.

◆ 공망(空亡)

공망은 비었다는 뜻이다. 비었다는 의미만 보면 무언가 부정적인 느낌이 든다. 그래서 공망을 '필요 없다', '허탕이다' 등으로 해석하기도 한다. 그러나 그렇게 부정적인 해석은 공망의 올바른 판단이 아니다. 사주에 공망이 있어도 크게 성공하는 사람들이 많다. 그것만 보아도 공망이 사주의 길흉화복에 미치는 절대적인 요인은 아니라는 것을 알 수 있다. 공망도 다른 것과 마찬가지로 동전의 양면처럼 긍정과 부정이 있다. 공망은 비었기 때문에 무언가 채우지 못하는 것이 있는 것은 분명하다. 그것은 얻고 싶은데 못 얻는 것이 아니고 별로 원치 않기 때문에 얻고자 하는 마음이 없다는 뜻이다. 공망은 구조상 불완전성을 가진 간지를 말한다. 불완전이란 의미는 지지는 있는데 천간이 없거나, 록공망의 경우 천간에는 있는데 지지에 없는 것을 말한다. 그래서 공망은 얻지 못한 것을 채우기 위해 정신적인 노력을 하는 것을 말한다. 가령 월지가 공망이라면 부모덕을 바라지 않는다. 그래서 부모덕이 없거나 있더라도 그리 원치 않는다고 할 수 있다. 공망은 현실적인 것에 만족하지 못하고 보이지 않는 세계와 그 영향관계를 따지고 분석하기 때문에 깊은 철학이 생겨난다. 그래서 사주에 공망이 있으면 보이지 않는 것이 삶의 도구가 된다. 예를 들면 언어, 교육, 정보, 콘텐츠 등을 말하기 때문에 주식, 보험, 철학, 종교, 지식산업, 외국어 등 보이지 않는 것이 삶의 도구가 되어 살아간다. 공망은 남들 못하거나 모르는 정보를 알고 있기 때문에 현실적으로 보이지 않는 세계에서는 프로가 된다.

◆ 원진(怨嗔)

원진의 지장간 내용을 살펴보면 하나는 합하고 하나는 沖 하거나 극한다. 어떠한 조건이나 상황이 하나는 맞고, 하나는 맞지 않는 것이다. 즉 거래를 하면서도 무언가 불만족스러운 것이 있는 상황과 같다고 보면 된다. 그러니 안할 수도 없고 할 수도 없는 그런 애매모호한 상황이라 할 수 있다. 그래서 결국 갈등이 생기고 억지로 짜 맞추는 상황이 되는 것이다. 결국 시간이 흐르면 이해관계가 끝나거나 해결되거나 완성이 되는 것을 말한다. 그러한 원진이 사주에 들어 있다고 사주가 나쁜 것이 아니고 그러한 애매한 상황이 자신의 삶의 도구라 할 수 있다. 예를 들면 보험 사고 처리를 한다든지 제조업처럼 서로 다른 원료나 물건을 결합시키는 일을 한다든지 하는 것이다. 그래서 친족 간의 원진은 부부가 같이 살면서 갈등한다든지 부모님이 아파서 병간호를 한다든지 자식이 내가 원치 않은 진로나 배우자 선택을 하는 등의 현상으로 나타난다.

3) 사주에서 신살의 개념정리

위에서 설명한 어떤 신살이 사주에 들어있다고 해서 길흉화복의 척도가
될 수는 없다. 어떤 신살이 있어 사주 그릇이 좋고, 어떤 신살이 들어 나쁘다
고 판단하는 것은 운명해석에 있어 신살의 포지션을 잘 이해하지 못한 데에
서 비롯된 것이다. 필자가 이러한 글을 단락까지 구분해서 설명하는 이유는
시중의 모든 이론이 그러한 경향을 띠며 설명해 놓았기 때문에 자칫 명리학
을 공부하는 학도들이 그릇된 개념에 빠질까 우려가 되기 때문이다.

사주해석의 최종적인 길흉화복은 음양오행에 있다. 신살은 그 길흉화복
을 이루는 과정의 방식이나 형태를 정의할 뿐 절대적인 사안이 되지는 않는
다. 그렇기 때문에 어떤 사람은 삼형살이 와서 아주 잘 되기도 하고 어떤 사
람은 교통사고나 관재구설 등의 일을 겪기도 한다. 다시 설명하면 길흉은 이
미 음양오행에서 정해졌고 그것이 잘 쓰이면 삼형의 모습을 통해 권세와 권
위를 행사하게 되는 것이고, 그것이 잘못 쓰이면 삼형의 모습으로 어려움이
닥치니 사고나 관재수가 따르게 되는 것이다.

공망을 쓸 때도 음양오행의 조건이 좋으면 보이지 않는 세계를 추구하여
큰 성공을 거두게 되지만 음양오행의 조건이 나쁘면 허망한 생각이나 이상
세계에 빠져 허우적거리게 된다. 그러므로 신살은 길흉화복의 척도가 아닌
방식과 형태라고 말하는 것이다.

사랑 그놈

누군가를 사랑하는 것은 아름다워 보입니다.

그러나 그것은 누군가를 통해서 자신이 사랑받고 싶은 것이라 할 수 있습니다. 그렇기 때문에 상대가 변심하거나 내 생각과 다르면 금방 사랑이 식어 버리고 화가 나는 것입니다.

그런 차원의 사랑은 진정한 사랑이라 할 수 없기 때문에 결국 에고와 집착으로 변하게 되며 미움과 증오로 변색되기도 합니다.

진정한 사랑은 나를 사랑하는 것입니다.
나를 사랑할 때만이 순수한 사랑이 피어나며 순수하고 진정한 사랑이 될 수 있는 것입니다. 조건 없는 사랑 그것만이 진정한 사랑입니다. 조건 없는 사랑은 영원한 것입니다. 그 사람이 떠나든 변하든 내 생각과 다르든 사랑은 식지 않습니다. 사랑이 식지 않으니 이별하든 떠나든 아플 것이 없습니다.

이별해서 상처 받았고, 혼란스럽고, 방황하는 등의 감정은 사랑의 아픈 자리가 아닌 욕망이 깨져서 아픈 자리입니다. 사랑의 차원은 모든 경계를 초월하는 위대한 자리입니다. 어머니가 갓난아이를 사랑하듯 아무런 조건도 없는 순수한 사랑만이 사랑이라 말할 수 있습니다.

요즘 세상에는 사랑이 없습니다. 그래서 가슴이 메말라버렸습니다. 메마른 가슴을 채우려 이런저런 인연도 만들어보고 취미생활도, 공부도 해봅니다. 그러나 문제는 자신이 그런지 조차도 모른다는 것입니다. 문제가 다른 곳에 있다고 착각합니다. 문제는 자기 자신한테 있습니다. 자기 자신의 문제를 발견하고 그것을 어루만지고 보듬어야 합니다. 그렇게 자신을 사랑할 때 남을 사랑할 수 있게 되고 그곳에서 진정하고 순수한 사랑의 꽃이 피어오르게 됩니다. 그렇게 되어야 사랑으로 가득찬 사람이 될 수 있습니다. 사랑이 넘쳐나는 사람이 되시리라 믿습니다.

제 5 장

생극제화(生剋制化)의 원리

제 5 장 생극제화(生剋制化)의 원리

1. 오행의 생극제화

만물은 음양의 운동성 속에서 끊임없이 삶과 죽음을 반복한다. 어린 시절이 있고, 성장과정을 거치고 전성기에 이르면 어느덧 쇠퇴하여 죽음에 이르게 되는 것이 세상 이치인 것이다. 이 지구상에서 아니 이 우주에서도 이러한 생로병사의 굴레 속에서 자유로운 것은 아무 것도 없다. 돈이라는 것이 버는 날이 있으면 반드시 나가는 날이 있는 것처럼 끝없는 상승이나 끝없는 하락은 있을 수 없다. 오행의 생극제화란 오행이 생(生)하고 사(死)하는 운동을 5단계로 나누어 왕한 것과 쇠하는 것을 구분하는 것이다. 그것을 왕상휴수사라고 하는데, 성할 왕(旺), 서로 상(相), 멈출 휴(休), 가둘 수(囚), 죽을 사(死)를 말한다. 오행이 성하냐 그렇지 않느냐의 정도나 척도를 나타내는 것이다.

가령 운에서 木이 木을 만나면

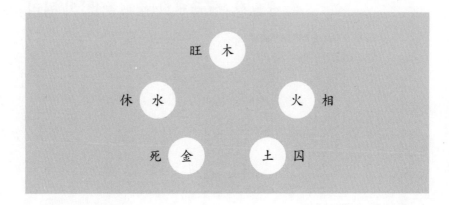

木은 자기 계절을 만났으니 旺한 것이며

火는 다가올 계절이니 相한 것이고

水는 지나간 계절이니 休하며

土金은 세력을 잃었으니 囚死한다.

가령 운에서 火가 火을 만나면

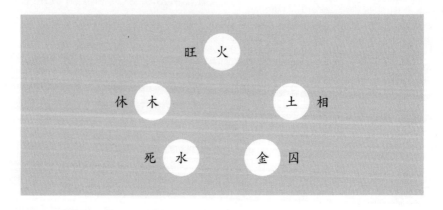

火는 자기 계절을 만났으니 旺한 것이며

土는 다가올 계절이니 相한 것이고

木은 지나간 계절이니 休하며

水金은 세력을 잃었으니 囚死한다.

가령 운에서 金이 金을 만나면

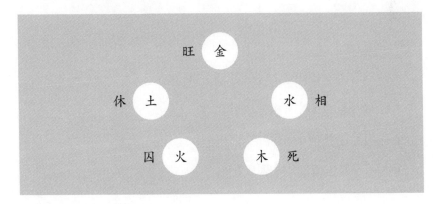

金은 자기 계절을 만났으니 旺한 것이며

水는 다가올 계절이니 相한 것이고

土는 지나간 계절이니 休하며

木火는 세력을 잃었으니 囚死한다.

가령 운에서 水가 水을 만나면

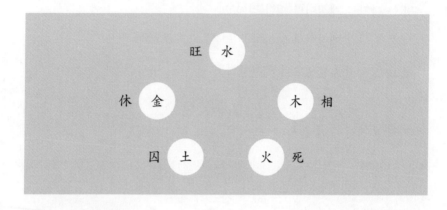

水는 자기 계절을 만났으니 旺한 것이며

木은 다가올 계절이니 相한 것이고

金은 지나간 계절이니 休하며

土火는 세력을 잃었으니 囚死한다.

이처럼 만물은 어떠한 오행이 전성기를 누릴 때 반대편에 있는 오행들은 힘을 쓰지 못한다. 그러므로 만사형통한 인생이란 있을 수 없는 것이라 할 수 있다. 무언가가 잘되고 있으면 반드시 반대편에 위치해 있는 것은 무기력하고 힘을 쓰지 못하여 반드시 근심거리가 될 수밖에 없는 것이다.

가령, 운이 木火로 흘러간다면 木火에 관한 육친은 성하고 金水는 무기력해진다. 金이나 水가 그 팔자에 미치는 영향은 팔자마다 다르다. 어떤 사람은 직장이 될 수도 있고, 어떤 사람은 돈이 될 수도 있으며 어떤 사람은 자식이 될 수도 있다.

① 왕(旺)

왕하다는 것은 가장 왕성한 기운을 말한다. 왕한 기운은 집안의 가장 큰 주도권을 가진 사람을 말한다. 그렇다 보니 내 인생에 가장 큰 영향력을 행사하는 것이고 그늘이 되기도 하며 삶의 기준이 된다. 그것이 관성이면 직장에 의지해서 사는 것이고, 식상이면 기술 전문성에 의지하는 것이고, 만약 여자라면 자식이 최고이고, 집안에 조모가 주도권을 가진 상황을 말한다. 또 재성이라면 남자는 여자가 그 집안을 좌지우지하게 되고 아버지가 주도하는 집안이며, 인성이라면 어머니가 주도하는 집안이고 자격이나 글과 학문을 직업 삼아 살아간다.

② 상(相)

상의 기운은 앞으로 맞이하게 될 기운을 말하고 왕성한 기운이 지향하는 기운을 말한다. 상기(相氣)는 어린 기운인지라 애지중지하게 되고 키우고 길러나가려는 성질을 말한다. 상의 기운은 그 명조가 지향하는 목표점이다.

③ 휴수(休囚)

휴의 기운은 지나온 기운으로서 이제 쇠퇴해 가는 기운을 말한다. 어려서 의지했던 부모가 늙고 병들면 짐으로 느껴지는 것처럼 휴수한 기운은 의

무감으로 자신의 할 일을 하게 된다. 휴수한 기운은 내가 배려하는 마음보다는 상대가 알아서 해주기를 바라는 마음이 더 크다.

④ 사(死)

사의 기운은 기운이 끝난 것을 말한다. 그래서 별로 필요치 않아 없어도 된다는 마음을 갖는다. 가령 관성이 사의 기운이면 여자는 남편이 없어도 된다는 마음을 갖게 되고 식상이 사의 기운이면 자식이 없어도 된다는 생각을 갖게 된다. 인성이 사의 기운이면 부모에게 의지하려는 마음이 사라지게 되어 부모와 멀어지는 것이기 때문에 이러한 기운을 갖고 함께 살아가면 오히려 갈등이 많아져 결국 이별할 수밖에 없는 수순을 걷게 된다. 그러나 이별하지 않는 경우는 주말 부부 등의 형태를 하면서 서로 잠시 소원해지는 모습으로 이별은 하지 않고 그렇게 멀어진 모습만을 하면서 살아가게 된다.

‖ 샘플 75 ‖

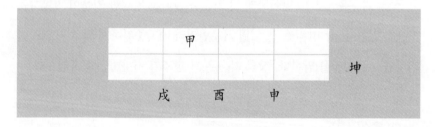

가령 坤命(여자) 甲일주가 申酉戌 운을 걸어간다. 그러면 육친적으로 申酉戌 서방 金운은 관성이 된다. 그러면 관성은 사회적으로 직장생활이 될 것이고, 육친적으로는 남편이 된다. 그러면 이 관성과 관련된 사항은 무난히 잘 이루어진다고 봐야 한다. 즉 사회적으로 직장생활을 한다면 무난히 직장생활을 유지해 갈 수 있음을 말하며, 또한 남편에게 의지하려는 성향이 강하기 때문에 대체로 남편 덕을 보며 살아가려 한다.

그러나 사주는 잘되는 것만 보아서는 안 된다. 자신의 직장생활이나 남편의 사회적 활동이 무난하다면 반대편의 오행은 무기력해짐을 함께 보아야 한다. 위 사주의 경우 운이 申酉戌로 걸어 갈 경우 오행적으로 木火는 휴수로 무력해진다. 木은 이 사주의 형제나 친구가 될 것이고, 火는 자식이 역량을 발휘할 수 없거나 자식과 멀어질 수 있는 형태로 나타난다. 이러한 것은 우선 무조건 그렇다는 것이 아니므로 단식 판단은 금물이며 다른 글자들과의 연관성을 고려해야 함을 명심해야 한다. 큰 대세가 그렇게 흘러간다는 의미이다.

‖ 샘플 76 ‖

	乙	壬	庚	
	酉	午	子	乾
丑	子	亥		

위 사주는 乙木일주가 丑子亥 운을 걸어가니 인성이 강하고 관성과 재성 식상은 무기력한 운으로 걸어간다. 그러므로 관성이 휴하여 직장생활을 하

지 않고 식상도 무력하여 전문기술을 쓰지도 않는다. 인성이 왕하니 인성을 쓰며 살아가는 사주인데 임대업이나 대여, 렌탈 등의 일을 하며 살아간다.

2. 육친의 생극제화

1) 비겁운

비겁운은 비겁과 식상의 활동이 왕해지고, 비겁과 식상이 관련된 육친의 관계가 활발해진다. 비겁은 형제나 친구가 되므로 형제의 번영이나 형제친구의 조력을 얻으며 형제와 동거하거나 함께 일하거나 가까운 거리에서 지내게 된다. 또한 비겁운은 자아를 실현하는 운으로 독립적인 사회적 상황으로 펼쳐진다. 반대로 부정적인 상황은 재성과 멀어지므로 현금 융통의 약화, 남자에게는 배우자의 쇠퇴나 직장생활 약화, 그로 인한 이별, 분리, 갈등 등의 상황이 발생하고 부친의 사회적 능력의 쇠퇴나 부친과 먼 곳에서 지내게 되어 자주 왕래하지 못하게 된다.

‖ 샘플 77 ‖

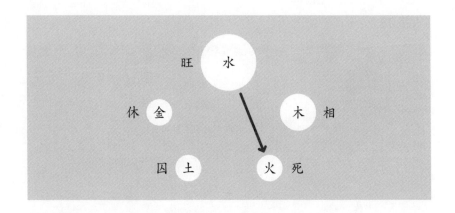

2) 식상운

식상운은 사회활동성이 강화된다. 자율성이 강화되고 기술성이나 예능성의 발휘가 잘 되는 것으로서 식상운에는 관성이 휴수 무력해져서 직장생활이 편안하게 잘 이루어지지 않는 특성을 갖는다. 남자는 식상으로 재성을 생하니 여자에게 헌신하고 배려하며 살아가고, 여자는 관성이 무력하여 남자를 무시하고 인연이 멀어진다. 남자는 관성이 자식이므로 자식과 멀어지게 되므로 자식이 타지로 유학을 가게 되기도 한다. 학문성인 인성도 무력하니 식상운에는 일반적인 학업성취는 잘 이루어지지 않고 부동산 취득도 쉽지 않게 된다. 그러나 예능이나 스포츠, 기술 등에 관련된 공부는 잘된다.

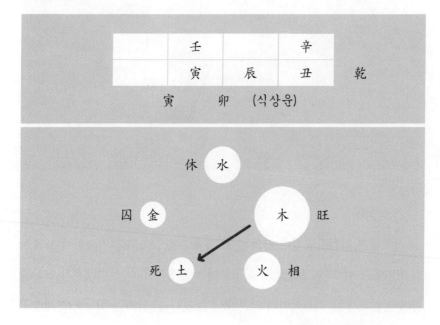

	壬	辛	
	寅	辰	丑	乾

寅　　卯　　(식상운)

3) 재성운

재성운은 일반적으로 무리를 이룬다는 의미가 있다. 재성은 나와 멀리
떨어져 있어서 일반적으로 내가 직접 결과물을 만드는 것이 아니고 남이 만
들고 나는 그것을 만들도록 지시하는 상황을 말한다. 그래서 경영이나 관리
를 뜻하며 재성운에는 그렇게 내가 많은 무리를 이끌고 나가는 일이 잘 이
루어진다. 남자는 부인의 번영이나 조력을 얻게 되어 여자에게 의지해서 살
아가는 것을 말하고, 부친의 번영이나 나이 들어서는 부친을 모시거나 가까
운 거리에서 지내게 된다. 그러나 모친은 인성이므로 나와 멀어지고 쇠퇴하

며 인성이 극을 당하니 학문의 방해가 오게 된다. 그래서 학생들은 어려서 재성운을 만나면 학문의 장애가 많이 따르게 되고 소년시절부터 돈 벌이에 관심을 갖는다. 여자는 남자를 지원하고 열심히 도와 남편의 사회적 번영을 꿈꾼다. 또한 집안에 시어머니가 왕이 되기 때문에 여자는 시부모의 눈치를 볼 수밖에 없게 된다. 또 현금 유동성이 높아지고 묶여 있는 재산도 현금화 할 수 있게 된다.

‖ 샘플 79 ‖

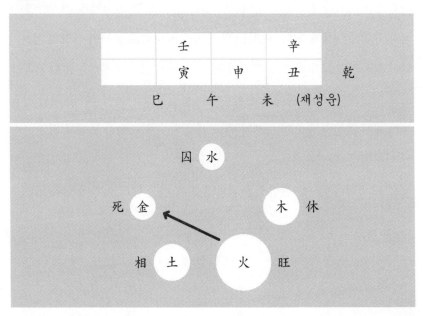

4) 관성운

관성운은 내가 의지하며 살아가는 것을 말한다. 관성운에는 일간이 휴수 무력하여 어딘가에 의지하며 살아가게 되는 것을 말한다. 사회적인 상황으로 본다면 직장생활이나 조직생활을 말한다. 그래서 관성운에는 일반적으로 안정된 직장생활을 영위하려 한다. 만약 관성운에 사업을 한다면 독립적 형태의 사업이 아닌 대리점 사업 또는 입점하는 형태의 사업성으로 변화됨으로 이 또한 큰 회사와 연관이 되는 형태가 된다. 남자는 학문을 추구하거나 사회적인 지위나 결재권을 높이는데 집중한다. 또한 자식에게 의지하여 자식과 가깝게 지내게 된다. 여자는 남편 덕을 보려하고 남편이 집안의 어른이 되어 집안의 크고 작은 일을 떠맡게 된다. 그래서 여자의 관성운은 남편의 내조로 이어지게 된다. 반대로 관성운에는 형제들의 기운이 쇠퇴하거나 무력하게 되며 그렇지 않으면 형제와 먼 곳에서 자주 왕래하지 못하게 되고 관심이 멀어진다. 관성운에는 자신의 재능을 펼치는 식상의 행위는 잘 이루어지지 않으며 학문성취는 관인소통(官印疏通)하여 원만히 이루어진다.

‖ 샘플 80 ‖

		辛		乙	
		未	申	丑	乾
巳	午	未	(관성운)		

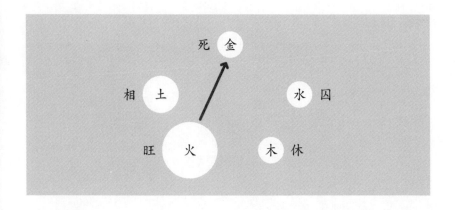

5) 인성운

인성운은 인성의 활동이 강해지고 식상과 재성의 활동이 약해진다. 인성운에는 일반적으로 모친의 번영이나 부모, 어른, 선생님, 후원자와 살아가는 운으로 부동산, 글공부, 학문, 문학, 집필, 연구, 자격 취득, 권리나 이권 중심의 사회활동, 임대, 렌탈 등의 일들이 잘 이루어진다. 그러나 인성운에는 남녀 공히 관성과 재성의 힘이 약해지므로 배우자의 덕이 멀어지고 떨어져 지내거나 무심한 세월을 보내게 된다. 특히 여자는 식상이 극을 당하니 자식과 멀리 떨어지게 되고, 사회활동이 잘 이루어지지 않으며, 집안 재테크나 일반적인 가정주부로 세월을 보내게 된다. 또 모친 중심의 집안에서 자라게 되고 누군가의 덕을 보려는 이기적인 성향으로 바뀐다. 인성운은 바라는 마음이다. 엄마에게 무엇을 바라듯 인성운엔 모든 존재들이 자신을 도와줘야 한다는 생각이 강하게 되어 의존적 삶을 살기도 한다.

‖ 샘플 81 ‖

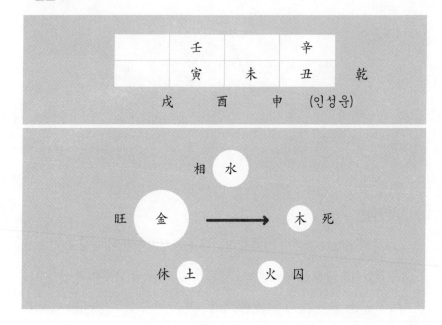

	壬		辛	
	寅	未	丑	乾

戌　　酉　　申　　(인성운)

相　水

旺　金　⟶　木　死

休　土　　　火　囚

3. 음간과 양간의 생극제화

앞서 오행적 생극제화에 대해 살펴보았다. 오행의 생극제화는 큰 의미에
서 다섯 가지 별이 생, 극, 제, 화하는 이치를 설명하였다. 그러나 사주학은
오행의 생극제화만을 가지고 모두 설명할 수 없으며 양간과 음간의 생극제
화에 대해 좀 더 세밀한 이치를 이해할 수 있어야 한다.

가령 오행으로 木일지라도 木은 천간에서는 甲과 乙로 구분되고 지지에
서는 寅과 卯로 구분된다. 양은 상생의 개념이고 순행의 개념이므로 앞서 말
한 오행의 생극제화의 원리와 동일하다. 그러나 음은 상극의 개념이고 역행

의 개념이므로 오행의 일반적 생극제화와는 다르다.

그에 대한 이치는 입문과정 중 12운성의 원리에서 잘 설명되어 있다. 양간은 순행하고 음간은 역행하는 원리는 대우주의 법칙이다. 본 논리를 정확히 이해하기 위해서는 12운성의 원리를 정확하게 이해하여야 한다. 오행의 생극제화는 세상 만물을 대략 5단계로 왕쇠강약을 나타냈지만 12운성의 생극제화는 음양의 생극제화를 다시 세분화하여 구분하고 그것이 성장하고 왕성하여 쇠락하는 과정을 12단계로 좀 더 상세히 다룬 것이기 때문에 더 정밀한 판단을 할 수 있게 된다.

甲으로 木의 운동을 열었으면 乙은 木의 운동을 완성하고 곧바로 쇠퇴하는 것이다. 그래서 사주에 甲을 쓰는 사람과 乙을 쓰는 사람의 번영과 쇠퇴의 시기가 다르다. 가령 甲은 亥를 만나면 亥에서 장생하여 생기가 넘치는 운기를 맞이하게 되지만, 乙은 亥에서 死하여 쇠락한 모습을 보인다.

〈陽 포태법〉

天干 地支	長生 장생	沐浴 목욕	冠帶 관대	建祿 건록	帝旺 제왕	衰 쇠	病 병	死 사	墓 묘	絕 절	胎 태	養 양
甲 (寅)	亥	子	丑	寅	卯	辰	巳	午	未	申	酉	戌
丙 (巳)	寅	卯	辰	巳	午	未	申	酉	戌	亥	子	丑
戊 (辰戌)	寅	卯	辰	巳	午	未	申	酉	戌	亥	子	丑
庚 (申)	巳	午	未	申	酉	戌	亥	子	丑	寅	卯	辰
壬 (亥)	申	酉	戌	亥	子	丑	寅	卯	辰	巳	午	未

〈陰 포태법〉

天干 地支	長生 장생	沐浴 목욕	冠帶 관대	建祿 건록	帝旺 제왕	衰 쇠	病 병	死 사	墓 묘	絶 절	胎 태	養 양
乙 (卯)	午	巳	辰	卯	寅	丑	子	亥	戌	酉	申	未
丁 (午)	酉	申	未	午	巳	辰	卯	寅	丑	子	亥	戌
己 (未丑)	酉	申	未	午	巳	辰	卯	寅	丑	子	亥	戌
辛 (酉)	子	亥	戌	酉	申	未	午	巳	辰	卯	寅	丑
癸 (子)	卯	寅	丑	子	亥	戌	酉	申	未	午	巳	辰

〈십이운성표(十二運星表)〉

12지지의 생극제화에서 살아나는 것과 죽는 것을 눈여겨 보고 잘 관찰하여야 한다. 인생의 사건 중 탄생과 죽음이 가장 큰 사건이 되듯이 운에서도 삶과 죽음은 새로운 시작이나 끝을 상징하므로 사람에게 강한 느낌으로 다가온다. 그러므로 올해의 글자를 보면서 단순히 육친적으로 무엇이라고 판단하기보단 무엇이 살고 죽는지 이치를 알아야 한다. 생하는 것은 시작되는 것이고, 없던 것이 생기게 되는 것이고, 사(死)나 묘(墓)하는 것은 있던 것이 없어지는 것이므로 그해의 중요한 사건이고 사안이며 관심사가 될 수밖에 없다.

운기	子	丑	寅	卯	辰	巳	午	未	申	酉	戌	亥
生	辛		丙	癸		庚	乙		壬	丁		甲
死	庚		丁己	壬		辛	甲		癸	丙		乙
墓		丁己庚			壬辛			甲癸			丙乙	

‖ 샘플 81 ‖

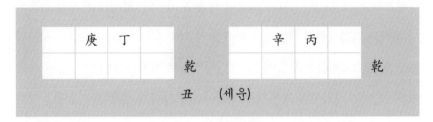

	庚	丁	
			乾

乾
丑　(세운)

	辛	丙	
			乾

庚일간이 丁火 정관을 쓰는데 운에서 丑을 만나면 입묘(入墓)하여 사회적 명함이 바뀐다. 정관은 자신의 사회적 브랜드이기 때문에 일반적으로 직장 등 자신이 소속된 사회를 말한다. 그런 정관이 입묘지에 들었으니 있는 것이 없어지게 되므로 직장이 바뀌거나 그만두게 되는 사건을 맞이할 수 있다. 그러나 辛일간의 丙火를 정관으로 쓸 경우 똑같은 火일지라도 丙火는 丑을 만나면 양(養)지가 되므로 아직 빛나지는 않지만 살아가고 있는 정도의 운기이기 때문에 아무런 문제나 변화가 없게 된다. 이처럼 사주 상에 똑같이 火를 관성으로 쓰더라도 어떤 글자를 쓰느냐에 따라 다르며 길흉화복의 시기가 다른 것이다. 타 육친도 12운성의 이치를 따져서 위와 같은 이치로 연구하면 된다.

1) 성장기 운기

① 장생(長生)의 운기

장생의 운기는 침체기를 지나 새로운 활력이 넘치는 운이다. 새로운 시작을 의미하고 과거의 어려움에서 벗어나 긍정적인 운으로의 전환이 완료된 상황으로 심리적인 만족감과 희망이 많은 운기이다. 장생의 운기는 순수하며 회사의 신입사원이 처음 입사하여 꿈과 희망을 갖고 맡은 바 임무에 충실하듯 성실하고 꾸준한 모습이 보인다. 금전으로 치면 그동안 막혀 있던 흐름이 확 트이는 시기이며 명예적으로는 이름을 알리기 시작하는 상황을 말한다. 새로운 전환을 말하며 기운의 상승이 구체적인 모습으로 드러나기 시작하는 상태를 말하는 것이다.

② 목욕(沐浴)의 운기

長生의 운기보다 한 단계 더 발전하여 정진하는 단계의 운이다. 아직 운기가 무르익지 않아 결실이 이루어지는 운은 아니나 꾸준한 성장을 하고 있는 것을 말한다. 마음이 여러 곳으로 분산되거나 필요 없는 일에 에너지를 소비하는 경우도 많으며 긍정적인 에너지를 맞이하여 많은 일을 꿈꾸지만 아직은 주변의 상황과 환경을 스스로 관리하고 조절할 수 없는 시기인지라 실수와 시행착오를 겪게 된다.

③ 관대(冠帶)의 운기

冠帶의 운기는 전성기의 운기를 맞이하기 위한 준비가 끝난 상태를 말한다. 장사로 치면 개업하여 자리를 다잡아가는 과정이라 할 수 있고, 인간으로 치면 공부가 끝나 이제 취업을 기다리는 시기를 말한다. 冠帶의 운기는 내부적으로 기운이 왕성하지만 눈에 띄는 결과나 결실은 부족한 상황이다. 즉 실력은 출중한데 사람들이 아직 알아주지 못하는 것이라 할 수 있고, 일은 열심히 하는데 회사에서는 인정을 덜 받는 상태를 뜻한다.

2) 전성의 운기

① 건록(建祿)의 운기

建祿의 운기는 그동안 집약되어진 행위나 노력이 결과로서 이루어지는 시기를 말한다. 建祿(지지 비견)의 운기는 가장 긍정적인 전성기의 운기로 인성이 建祿이면 학업성적이 가장 좋아지는 시기이며, 재성이 建祿에 이르면 재물성취가 전성기에 이르고, 관성이 建祿에 이르면 명예나 회사가 전성기에 이르고, 식상이 建祿에 이르면 사회적 활동성과 저변이 넓어진다.

② 제왕(帝旺)의 운기

帝旺의 운기는 긍정적인 기운이 가장 왕성한 시기로서 정점을 이룬다. 양극도달즉음시생(陽極到達卽陰始生)이란 말처럼 어떠한 기운이 극에 이르면 다시 반대편의 기운이 시작된다. 帝旺支의 긍정적 기운이 극에 달하여 부정적 기운이 시작되는 시기를 말한다. 외부적으로 긍정적인 상황이 많다면 내부적으로 조금씩 부정적 기운이 생겨나고 있는 시기가 바로 帝旺의 운기이다. 돈을 많이 벌었다면 서서히 부정적 기운이 내부적으로 생겨 앞으로 쇠퇴의 길을 가기 위한 이유가 생겨나는 것이 이 시기이다.

③ 쇠(衰)의 운기

衰의 운기는 전성기 기운을 지나 구체적으로 부정적 기운이 외부로 드러나는 시기를 말한다. 일반적으로 자신을 견인하고 있는 기운이 서서히 쇠몰하여 외부적으로 드러나기 시작하는 시기를 말한다. 재성이라면 식신이 입묘하고, 관성이라면, 재성이 입묘하고, 인성이라면 관성이 입묘하여 연결이 잘 되지 않아 진퇴양난의 상황에 빠지는 시기를 말한다.

3) 쇠락의 운기

① 병(病)의 운기

病의 운기는 구체적으로 기운이 쇠몰하는 상황을 말한다. 병들어서 더 이상 극복할 수 없는 부정적 기운을 말하고 추락, 낙마, 좌천, 파재, 손재가 일어나는 시기를 말한다. 재성이 病의 운기부터 묘(墓)의 운기를 지날 때 삼재의 운기라 말한다. 삼재를 일반적으로 띠로 논하지만 그것은 잘못된 말이

며 삼재(三災)는 재물의 별이 病, 死, 墓 운기를 지날 때 삼재임을 알아야
한다.

② 사(死)의 운기

死의 운기는 기운적으로 완전히 끝나 껍데기만 있고 내부적 상황은 완전
히 부정(不正)으로 가득 차 있고 기운이 끝난 시기를 말한다. 일반적으로 현
재 하고 있는 것과의 인연이 끝나가는 시기다. 즉 마음이 점점 멀어져 가고
있는 상태라 할 수 있다.

③ 묘(墓)의 운기

墓의 운기는 모든 것이 '끝났다', '포기했다', '없어졌다'라는 뜻이다. 재
물이라면 최종적으로 지출소모가 되는 때이며, 명예라면 그것이 病死의 쇠
락으로 걸어오면서 겨우 모양만 유지하고 있다가 墓의 운기에 완전히 없어
지는 것을 말하며, 배우자라면 배우자의 덕을 완전히 잃어버리는 것을 말한
다. 그러므로 墓의 운기는 기운적으로 "끝"을 뜻한다.

4) 침체의 운기

① 절(絕)의 운기

絕의 운기는 모든 부정(不正)이 끝나고 그 부정적 기운에서 벗어난 것을

의미한다. 그러나 절의 운기는 더 이상 부정도 없지만 이렇다 할 긍정적 기운도 없는 상태를 말한다. 만물은 상(象)이 있은 후에 형(形)을 만들어 내고 形이 있으면 다시 象으로 돌아가는 운동을 반복한다. 形은 그것이 눈에 보이거나 느끼거나 하는 등으로 드러난 상태를 말하고, 象은 기운은 있지만 그 모습이 드러나지 않아 구분하기 어려운 것을 말한다. 絶의 운기란 형태가 象으로 돌아가 아직 구분하고 분별할 수 없는 상태를 말하며 絶은 그 상태의 시작을 말한다.

② 태(胎)의 운기

胎의 운기는 기운이 태동하는 시기를 말한다. 그러나 그것도 아직 기운의 상태일 뿐이지 형적 모습으로 나타나고 있는 것이라 할 수 없다. 금전으로 말하면 돈을 벌려고 이제 막 일을 시작하는 상태 정도라 말할 수 있고, 명예라면 명예를 얻기 위해 준비하고 움직이는 단계를 말하며, 애정적으로 말하면 애인이 생긴 것이 아니고 애인이 있었으면 하고 마음먹거나 알아보는 단계 정도를 말한다. 태의 운기는 글자 그대로 태동(胎動)을 뜻하여 외부로 극명하게 드러나지 않음을 말한다.

③ 양(養)의 운기

養의 운기는 태에서 태동했던 기운이 무르익어 밖으로 나가기 직전으로 압력이 가득 찬 상태를 말한다. 어머니 뱃속의 아기가 만삭이 되듯이 준비가

다 끝나 나갈 날만 기다리는 상태를 말한다. 사업으로 치면 그 동안의 활동이 결과로서 열리려고 하는 직전의 상태를 말한다. 절태양(絕胎養)의 운기는 어떠한 물체나 현상이 내부적으로만 작용하고 아직 형(形)적으로 나타나지 않은 상태를 말한다. 즉 공기 중의 수증기처럼 상적인 모습이며 수증기가 뭉쳐 우리 눈에 보이는 구름은 형적인 것이라 할 수 있다. 絕, 胎, 養의 운기는 수증기가 구름으로 만들어져 가는 과정으로 눈에 보이지 않는 내부적 작용이라고 보아야 한다.

장생, 목욕, 관대의 운기는 기운적으로 아직은 결과가 크지 않지만 희망과 의욕이 가득한 운이다. 그러므로 현실적이기보다는 의욕이 앞서고 그것을 얻으려는 의지가 강하다.

건록, 제왕, 쇠의 운기는 외부적으로 대단히 긍정적인 모습으로 완숙이고 완결의 상태를 나타내지만 내부적으로는 부정이 시작되기 때문에 매우 긍정적인 겉모습과는 달리 자만해지고 안일해지며 해이한 마음이 들어 부정적 선택을 하게 되는 단점이 있다.

병, 사, 묘의 운기는 외부적으로 부정이 지배하고 쇠몰하는 모습으로 나타난다. 있던 것이 점점 사라지고 마음이 멀어지게 된다.

절, 태, 양의 운기는 기운적으로는 완전히 없어져 부정적으로 보이지만 내부적으로는 희망이 많아 기운적으로 점점 완성이 되어가는 운기를 말한다. 절태양은 일반적으로 부정적인 결과물이 나타나지 않는다는 장점이 있다. 비록 나에게는 없지만 무는 유를 창조하는 것이기 때문에 새로운 인연을 맞이할 준비가 된 상태이기도 하다.

4. 이원적 세계

어떠한 현상은 동전의 양면처럼 반드시 이원적인 모습을 하고 있다. 무엇이 좋고 무엇이 나쁘다는 해석은 동전의 한쪽 면을 가지고 판단하는 것이지 전체를 가지고 판단하는 것이 아니다. 돈을 많이 벌었다고 반드시 긍정적 측면만 있는 것이 아니다. 돈을 벌면서 생기는 부정적인 요인도 분명히 있고 부작용도 많다. 현명한 오행학자가 되려면 반드시 한쪽 측면에 치우쳐서 '좋다' 또는 '나쁘다'라는 판단을 하는 것이 아니라 이런 면은 '좋고' 저런 면은 '나쁘다'라는 사고로 판단을 해야 공부도 마음도 성숙할 수 있는 것이라 생각된다. 이것은 사주 운명학을 중도적 관점에서 바라보라는 것이며 중도적 이치를 깨달을 때 비로소 학문도 발전하는 것이며 철학의 세계도 열리게 되는 것이다.

원리만 아는 공부는 진정한 지식이라 할 수 없다. 자연으로 돌아가 청정한 마음을 갖고 욕심이 없는 마음으로 진리를 바라볼 때 지식을 넘어선 무한의 세계가 열리는 것이다. 예를 들면 자신이 건강 박사라 자부하는 사람이 자신의 몸을 못 다스리는 것은 진정 인체에 대해 아는 것이라 말할 수 없고, 자신이 경제학 박사라고 하면서 경제적인 손실을 입는 것은 진정 아는 것이라 할 수 없다. 안다는 것은 생각해내려 하지 않아도 아는 것이 진정 아는 것이고, 머리가 아니라 몸으로 체득해야 진정으로 아는 것이라 할 수 있다. 지식을 넘어선 지혜가 그 자리에서 열리도록 하여야 한다.

모든 성인의 가르침이 중도다. 중도는 인간의 운명을 관찰할 때에 특히 잃어버리면 안 되는 정신 상태다. 그러한 마음으로 운명을 관찰하고 치우쳐 있는 사람들을 바라보고 상담할 때 지혜로운 혜안을 제시할 수 있을 것이다.

스승과 제자(멘토와 멘티)

스승이 무엇이라 생각하십니까? 스승은 보고 따라 하면서 배우고 싶은 사람이 스승입니다. 스승은 단순한 지식 전달자가 아닙니다. 지식은 물론이거니와 철학과 정신까지 리드해주어 자신의 삶에 영향을 미치는 존재가 스승입니다. 그래서 내 인생에 훌륭한 스승 한 분을 만나는 것은 커다란 축복이 아닐 수 없습니다.

요즘은 그런 사람을 멘토(Mentor)라 합니다.
멘토란 사전적 의미로 현명하고 신뢰할 수 있는 상담자나 지도자 또는 선생, 스승을 의미하며 오디세우스의 충실한 조언자에서 유래된 말입니다. 또, 멘티(Mentee)란 말도 있습니다. 멘티란 멘토에게서 상담이나 조언을 받아들이는 사람을 말합니다. 여기서의 관계는 단순한 지식 전달 차원의 스승과 제자관계를 말하는 것이 아닙니다. 멘티는 지식과 지혜는 물론이고 멘토의 철학과 정신을 모두 전달받는 것을 뜻합니다. 그래서 멘티는 멘토를 철저하게 닮아갈 수밖에 없는 것입니다.

요즘 같은 시대에는 진정한 스승을 찾기가 힘듭니다.

사람들은 이렇게 말합니다. "이 세상에 멘토가 없다" 왜일까요? 그것은 멘티가 사라졌기 때문입니다. 제자가 없기 때문에 스승도 없는 것입니다. 요즘 학교에서도 선생님과 학생은 스승과 제자 관계가 아닌 지식 전달자와 수강생의 관계로 점점 변색되어 가고 있습니다. 그것은 학생이 돈을 내고 공부하는 것에 있어서 합당한 지식 전달을 요구하는 관계를 말합니다. 돈을 냈으니 당신의 아는 지식만 전달받으면 끝이라는 생각입니다.

그 내면에는 일말의 존경심도 존중도 없기 때문에 그 사람의 마음이나 정신은 전달받을 수 없는 것입니다. 그것은 개인의 어리석은 이기심에서 비롯된 것입니다.

지식만 배워 잘 써먹겠다는 좁은 생각에서 비롯된 것입니다. 그렇게 배운 지식으로 자신이 사회에 나가 많은 사람들에게 존중과 존경을 받을 수 있을까요? 과연 그것이 가능한 일일까요? 그렇게 배운 사람들이 다시 선생이 되어 학생을 가르칩니다. 학생들이 제자가 아니라 상품이 되는 것입니다. 그 속엔 어떠한 사랑이나 이해심 따위는 존재하기 어려운 것입니다. 학생은 돈 벌기 위한 도구일 뿐이죠. 그런 선생을 존경할 학생은 아무도 없을 것입니다. 이렇게 되면 결국 삶이 불행해지는 것입니다. 행복해지지 않습니다.

사람은 돈만 있으면 살 것 같아도 그 근본적으로는 사랑을 갈구하고 있답니다. 그래서 사랑 없이 무언가를 하면 얼마 되지 않아서 괴로워지는 것입니다.

결국 존중과 존경심이 멘토를 만드는 것입니다. 멘토는 멘티가 만드는 것입니다. 제자가 없는데 스승이 있을 수는 없습니다. 내가 스승을 얻으려는 마음이 있어야 내 인생이 성숙해지고 행복으로 이끌어 줄수 있는 스승을 만나게 되는 것입니다.

남보다 나은 지식이 있다고 해서 당신이 존중받고 존경받는 사람이 될 수는 없습니다. 왜냐하면 이 세상이 지식이 있는 사람들에 의해 움직이는 것 같아도 그렇지 않습니다. 사람들의 마음으로 돌아가고 있는 것입니다. 스승의 정신을 이어받아 마음을 어떻게 써야 하는지를 배워야 합니다. 그렇게 스승을 존중하고 존경하는 마음이 있을 때 나도 존경받을 수 있고 사랑도 나누어 줄 수 있는 사람이 됩니다. 사람들은 그런 사람을 좋아합니다. 닮고 싶은 정신을 가진 사람을 자신의 멘토로 삼아 인생의 나래를 펼쳐 보시기 바랍니다.

제6장

없는 것(無字)과
많은 것(多字)

제 6 장 없는 것(無字)과 많은 것(多字)

음양과 오행을 모두 갖춘 사주라면 일단 균형을 갖추었다고 볼 수 있다. 그러나 갖추었다는 것은 정(靜)한 것이기 때문에 혁명이나 변화를 하지 않으려는 것을 뜻하기도 한다. 일반적으로 그런 모습을 안정되었다고 말한다. 그런데 만약 오행 중의 어떤 글자가 없다는 것은 사주의 균형이 깨어져 있음을 의미한다. 균형이 깨어져 있다는 것은 움직이고 변화하려고 한다는 뜻이다. 지구의 지축이 틀어져 계절이 변화하듯 만물은 균형을 잃게 되면 일정한 주기를 가지고 변화하게 된다. 이것이 우주의 이치이다.

우리 인간은 천간 열 글자 지지 열두 글자를 모두 가지고 태어날 수 없기 때문에 원래 균형을 갖추지 못한 존재이다. 오행은 갖출 수 있어도 천간 지지 스물 두 글자를 모두 가질 수 있는 것은 아니기 때문이다. 이러한 음양이나 오행이 어떻게 조화를 이루고 있는지를 관찰하고 사주체 내에서 어떤 오행이 특히 없거나 더 많을 때 인간의 심리와 행동이 어떻게 변화하는지 공부하여 보자.

1. 글자가 없다(無字論)

오행 중에 어느 글자가 없다는 것은 앞서 말한 바와 같이 균형을 잃었다는 것인데 그 균형을 조금 잃었는지 많이 잃었는지에 따라 그 움직임은 다를 수 있다. 즉 균형이 이루어져 있는 사주를 가진 사람보다 균형이 깨진 사주를 가진 사람이 훨씬 더 역동적이다.

만약 어떤 사람이 천간지지 글자 중에 어떤 글자를 가지지 못했다는 것은 일단 그 글자에 관하여 초연해진다는 것이다. 초연하다는 것은 집착이나 욕심을 부리지 않고 있는 그대로 바라보는 힘이라고 할 수 있다. 또 그것이 생겼다 하더라도 잘 다루지를 못한다. 다만 '나도 저 사람처럼 잘 할 수 있었으면 좋겠다'라는 마음은 있다. 그래서 내게 없는 것은 잘하지 못하지만 '할 수 있었으면 좋겠다'라는 마음만 가지고 있다.

사주팔자에 재성이 있는 사주와 없는 사주를 비교해 보면 재성이 있는 사주는 구체적인 금전에 대한 집착과 욕심이 반드시 존재한다. 그리고 재물이 생겼을 때 그것을 활용하는 능력이 탁월하고 구체적인 재물 운용에 연연해 한다. 그러나 팔자에 재성이 없는 사주는 금전에 대한 욕심이 없는 것이 아니라 재물의 활용 방식에 대해 막연하고 추상적으로만 생각하여 잘 활용하지 못한다. 그래서 금전이 생겼을 때도 그것을 활용하는 능력이 떨어져 그냥 저축해 둔다. 원래 없는 것이 생겼으니 아주 소중한 것이기 때문에 그것을 운용하거나 활용하려 하지 않고 지키려고만 한다. 그래서 오히려 재성이 없는 사주가 부자일 수도 있다.

사주에 많아도 집착하고 없어도 집착하지만 집착하는 심리적 이유는 다른 것이다. 많은 것은 여러 가지 방식으로 구체적으로 추구하는 것이고, 없는 것은 막연히 있기를 바라는 마음이다. 그래서 많다는 것은 기운의 분산적 참견과 간섭을 의미하고, 없다는 것은 구체적 상(想)이 없이 막연히 원하는 것이다.

그래서 팔자에 없다는 것은 평생 갈망하고 추구하지만 채워지지 않는다. 만약 팔자에 없는 것이 운에서 채워질 경우 그 운의 끝 부분에서 급격하게 약화된다. 예를 들면 팔자에 木이 없는 사람이 운에서 木를 만나 썼다면 木의 끝부분에서 木과 관련된 오행이나 육친과 이별하게 된다. 일반적으로 오행이 채워진 팔자보다 큰 극단을 걷게 되는 것이다.

만약 여자팔자에 관성이 없다고 가정하자. 관성이 없다는 것은 지장간에도 없을 때를 말한다. 관성이 없는 여자라면 기본적으로 남자와 별로 관련이 없는 환경을 말한다. 그러나 관성이 없는 사주도 육십갑자가 돌아가니 운에서 반드시 남자를 만날 수 있는 환경을 맞이하게 된다. 그래서 남자를 만나게 되는 운이 왔을 때는 일반 사람들처럼 이성관계가 잘 열리고 결혼도 하게 된다. 그리고 그 과정 속에서 여자는 그 남자가 매우 귀한 존재로 받아들여진다. 이성이 없던 사람이 오랜만에 한 명 생기면 그만큼 그 존재가 소중하기 때문에 그 사람에게 집착하고 마음의 의지를 하게 된다. 그러나 운이 끝났을 때는 원래의 상태로 돌아가게 된다. 원래의 상태란 팔자에 없었던 것이었으니 반드시 이별하게 된다. 반면 늘 주변에 남자가 많고, 이성교제 경험이 많은 사람의 경우는 남자를 그리 귀하게 생각하지 않는다.

즉 없다는 것은 인간적인 부분과 사회적인 부분으로 크게 나눌 수 있다. 인간적인 부분은 앞서 말한 바와 같이 애착과 집착으로 나타나게 되고, 사회적인 부분은 무관심, 미숙의 상태로 나타나게 된다.

2. 특정 오행이 없는 경우

木: 의욕, 추진력

火: 인기, 사회성

土: 조절력, 안정성

金: 결과, 부가가치

水: 안정, 휴식, 지구력

1) 木이 없는 경우

적극성, 창의성, 기획, 설계, 활동성 등 새로운 일의 추진이 약하다. 삶에 대한 긍정, 적극성이 약하다. 木이 없고 金이 왕하면 인색하고 몰인정하며 폐쇄적인 성향의 사람이 된다.

2) 火가 없는 경우

火는 변화, 촉진, 문명, 예절, 화려함, 활동력 등 사회성을 상징한다. 火가 없으면 음성적이고 소극적이다. 사람들 앞에 나서는 것을 싫어하고 타인과 잘 타협하지 못한다. 또한 좋은 직업을 얻기 힘들고 사회적 성취가 더디게 된다. 내향적이며 과묵하고 빛나는 사회활동을 하지 못하며, 여자는 양기의 덕을 보지 못하므로 남편의 덕이 부족할 수 있고 소극적인 사회활동을 한다.

3) 土가 없는 경우

土는 수렴과 발산의 중재 역할을 상징한다. 土가 없으면 조절력을 잃어버려 삶의 기복이 심하게 된다. 土가 없다는 것은 지지가 모두 子午卯酉로 되어 있기 때문에 전문가이긴 하지만 고집스럽고 타인의 말을 들으려 하지 않는다. 金은 오행으로 재물이라고 보는데 土는 金의 밭이 되므로 土가 약하면 자신의 능력으로만 결과를 이루어야 한다.

4) 金이 없는 경우

金은 수렴과 결실을 상징하므로 그 자체로 재물이 된다. 그래서 金이 없으면 남 좋은 일을 많이 하고 부가가치가 높은 일은 못한다. 또 결단력이 부족하고 우유부단하며 어떠한 일이든 용두사미로 끝나는 경우가 많다.

5) 水가 없는 경우

水는 휴식, 저장, 준비, 조심성, 애정의 씨앗을 상징한다. 水가 없으면 밤이 없는 것과 같으므로 과로하거나 무리를 하게 된다. 사주에 水가 없고 土가 많으면 자식을 얻기 힘들고, 水가 없으면 애정사에도 관심이 적고 대외적인 일에 관심이 많게 된다. 또 지구력과 참을성이 부족하고 너무 대외적이고 외면적인 것에만 치우친 처세를 하다 결국 일을 그르친다.

- 특정 오행이 없다는 것은 그 오행이 의미하는 것을 갖지 못했다는 의미로 평생 영향을 받게 된다. 운에서 맞이하게 되더라도 원래 가지고 있었던 것이 아니기 때문에 팔자가 달라지는 것이 아니라 그 운이 올 때 있는 것처럼 잠시 사용하지만 원래 없었던 것이라 서툴고 불편해 한다. 팔자는 월지나 일간만 중요한 것이 아니고 사주 전체의 조화가 중요한 것이다. 가령 겨울 태생 癸水 일간에게 乙木은 식상이 된다. 이때 乙木은 火를 만나지 못하는 한 생기를 얻기 힘들다. 이런 경우 식상이 왕하더라도 그 식상이 제대로 능력을 발휘하기 어렵다. 火 일간이 여름에 태어나 木火가 왕한 경우도 마찬가지다. 팔자에 金이 있다고 하여도 火剋金이 심하여 재성으로서의 역할을 제대로 할 수 없다. 결국 어떤 경우라도 조화가 안 갖춰져 있다는 것은 삶의 굴곡을 가져오게 되는 것이다. 따라서 팔자를 볼 때는 첫째로 음양과 조후를 보고, 둘째로 오행과 소통을 보며, 셋째로 팔자의 허와 실을 판단하여야 한다. 아무리 재

관이 잘생겼다 하더라도 조후를 채우지 못하거나 특정 오행이 부실한 경우 부실한 측면 때문에 격이 낮아지고 문제가 발생하기 때문이다.

3. 특정 육친이 없는 경우

1) 비견이 없는 경우

비견이 없다는 것은 경쟁자가 없다는 것과 같다. 그러므로 경쟁성의 약화, 고독성, 사회성의 결여로 이어지고 혼자 독상을 받으니 사고방식이 자기본위 위주가 된다. 즉 남과 나눌 일이 없는데 운에 의해서 빼앗기거나 나눌 일이 생기면 고통이 크다. 하지만 누군가와 나누거나 빼앗길 일이 없으므로 혼자서도 일 처리를 잘한다고 볼 수 있고, 전반적으로 자신이 주도하지 않고 타인이 주도하는 일에 의존하여 살아간다 할 수 있다.

2) 겁재가 없는 경우

겁재는 투쟁의 별이므로 겁재가 없다는 것은 투쟁성의 약화, 약탈의 논리가 약하다. 그래서 승부욕이 약하고 야망이 작다. 타인을 이기려는 심리가 약하여 크게 잃어버리는 아픔은 겪지 않아도 되지만 반대로 크게 얻을 일도 없다.

3) 식신이 없는 경우

식신은 의식주의 자연스러운 해결을 의미한다. 그래서 무슨 일이던 차근 차근 해결해 나가려는 것을 말한다. 식신이 없다는 것은 이렇게 자연스러운 해결 방식이 없다는 뜻이다. 그래서 조급해진다. 자연스럽게 되는 것이 없 으니 조급해지고 다른 방법을 써서 재화를 생산해 내려고 한다. 자연스러운 것은 때가 되면 이루어지는 것이니 느긋하게 기다릴 여유가 없다. 사주에 상 관도 없으면 물건 없는 장사를 한다. 그래서 교육, 컨텐츠, 정보 등을 다루 고 살아간다.

4) 상관이 없는 경우

상관은 인공적 생산의 별이라 할 수 있다. 상관은 특별한 재능이다. 그래 서 상관이 없으면 남다른 특별한 행동을 잘 못한다. 기발한 아이디어나 타인 의 시선을 끌어들일 만한 재능이나 말솜씨가 없는 것이다. 상관이 없으면 원 리원칙을 고수하기 때문에 일에 대한 결과가 느리고 보수적일 수 있다.

5) 정재가 없는 경우

정재는 바른 사회 활동을 의미한다. 정재가 없으면 고정적인 수입이 없 고, 고정 직원을 두는 일을 하지 않는다. 또한 장기적인 거래나 안정적인 거 래보다 단기적이고 비정기적인 거래를 통해 사회활동을 하게 된다.

6) 편재가 없는 경우

편재는 큰 사회활동을 말한다. 편재가 없으면 사회 활동에 있어서 융통성이 떨어지고, 타인의 능력이나 여력을 활용하지 못한다. 그러므로 사회적인 능력이 한정되어 있고, 오직 현실적으로 자신에게 갖추어진 조건만을 활용하여 사회활동을 하게 되니 벼락출세나 갑작스러운 큰 돈을 벌어들이는 일은 없다고 본다.

7) 정관이 없는 경우

정관은 정해진 사회적 문화와 룰을 따르는 것이다. 정관이 없으면 자기가 속한 사회규범을 따르지 않고 예의와 법도를 무시한다. 더구나 편관도 없다면 조직생활을 하지 못하고 자기 사업을 하게 된다. 또 자신이 해야 하는 도리나 의무를 다하려 하지 않는다.

8) 편관이 없는 경우

편관은 보편적이거나 유행하는 룰을 따르는 것이다. 편관이 없고 정관만 있으면 바르긴 하나 고지식하고 법도나 예의에 얽매이게 된다. 그러나 정편관 모두 없으면 세상의 질서나 유행을 따르지 않는다.

9) 정인이 없는 경우

정인은 바른 학문과 후원성을 뜻한다. 정인이 없으면 안정적이고 지속적인 후원을 받을 수 없다. 후원이 없으니 독립성은 강하지만 항상 불안정할 수밖에 없다. 또한 안정된 바탕이나 기반을 통해 일을 성취하지 않고 기반이 없거나 한정된 기반을 갖고 살게 된다.

10) 편인이 없는 경우

편인이 없으면 순발력과 재치가 없다. 편인은 넓고 포괄적인 아이디어이기 때문에 기발한 아이디어의 부재라 할 수 있다.

4. 허자론(虛字論)

허자란 사주에 존재하지 않지만 존재하는 것으로 보는 것이다. 모든 글자는 홀로 존재할 수 없으며 자신의 짝을 찾으려고 하는 특성이 있다. 오운 육기에서 공부하였듯이 甲이라는 글자가 은연중에 己를 얻으려고 하는 것처럼 모든 글자는 주변 상황에 따라 보이지 않게 어떤 글자를 강하게 견인하려는 속성을 갖는데 그렇게 끌려오는 글자를 허자라고 한다.

허자는 사주상엔 없지만 현실엔 존재하고, 존재는 하지만 그 형상이 뚜렷하지 않다.

1) 합(合)

사주 천간에 같은 글자가 두 글자 이상 투출되면 그것과 합하는 글자를 허자로 본다. 원래 모든 글자는 한 글자만 있어도 합하는 글자를 견인하려는 특성을 갖지만 두 글자 이상 투출되었다는 것은 견인하려는 글자의 작용이 강하여 허자가 발생하게 된다. 예를 들면 甲이 두 글자 투출되어 있으면 己가 허자가 된다. 그리고 乙이 두 글자 이상 투출되면 庚이 허자가 된다.

2) 충(沖)

사주 지지에 같은 글자가 두 글자 이상 투출되면 그것과 육충(六沖)되는 글자가 허자가 된다. 사주 천간은 합을 기본 운동성으로 삼지만 지지는 충을 기본 운동성으로 삼기 때문에 충이 되는 글자가 허자가 되는 것이다. 예를 들어 子가 두 글자 이상 투출되면 午가 허자가 되고, 丑이 두 글자 이상 투출되면 未가 허자가 된다.

3) 삼합(三合)

사주 지지에 삼합을 이루는 글자 중 한 글자가 빠지면 빠진 글자가 허자가 된다. 가령 申, 子가 사주에 드러나 있다면 辰이 허자가 되고, 申, 辰이 사주에 드러나 있다면 子가 허자가 된다.

4) 방합(方合)

사주 지지에 방합을 이루는 글자 중 한 글자가 빠지면 빠진 글자가 허자가 된다. 가령 寅, 卯가 사주에 드러나 있다면 辰이 허자가 되고, 卯, 辰이 사주에 드러나 있다면 寅이 허자가 된다.

5) 공협(共協)

사주 지지에 차서(次序)에 의해 중간에 빠진 글자가 허자가 된다. 가령 辰, 午가 사주에 드러나 있다면 巳가 허자가 되고, 子, 寅이 사주에 드러나 있다면 丑이 허자가 된다.

5. 없는 것에 대한 해석의 중요성

팔자를 볼 때 없는 것부터 먼저 보는 것이 중요하다. 어떤 글자가 없기 때문에 부족 현상과 그로 인한 갈증이 생기고, 반대편의 글자의 작용에도 영향을 미치기 때문에 태부족이나 과잉현상이 발생되어 운명에 극단적인 영향을 미치게 된다. 없는 것은 부족하게 태어난 것으로 그로 인한 갈증도 동시에 발생된다. 또한 제어하여야 할 글자를 제어하지 못하여 반대편의 글자로 하여금 행동적 과잉이나 태과한 현상을 만들어 내게 한다.

‖ 샘플 82 ‖

	丁		
		亥	辰

정관 亥는 壬과 같으므로 辰에 입묘한다. 辰은 巳午未에서 세력을 얻어 실제의 土와 같이 되므로 이 같은 때를 지날 때는 입묘 작용이 강해짐으로 관이 확실하게 깨지게 된다. 이처럼 상관이 극관하면서 운의 기복이 심하게 나타난다. 팔자 상에 辰土가 있기 때문이며 辰을 다스릴 만한 글자가 없어서 그렇다.

‖ 샘플 83 ‖

丙	丁	丁	癸
午	未	巳	卯

조후상 癸가 반갑다. 하지만 지지에 水氣가 전혀 없고 천간에만 투출되었다. 이러한 구조는 水부족의 현상을 극단적으로 겪게 된다. 특히 水가 마르는 木운과 火운에 일이 크게 벌어지면서 재물을 탕진할 수 있다.

‖ 샘플 84 ‖

丙	丁	丁	戊
午	未	巳	戌

위 사주도 水부족의 고통이 있지만 戌土가 火를 제어하고 있어서 기운의 확산을 견제하고 있다. 水가 없으면 휴식, 저장, 충전이 없지만 戌때문

에 火의 무한 확장을 막아주어 안정된 삶을 살아갈 수는 있다. 그러나 운에서 戊土가 무너질 때 火의 확산을 막지 못하여 火의 태과 현상이 벌어지게 된다.

6. 많은 것에 대한 해석(多字法)

1) 木이 많은 경우

木은 곡직(曲直)이므로 유연성, 융통성, 추진력, 미래지향성, 창조력, 긍정성, 즉흥성 등으로 이어진다. 직업적으로는 학자, 작가, 기획, 발명, 디자인, 제조 등 주로 無에서 有를 창조하는 일이나 환경과 인연이 많다. 그러나 木이 많으면 土와 金이 약해진다. 그래서 수렴과 결실이 약해지고 소비나 지출 등 소모 지향적인 면이 크다고 할 수 있다.

2) 火가 많은 경우

火는 밝은 것, 화려한 것, 예쁜 것, 세속적인 것 등을 의미하므로 명예, 명랑, 쾌활, 예의, 인기, 처세 등을 상징한다. 火가 많다는 것은 그 만큼 세속적인 인자가 많다는 뜻이고, 타인보다 우위를 점하는 능력을 타고 났다고 할 수 있다. 그러나 火가 강하면 기운의 원천인 金氣나 水氣가 약해져 가정불화나 자식을 어렵게 보고도 자식과의 인연이 짧아진다.

3) 土가 많은 경우

土는 조절하는 것, 감춰진 것, 섞여진 것 등을 의미하므로 중재력이나 타협, 중용을 의미한다. 土가 많으면 좀 둔해 보이고 우유부단해 보인다. 육친적으로 묘고(墓庫)를 여러 개 가지고 있으니 육친적 상실이나 단절의 의미도 포함된다. 질병의 양상도 좀 복잡하고 고질병이나 잡병이 많다. 직업적으로 토목, 건축, 농업, 브로커, 중매, 유통, 부동산 등에 종사하는 경우가 많고, 水가 약해지므로 신장, 방광, 생식기 계통의 질병에 걸릴 우려가 많으며 편집성을 가지게 된다. 그러나 土는 사상적(四象的) 특성에 따라 다른 변수가 있을 수 있으니 단정하여서는 안 된다.

4) 金이 많은 경우

金은 결실, 단절, 흑백논리, 냉정함을 의미하므로 의리, 혁명성 등 호전적 기세가 많다. 金이 많으면 시비를 즐기고, 타협이 부족하며 꼼꼼하고 섬세하지만 까다로운 원리원칙 주의자이다. 인정머리가 없고 깐깐하고 인간관계가 좁다. 금전에 대한 욕심이 많고, 이해타산에 밝게 되며 인간적이거나 쓸데없는 일에 에너지 낭비를 하지 않아 인간관계가 건조하다. 반대편에 木이 약해 추진력 부족, 실천력 부족, 변화를 어려워한다.

5) 水가 많은 경우

水는 저장, 갈무리, 휴식, 충전 등을 의미하므로 지혜, 인내, 어두운 것,

못난 것, 비세속적인 것 등을 말한다. 水가 많으면 걱정이 많고 두려움이 많으며 타인과 잘 교류하지 못한다. 운에서 陰運을 만나면 미련하고 답답해진다. 안으로만 너무 웅크리니 우울증 등 스트레스성 질환이 생긴다. 또 水는 편하게 살고자 하는 마음이다. 그래서 타인과 타협하지 않고 자기 편한 대로 살아간다.

7. 특정 육친이 많은 경우

1) 비견이 많은 경우

비견이 많으면 그만큼 분배나 경쟁의 논리가 강하다. 승부욕, 경쟁심 등이 많으므로 운동도 좋아한다. 직업적으로도 속전속결로 돈을 벌 수 있는 일들과 인연이 많으니 주로 일찍 사업을 하는 경우가 많고, 직장생활을 하는 사람이라면 주로 큰 조직사회 안에서 많은 사람들과 실적 경쟁을 해야 하는 영업직과 인연이 많다. 남자는 처(妻)의 풍파가 많게 되고 무엇이든 나누어야 하는 고통이 따르게 된다. 妻를 나눈다는 것은 배우자의 외도라 할 수 있고, 자신 또한 타인의 배우자를 취하기도 한다. 보통 소실이나 재취 배우자 연이 많게 된다.

2) 겁재가 많은 경우

겁재는 비견과 비슷하지만 비견보다 더 큰 승부욕이나 경쟁의 논리이다. 그러므로 겁재는 약탈의 논리가 강하게 된다. 큰 파이를 놓고 경쟁자와 함께 있으니 배신을 하는 세월이 있거나 아니면 반드시 배신을 당하는 세월이 오기 마련이다. 그러나 겁재는 큰 부자가 될 수 있는 욕심, 욕망의 별이기 때문에 겁재가 사주팔자에 많다는 것은 큰 부자가 될 수 있는 가능성이 많음을 암시한다. 배우자 인연도 비견이 많을 경우와 크게 다를 바 없다.

3) 식신이 많은 경우

식신은 천연 과실을 의미하는 것으로 가만히 있어서도 채워지는 것을 의미한다. 그러므로 식신은 자연히 느긋한 별이 되고 지연(遲延), 낮은 가치, 실속 부족, 지출 과다로 이어질 수밖에 없다. 식신이 많으면 그래서 매사에 일의 지연과 필요 없는 일에 시간을 보내는 경우가 생긴다. 그래서 운이 좋지 않을 땐 답답하면서도 태평한 사람으로 보인다. 식신도 많으면 관을 용서하지 않으니 직장생활은 불안하게 되고 하나의 뜻을 이루기 위해 다양한 방법을 모색한다.

4) 상관이 많은 경우

상관은 인공 과실을 의미하는 것으로 인위적으로 바쁘게 움직여서 결과물을 만들어 내는 것을 뜻한다. 그러므로 무리하게 되고 그것이 초법성(超法

性), 범법성(犯法性)으로 이어지게 된다. 그래서 상관이 많으면 편법에 능하고 잔머리를 잘 굴리게 되며 또한 놀이, 유흥, 제조, 생산 등과 인연이 많게 된다. 상관은 정신적 과소비이니 신체적으로 늘 지친 상태라고 할 수 있다. 상관이 많으면 특히 여자의 경우 남편을 무시하여 배우자 인연이 나빠진다.

5) 편재가 많은 경우

재성은 재물을 뜻하고 사회적 무대이며 재물적 활동의 환경을 말한다. 편재는 음양이 기울어져 자신에게 딱 맞는 무대가 없으니 이곳저곳을 전전하게 된다. 어떤 장에서는 벌고 어떤 장에서는 잃으니 투기적 성향을 보이게 되는 것이다. 셋방에서 궁전까지, 다시 궁전에서 셋방까지의 기복이 큰 인생을 살게 된다. 그러므로 과거 궁전을 이룬 꿈을 버리지 못하기 때문에 항상 이유 없는 자신감이 있고, 남의 돈을 유용도 잘하고, 재물 씀씀이도 크게 된다. 편재가 많으면 인성이 무력해지니 모친과 인연이 박하고, 학문적으로도 학업성취에 장애가 많다. 또한 모든 여자가 내 여자란 심리가 있어서 처첩으로 인한 화를 초래하게 되며, 사주구조가 좋으면 여자 덕으로 성공하게 되는 아이러니한 운명을 갖는 경우도 있다. 또한 사회적으로 많은 무리를 거느리기도 하지만 내 식구 외에도 남의 식구까지 한순간 책임져야 하는 큰 짐을 지고 가는 사람이라 할 수 있다.

6) 정재가 많은 경우

정재는 음양이 짝 지어진 재성이라고는 하나 그것도 너무 많으면 짐이라고 할 수 있다. 편재는 인연하였다가도 마음이 멀어지면 금방 버리지만 정재는 그러지 못하여 자신이 다 책임지려 한다. 정재는 굳건한 인연을 맺기도 하지만 그로 인한 여자나 수하가 많아 먹여 살려야할 존재가 많게 되는 것이다. 물론 사주 구조가 좋으면 탄탄한 기업체의 사장이 될 수도 있다. 아무튼 재성이 많다는 것은 다양한 방식의 경제 활동을 추구하는 사람이라 할 수 있다.

7) 편관이 많은 경우

편관은 보편적인 질서와 사회적 룰을 말한다. 또한 내가 지켜야하고, 나에게 요구되는 일을 말한다. 이러한 편관이 많으면 불특정 대민 업무가 많다는 뜻이다. 편관이 많으면 남의 눈치를 많이 보게 된다. 비정기적이거나 업무의 특성이 다른 조직사회에서 발령따라 이동하며 살아간다.

8) 정관이 많은 경우

정관은 법을 잘 지키며 도리와 예의를 잘 지키는 별이다. 그러나 정관이 너무 많으면 지켜야할 룰과 법칙이 많다는 의미가 된다. 또한 직장이 발령따라 움직이는 조직사회다. 편관과 다른 것은 정기적이고 업무의 특성이 일정하거나 정해져 있다는 것이다.

9) 편인이 많은 경우

편인은 어려서부터 눈칫밥을 먹어야 하는 것이므로 기발한 생각과 아이디어의 별이다. 자격증 중심, 인허가, 학문, 필설 등의 활동성보다는 기발한 일이나 깊은 정신적 세계와 인연이 많게 된다.

편인은 이공, 철학, 의학 등 특수한 학문을 말하고 그와 관련된 자격증이나 학위가 여러 개 있다는 뜻이다. 편인은 문서 재산을 말하지만 보통 이해관계가 복잡한 문서나 땅모양이 삐뚤어진 땅 등이 여러 개 있다는 뜻이다. 또한 생각이 많고 지나친 집착이나 기대심리가 남다르다.

10) 정인이 많은 경우

정인은 정석적인 공부, 바른 상속이나 문서, 부동산, 감투 등을 의미한다. 그러나 정인이 많으면 오래 써먹을 수 있는 학문이나 라이센스가 여러 가지 있다는 뜻이다. 문서도 안정성이 높은 문서 재산이 여러 개 있다는 뜻이다. 인성은 바른 교육이므로 도덕성을 상징하는데 많으면 지나치게 되고, 후견인이 많이 있는 것과 같으니 자기중심적이면서 의존하려는 마음이 지나치게 될 수 있다.

생(生)과 사(死) 그리고 팔자(八字)

사람의 삶은 태어나는 순간 죽음으로 향해 달려갑니다. 다시 말해 죽기 위해 태어났다 해도 과언이 아닙니다. 그런데 죽고 싶은 사람은 별로 없는가 봅니다.

누구나 맞이하는 죽음을 왜 그렇게 두려워하고 삶에 집착하는 것일까요? 그것은 동전의 양면을 보지 못하기 때문일 겁니다. 전 20대 시절부터 죽음이라는 것에 대해 깊이 생각하곤 했습니다. 한창 젊은 시절에 무슨 그런 생각을 하느냐라고 하겠지만 이상하게도 제 머리 속에서는 죽음, 사후세계, 현재의 삶의 의미에 대한 생각이 계속 떠나지 않았습니다.

이제 나이 사십대, 거의 이십년 동안 생각한 끝에 깨닫게 된 것이 있습니다. 삶과 죽음은 따로 있는 것이 아니라는 것입니다. 사람이 삶에 집착하는 것은 육신만을 생각하기 때문에 그런 것입니다. 우리 몸은 시간이 지나면서 점점 늙고 병들고 죽기 마련입니다. 그러나 정신은 그렇지 않습니다. 정신은 나이와 상관이 없습니다.

정신은 늙지도 병들지도 않습니다. 정신은 영원한 것입니다.

그런데 정신이 몸에 너무 집착하다 보니 정신도 병들고 늙게 됩니다. 그러나 사람이 마음을 다시 잘 다스리면 금세 젊은 정신을 되찾게 되는 것을 보면 정신이 병들고 늙은 것이 아니라 때가 묻어 그리되는 것이라 할 수 있습니다.

죽음은 육체적인 변화입니다. 태어나서 성장하고 병들고 늙고 죽는 변화일 뿐이지 그것이 근본적인 나의 전부는 아닙니다. 나의 정신은 죽지도 병들지도 않습니다. 나의 마음이 내가 병들고 죽는다는 생과 사의 경계를 만들었습니다. 나의 주인은 몸이 아니라 마음이기 때문에 저는 죽을 것도 없다는 생각에 다달았습니다.

내가 쓰던 몸은 언젠가 사라지겠지만 때가 되면 다시 새로운 몸을 부여받아 살아갈 것입니다. 다음날 아침에 태양이 떠오르듯 우리의 삶도 그러합니다. 이러한 이치를 어리석어 깨닫지 못하고 살려고 바둥대는 것입니다. 그냥 하루하루 최선을 다해 맞이한 일에 만족하며 즐겁게 살아가면 됩니다.

죽음의 입장에서 본다면 세속의 욕망은 모두가 허무한 것이기 때문에 그러합니다.

때가 되면 이루어지고 때가 되면 다 잃어버릴 수 있습니다.

그것은 내가 부여받은 여덟 글자, 팔자와 같습니다. 망한 것도 나의 팔자요 흥한 것도 나의 팔자! 이 또한 세상을 살아가는 '道'라고 생각합니다.

제 7 장

근묘화실(根苗花實)론

제 7 장 근묘화실(根苗花實)론

1. 근묘화실(根苗花實)론의 이해

　근묘화실론이란 사주 전체의 운명적 특성을 시간적, 공간적 흐름으로 관찰하는 기법으로 음양오행의 육친적 관점을 배합하여 사주에 부여된 운명의 스토리를 해석하는 것이다. 인간의 운명을 관찰하는 명리학도 세상만물의 이치대로 체(體)와 용(用)의 개념으로 구분한다. 근묘화실이란 타고난 사주팔자 중 체(體)의 개념에 포함되며 고정적이지만 자체적으로는 유동적 특성을 가지고 있다. 전체적으로 하나이면서 시간이 흐르면 변화한다. 예를 들어 몸의 생김새나 성격은 고정적이지만 세월이 지나면서 점차적으로 변화되는 것을 말한다.

　근묘화실론은 기초에서 말한 간지 이론이며 그것을 좀 더 세분화하여 상호간의 연결성과 조화를 관찰하는 기법을 말한다. 년(根)은 처음이며 바탕이고 근본이고 전생이고, 월(苗)과 일(花)은 과정이며 변화이고 현생이고, 시(實)는 결실이고 결말이며 내생(來生)을 표현한다.

年은 태어나면서부터 부여된 환경을 의미하며 동시에 평생 바꾸기 어려운 환경을 의미하며 전생의 업보로 과거 자신의 모습이다. 그것이 현재 나의 조상이자 뿌리인 것이다. 年이란 그렇게 먼 인연으로부터 부여된 나의 근본이고 토대이다. 내가 밟고 사는 대한민국의 땅이 나의 토대가 되듯 대한민국의 자연과 철학, 그리고 사회와 문화가 나의 근본을 만들고, 그 안에서 나의 미래를 펼치듯 年이란 나의 근본이 되는 환경을 말한다. 그래서 年이란 그 사람의 사상(思想)을 지배하며 정신적 방향성에 큰 영향을 미치게 된다. 그래서 외적으로는 국가적 의미를 갖게 되고 개인이 어찌할 수 없는 종속적 환경이 된다.

月은 年에서부터 부여받은 환경으로 현생의 기틀을 마련하는 과정을 말하는데, 인생으로 치면 학업을 이루어 나가는 과정이라 할 수 있다. 그래서 月은 반드시 年의 환경에 영향을 받는다. 年이란 근본적 환경이므로 그 근본이 어떤 모습이냐에 따라 현생의 인생을 살아가는 요인에 많은 영향을 미치게 되는 것이다. 가령 어려서 부유하게 살았다면 그 부유한 환경 속에서 선택할 수 있는 인생의 방향을 설정할 것이며 부유하지 못한 가정에서 자랐다면 그 나름의 상황 속에서 선택한 인생의 방향으로 가게 될 것이다. 소년시절의 삶은 부모의 환경에 따라 어쩔 수 없이 영향 받고 제한받기 때문에 나의 기본 바탕이 될 수밖에 없다. 年의 환경과 月의 환경은 이렇게 서로 유기적으로 작용하게 된다. 이처럼 月이란 현생에서의 삶의 방향을 결정하고 틀을 세워가는 과정이다. 일반적으로 年에서 月로 이어지는 흐름이 무난하면 어려서의 환경은 청소년과 청년기의 인생으로 자연스럽게 연결되어 간다고 보아야 하고, 그렇지 않고 충(沖)하거나 궤도가 다르면 어려서의 환경을 청년기에 바꾸려고 노력한다고 보아야 한다. 그 변화는 좋은 변화일 수도 있고 나쁜 변화일 수도 있다. 다만 변화하여 유년시절의 인생과 다르게 살아간다는 것이다. 길흉의 판단은 별도로 해석해야 한다. 그래서 月은 월령(月令)으로 현생을 살아가는 사람의 기준점이 된다. 어떤 틀로 기반을 다져가는 것이냐 하는 것은 맨땅에다 무엇을 만들기 위해 기초공사를 처음에 어떻게 하였느냐를 보는 것이다. 그 기둥은 내 뜻을 펼쳐가는 것이므로 곧 사회활동이 되고 직장이 되며 삶의 기본 축이 되는 것이다. 자신의 입장에서 보면 선천적 환경이며 꽃을 피우기 위하여 기반과 토대가 되는 것이 월주다.

日은 年으로부터 부여받은 근본적인 터전과 月의 기초 위에 어떤 꽃을 피울 것인가를 구체적으로 표현한다. 그래서 日은 꽃 화(花) 자를 써서 어떠한 꽃의 모양을 말한다. 나비가 애벌레에서 환골탈태하듯이 어린 시절 초라했던 애벌레의 과정을 거치며 결국 예쁜 나비로 변신하게 되는 것이 근묘화실의 의미이다. 그렇듯 현생에서 내가 만들어가고 얻어낸 사회적 모습을 말하고 또 어떤 배우자를 만나서 어떻게 제2의 삶을 살아가느냐의 문제도 일(日)에 의해 정해진다. 일간은 거시적으로 年과 月의 영향을 받고 일주에 영향을 미쳐 日이라는 꽃이 피고, 일은 다시 시(時)에 영향을 주는 것이다.

日은 현생을 살아가는 과정 중에서 가장 전성기라 표현할 수 있는 형상 꽃으로 제2의 인생을 의미한다. 또 자신의 반쪽을 만나 하나의 완성된 삶을 영위하는 시점이기도 하다. 사주를 일간 기준으로 보는 것은 결국 '이 세상에 태어나 무엇이 되어 어떤 삶을 살아갈 것'인지를 보는 것이기 때문에 일간을 중심으로 주변 환경을 살펴야 하는 것이다.

日은 '현재적'이라는 의미를 갖는다. 현재란 지금 내가 살고 있는 공간과 지금 나에게 부여되어 있는 직접적인 환경 모두가 日에 포함이 되는 것이다. 같은 공간일지라도 과거에 내가 그곳에 있었으면 年이나 月이 될 것이고 지금도 같은 공간에 있다면 지금은 日이다. 다소 추상적이고 난해한 설명일지라도 그 의미를 되새겨 이해하기 바란다.

時는 현생을 마무리하고 내생을 준비하는 시간을 말한다. 꽃이 핀 나무는 열매를 맺어 종족을 이어 나가듯 내생을 준비하고 더 나은 환경을 만들기 위해 자신의 종족을 사랑하고 거두는 것이다. 결국 언젠가 자신이 윤회하여 후손의 몸으로 다시 태어나기 위해서는 종족을 잘 남겨야 훗날 더 나은 삶을 영위할 수 있기 때문에 자식의 성공과 번영에 대해 무의식적으로 집착하게 되는 것이다. 이런 심리는 사회에 물질이나 노동력을 희사하는 행위로 이어지며 말년에 재산을 사회에 환원하는 것도 그것이라 할 수 있다. 현생에 덕을 쌓아 내생(來生)에 복을 받고자 하는 무의식적 행위로 볼 수 있다.

時는 말년의 환경이며 더불어 자식의 환경을 말한다. 양질의 자식을 두어 재산을 물려주려는 인간의 심리는 좋은 유전자와 좋은 환경을 남겨 더 나은 진화로 이어가기 위한 것이다. 결국 현생에서의 결과를 말하는 것이고, 심리적으로 내생의 삶을 염두에 두고 있는 것이라 볼 수 있다. 時는 현생이 아니므로 사회적 성분이 아닌 대외적 개념과 후생(後生)의 개념으로 볼 수 있다. 일(事)과 관련 없는 취미와 같은 사항들이 모두 時에 포함되고 미래적 사항을 고려하는 보험이나 적금, 펀드, 연금과 같은 금융상품들도 시에 포함되며 땅 투기나 투자도 시에 포함될 것이다.

근묘화실의 의미를 간단히 정리하면 다음과 같다.

根 = 年 기본적 뿌리를 상징, 나의 먼 과거, 전생, 조상 등을 의미하며 국가나 큰 사회, 가치관, 시작점, 큰 대세를 상징한다.

苗 = 月 나의 모태가 되는 환경을 상징, 가까운 과거 그리고 부모의 운세와 모양을 의미하며 부모가 이루어 놓은 것, 학문적 환경, 사회적 환경, 젊어서의 직업적 환경, 작은 대세를 상징한다.

花 = 日 꽃피우는 것, 내가 주체가 되고 이루는 모든 것을 뜻하며, 내가 선택한 배우자, 내가 꾸려 나가는 가정환경, 현재 진행적 상황과 현실을 상징한다.

實 = 時 나의 결실을 상징, 나의 미래적 환경, 노년의 환경을 뜻하고 말년에 이루고 추구하게 될 모든 것들, 또 자식의 상태와 자식이 이루고 남기게 될 모든 것을 상징한다.

기초과정에서 논한 간지론(근묘화실)을 도표로 정리하면 다음과 같다.

다음 내용을 머릿속에 숙지하여 해석을 할 때 함께 믹스해서 응용하여야
한다.

時(實)	日(花)	月(苗)	年(根)
미래의 것	최근 것	조금 시간이 지난 것	오래된 것
결(結)	전(轉)	승(承)	기(起)
결과	과정	시작	준비
미래	현재	과거	대과거
말년	장년	청년	초년
자녀	자신, 배우자	부모, 형제	조상
45-60	30-45	15-30	0-15
집밖(해외)	안방, 주방	주춧돌, 기둥	집터
취미나 여가를 공유하는 친구	현재 자주 만나는 친구	학교 친구	고향 친구
부하	동료	상사	사장
투기용도의 재산	주거와 관련된 재산	보유기간이 긴 재산	선산, 조상재산
취미	가정	사회	조국

　　사주학은 시공의 학문이다. 시공의 학문이란 의미를 좀 더 세분화하여
설명하면 똑같은 글자를 가지고 태어났어도 어디 있느냐에 따라 다르고 언
제 쓰이느냐에 따라서도 다르다. 가령 사주에 甲이라는 글자를 가지고 있다
고 가정하면 연월일시 중 어디에 있느냐에 따라 그 쓰임새가 다르고 그것을
생각하고 바라보는 입장도 다르며 길흉을 논할 때도 경중을 논할 때도 모두

다르다는 의미이다. 또 똑같은 甲이라도 12계절 중 어느 계절이나 어느 운기 중에 쓰이느냐에 따라 중(重)하게 쓰일 수도 있고 경(輕)하게 쓰일 수도 있다.

또 바로 옆에 위치한 글자가 무엇인가에 따라 서로 조화를 이루기도 하고 투쟁을 벌이기도 하며 유정하게 쓰일 수도 있고 무정하게 쓰일 수도 있다. 이처럼 근묘화실은 명리학적 이론의 복합적인 시간과 공간의 논리적 틀을 담고 있다.

사람의 수명이 늘어나면서 60세 이후의 삶은 어떻게 해석해야 하는 것인가의 문제가 대두되고 있다. 사람은 태어나서 꽃피고 결과를 이루는 한 패턴의 삶을 살아간다. 인간 뿐만 아니라 모든 자연 만물이 한 주기를 통해서 시기적으로 어떤 모습과 행위를 하게 된다. 어떤 이론은 60세가 넘으면 다시 년주(年柱)로 되돌아간다는 이론이 있는데 이는 이치상 합당하지 않다. 사람은 60세 이후에도 자신의 시주(時柱)를 목표삼아 삶을 살아간다. 물론 운에 따라 자신이 삼았던 목표와 목적이 잘되기도 하고 안 되기도 하지만 時의 모양을 얻고자 하는 뜻에는 변함이 없다. 왜냐하면 사람은 늙었다 다시 젊어질 수는 없기 때문에 다시 되돌아갈 수는 없는 것이다. 그냥 그렇게 인생을 마무리하고 정리하는 것이 대자연의 이치이기 때문이다. 그래서 시주를 實이라 하였고 열매를 맺은 후 삶은 막바지를 향해 달려갈 뿐이다.

2. 원국에서 합충의 이해

1) 간지의 시간론

천간은 원래 움직이는 것이고 지지는 고요한 것이다. 천기가 집중되어 지지에도 안정을 시켜주면 제화(制化)가 쉽다. 옛 고서에 '천간은 고요함을 꺼려하고 동하는 것을 기뻐하며 지지는 동하는 것을 꺼려하고 고요함을 기쁘게 여긴다.'하였다. 필자의 생각으로는 천간이 고요하면 신간은 편하다는 뜻으로 해석된다. 그러나 역동성은 떨어지게 된다. 그래서 변화나 삶의 굴곡이 심할 때는 대처능력이 부족할 수밖에 없다. 그래서 필자의 생각에는 적당한 충과 생, 합이 있어야 좋은 사주라 판단이 되며, 오행을 두루 갖춘 사주는 원만하게 큰 변화 없이 편히 사는 것을 많이 보아왔다.

천간은 정신적 요소이므로 시간적 관점에서 마음과 정신 등 형이상적 변화를 말하는 것이고, 지지는 현실과 환경 등 형이하적 변화를 의미하는 것이다.

‖ 샘플 85 ‖

丁	丙	乙	甲
卯	寅	亥	子

年月日時 천간 네 글자는 세월이 흐르며 변화하는 마음과 정신 등 형이

상적 사상의 변화를 의미한다. 실지로 어린 시절 15세까지는 甲을 추구하고, 16-30세까지 乙을 추구하고, 31-45세까지는 丙을 추구하고, 45세 이후 말년은 丁을 추구하게 된다.

지지도 어린 시절 15세까지는 子를 추구하고, 16-30세까지 亥를 추구하고, 31-45세까지는 寅을 추구하고, 45세 이후 말년은 卯를 추구하게 된다. 물론 그 시기에 다른 글자를 추구하지 않는 것은 아니다. 가령 乙亥 간지를 추구하는 청년기 시절에도 나머지 甲子나 丙寅 등의 年, 日, 時의 간지를 쓰지만 목적지는 乙亥를 이루기 위해 그 외의 간지들을 쓴다고 봐야하는 것이다. 즉 사주간지는 유기적으로 계속 돌아가지만 시간의 흐름에 따라 주요 목적이 달라지게 되어 관점과 환경이 바뀌게 되는 것이다.

2) 상생과 상극의 이해

상생이란 木이 火로 변화하는 자연스러운 변화를 의미한다. 천간의 상생이란 자연스러운 생각과 마음의 변화를 의미한다. 그래서 천간의 기운이 상생하고 있다고 하는 것은 사상과 가치관이 갑자기 변화하는 것이 아니라 시간의 흐름에 따라 자연스럽게 변화하는 것을 말한다. 물 흐르듯 자연스러운 상생의 변화는 대세를 거스르려 하지 않는 사상과 가치관을 갖게 된다. 그러나 상생의 자연스러운 변화는 부드럽고 유연한 반면 목적지까지 가는 데 시간이 오래 걸리고 위기가 닥쳤을 때도 극복하는 시간이 오래 걸린다.

천간의 상극은 단번에 오르려는 마음이고 크게 이루려는 마음이다. 상극은 격렬하고 빠른 것이므로 변화무쌍하고 혁명적인 사상을 갖게 되고 사상적 변화는 각 간지의 교차구간에서 벽에 부딪히면서 또다시 새로운 사상을 만들어낸다.

그래서 천간은 원래 요동치는 것이기 때문에 상극하고 변화함을 꺼리지 않는다. 그 생각과 사상이 무엇이든 현실에 반영되는 요소는 지지에서 결정되는 것이기 때문에 생각 자체가 현실적 문제가 되지 않는다. 그러나 천간도 너무 격렬하면 마음이 고요하지 못해 편치 못하니 적당한 것이 이상적이다.

지지의 상생은 연결성을 의미하고 조화됨을 말한다. 지지가 모두 상생의 조화로 이루어졌다 함은 어려서부터 노년까지 쭉 한길만을 걸어왔음을 말하는 것이고, 중간에 상극이 있다고 한다면 삶의 굴곡을 겪으며 살아왔다는 뜻이다. 그러나 삶의 굴곡을 반드시 좋다 나쁘다 하는 이분법적 시각으로 볼 것이 아니라 재정비, 재창조 하면서 변화를 강구하여 원래의 길이 아닌 변화를 뜻하는 것으로 봐야한다.

년과 월이 상극하면 가정환경이나 학업 때문에 먼 곳으로 떠나 새로운 환경에 적응하며 공부하여야 한다. 또한 부모와 조부의 관계가 인연이 적다는 것을 뜻한다.

월과 일이 상극이면 학창시절 배웠던 것을 사회활동에 반영하기 어려우니 새로운 분야를 다시 배워 살아야 하는 수고로움이 있다. 또한 내가 부모의 간섭을 받지 않으며 살아간다.

일과 시가 상극하면 중년의 삶을 말년까지 이어가지 못하고 말년에 제3의 인생을 새롭게 열어간다.

고서에서는 지지는 고요하여야 좋다고 하였다. 그러나 그것은 한 가지 패턴으로만 사는 것이 일반적이었던 시대에 가장 적당한 삶의 형태였기에 가능한 이야기다. 옛 시대의 기준이 고요하고 안정된 것이 좋다라는 관점에서 비롯된 것이다. 그러나 현대 시대는 다르다. 고요한 삶의 형태만이 좋다고는 말할 수 없는바 필자는 적당히 섞여 있어야 좋다는 생각을 한다. 사람에게 적당한 변화와 혁명은 삶의 의욕과 에너지를 증대시키는 데 도움이 되기 때문에 적당한 상극도 지지에 있을 필요가 있다고 생각하는 것이다.

합이란 간섭하는 것이고, 끌어오는 것이고, 과거나 미래의 에너지를 차용해서 쓰는 것이다. 그래서 세력을 이루어 강력한 영향력을 행사하지만 과거나 미래의 에너지를 차용해서 쓴 만큼 그 대가를 지불하여야 한다. 그 대가란 운명의 간섭이고, 덕이며 때론 짐이 될 수도 있다.

① 년월이 합하여 년간을 생하면 조상의 에너지를 차용하여 쓰는 것이니 초년시절에 유복하게 자라지만 그 짐을 부모가 지게 되므로 조실부모하거나 부모가 가난해질 수 있다.

② 년월이 합하여 월간을 생하면 조상의 에너지를 부모가 빌려 쓰고 그 혜택을 나도 보는 격이므로 부모가 조부의 뒷감당을 하는 수고를 겪

없을 것이다.

③ 월과 일이 합하여 월간을 생하면 나의 에너지를 부모가 차용해서 쓴 격이니 태어나서 중년의 시절까지 부모의 뒷바라지를 하게 될 것이고 자신의 번영은 적을 것이다.

④ 월과 일이 합하여 일간을 생하면 부모의 에너지를 내가 차용해서 쓰는 격이니 부모의 번영이 적거나 어려서 가난할 수 있으나 중년 이후 발전하여 부모의 뒷수발을 하게 된다.

⑤ 일과 시가 합하여 일간을 생하면 자식의 에너지를 내가 차용해서 쓴 격이니 나의 번영을 통하여 자식을 뒷바라지 하나 자식의 번영은 늦거나 작게 된다.

⑥ 일과 시가 합하여 시간을 생하면 나의 에너지를 자식이 차용해서 쓰는 격이니 자식의 번영으로 인해 말년에 기댈 만한 자식을 둔다.

3. 근묘화실적 음양오행

근묘화실에서 음양오행을 먼저 판단하여야 한다. 사주에 같은 글자가 있다할지라도 어느 자리에 있는 오행인가에 따라 그 판단과 해석이 달라지기 때문이다. 가령 년에 木이 있는 사람이라면 판단이 빠르고 바로 결행하는 성격이다. 만약 월에 있다면 년에 있는 글자를 먼저 실행하고 두 번째 행동에서 결행하는 사람이다. 만약 일에 木이 있다면 세 번째 행동에서 결행하는 사람이고, 시에 있다면 마지막에 다 알아보고 행동으로 결행하는 사람이다. 그런데 만약 木이 없다면 변화가 느리고 더디며 운에서 왔을 때만 변화를 도모하게 된다. 이처럼 오행은 그 사람의 심리와 행위를 관장하는 것이므로 육친보다 먼저 오행을 판단해야 하고, 그 다음 육친을 판단하는 것이 순서일 것이다.

① 木. 계획의 실천, 결행, 즉흥적, 변화, 조급함, 추진력, 진취적

② 火. 계획의 대중화, 인기, 유행, 문화 등의 접목, 유명, 가치를 높임,
      사회성

③ 土. 계획의 조직화, 규모화, 단체화, 조절력, 응집력

④ 金. 계획의 가치화, 고부가가치, 마무리, 단절, 실리

⑤ 水. 계획의 준비화, 휴식, 안정, 인내, 개인적

4. 육친의 근묘화실

1) 비견

천간의 비견과 지지의 비견은 서로 다른 차이를 보인다. 천간의 비견은 협동, 배분, 분탈, 경쟁의 별로 보고, 지지의 비견은 일간의 근(根)으로 보아 주체성, 독립성, 주도적 활동의 별로 보아야 한다.

년간의 비견이란 부모의 이복형제, 형제 많음, 어려서 경쟁하는 환경, 조부의 덕을 부모가 나눠 가짐을 뜻하고, 타인과의 협력을 통해서 일을 이루어 나가려는 가치관을 갖게 됨을 말한다.

년지의 비견이란 어려서부터의 독립의지 형성, 사업이나 주도적 성향의 분야에 관심(교육, 컨설팅 등) 등을 갖게 된다. 그리고 조상을 봉양할 일이 있음을 의미한다. 년주에 근을 두었다는 것은 내가 조상의 에너지를 통해서 세력을 얻었기 때문에 집안 산소나 제사와 같은 일을 맡게 되고 관심을 갖는다.

월간에 비견이 있다는 것은 부모의 덕을 놓고 형제와 나누어 갖는다는 의미이다. 다른 의미로는 부모가 가진 것이 있다는 뜻으로 바꾸어 해석해도 된다. 또 학과 선택 과정이나 진로의 결정이 공동의 이익이나 협력을 통해 이루어지는 진로를 선택하게 된다.

월지에 비견이 있음은 일간의 근이 되는 것이므로 지도력을 발휘하는 분야로 진출하게 되고, 학창시절 배웠던 지식을 잘 사용할 수 있다는 뜻이고 형제나 학창시절 친구들과의 관계 형성이 유연하며 그 인연을 통해 내가 자립하는 것이며, 부모의 에너지를 끌어 사용하는 것이니 부모덕이 부족할 수 있다.

일지에 비견이 있다는 것은 자립과 독립을 말하는 것이고, 타인을 리드하려는 것이기 때문에 사업이나 개인적 일에 치중하게 된다. 비견이란 형제나 친구이니 상대방보다 늘 우위에 있으려는 마음과 입장으로 배우자를 리드하며 살아가게 된다.

시간에 비견이 있다고 함은 공동투자를 통하여 미래의 이익을 사람들과 배분하겠다는 의미이며, 윗사람보다는 아랫사람과 손잡고 일하게 되고, 말년에 내 재산을 자식에게 배분하여 준다는 의미이다.

시지에 비견이 있다고 함은 자식의 에너지를 빌려 쓰는 것이니 중년 이후 자식에게 의지하여 일을 함께 도모하게 되고, 말년에 친구와의 교우관계 증진이나 형제와 손잡게 된다. 또 말년에 재산을 사회에 환원하거나 복지 사업에 관심을 두게 된다. 그리고 외부적 모임이나 친목 행위를 좋아하고 먼 곳에 사업을 벌여 돌아다니며 일을 한다.

2) 겁재

겁재는 정신적 큰 야망과 편향적 이권 다툼을 말한다. 천간의 겁재는 뺏고 뺏기는 편향적 이권의 다툼이 있다는 뜻이며 일반적으로는 크게 뺏거나 뺏긴다는 의미가 있다. 지지의 겁재는 큰 세력을 얻기 위한 야심을 말한다. 자체로 뿌리가 되지만 비견과 다른 점은 모든 세력을 통합하여 한방에 최고가 되기 위한 야망을 가진 별이라는 것이다.

년간에 겁재가 임하면 대재(大財)를 꿈꾸는 사람이다. 큰돈이 오가는 건설이나 건축, 부동산, 큰 사업 등과 관련된 일을 좋아하고, 그 가운데 무한경쟁을 통해 얻어지는 큰 이권에 따라 움직이는 사람이라고 할 수 있다. 경매, 입찰, 증권, 경마, 스포츠 등 경쟁이 많은 환경을 말한다. 이런 강한 경쟁심이 있기 때문에 어려서부터 교우관계가 좋고 그 가운데 우두머리를 하는 경우가 많다. 또 아버지 시대에 편향적 재산분배(형제 한 명이 모든 재산을 다 차지하는 것)가 있었다는 의미이다. 아버지가 다 차지하든 다른 분이 차지하든 공정한 배분이 아니란 의미이다.

년지에 겁재가 임하면 겁재이면서 양인살이 된다. 그래서 어린 시절부터 주변 세력을 흡수 통일한다. 주변의 세력을 규합하는 방법은 여러 가지가 있다. 또한 집안의 대소사를 담당하고 일찍 사업을 시작하게 되며 조상의 혜택을 본다.

월간에 겁재가 임하면 부모의 덕을 뺏긴다는 의미를 둔다. 내 입장에서 겁재가 있다는 것은 내가 먹을 것을 겁재가 뺏어 간다는 의미로 해석해야 한다. 비견이 형제의 덕을 나누는 것이라면 겁재는 일방적인 분탈을 말한다. 학문성은 모양이 큰 재물이 오가거나 사람들과 경쟁하는 분야의 학문을 쫓게 되고, 연애나 결혼의 과정에서도 뺏고 빼앗기는 쟁탈전이 벌어진다. 쟁탈전이란 결혼할 이성을 뺏기고 또 결혼할 이성을 빼앗아 결혼하는 것을 말한다. 그러므로 결혼할 때 연애 기간이 짧고 만나서 6개월에서 1년 안에 결혼식을 올리게 된다.

월지에 겁재가 있으면 그 자체로 양인격을 이룬다. 학창시절 자신의 세력을 흡수 통일하니 친구들 사이에 항상 대장이고 리더가 된다. 월은 자신의 학문성과 미래의 기틀을 공부하고 닦아가는 과정이라고 본다. 겁재가 월간에 있다는 것은 크게 한방 먹여 보려는 마음이지만 지지에 있는 것은 수단이라는 의미를 부여한다. 그래서 권력적 분야, 의료분야, 공학분야 등 사람을 죽였다 살렸다 할 수 있는 살(殺)성이 있는 분야를 전공으로 삼고 인생의 기틀로 삼는다. 양인격의 경우 일반적으로 부모덕이 부족한 경우가 많지만 월주의 간지 모습 여부와 월지와 일지의 소통 여부에 따라 그 부모덕의 있고 없음을 종합적으로 판단하는 것이므로 부모덕이 없다고 일방적으로 단정 지어서는 안 된다.

일지에 겁재가 있으면 자신의 몸이 살성을 갖고 있는 사람이다. 일지는 중년의 인생을 말하는 것이므로 전공과 상관없이 중년에 목표를 이루는 삶의 형태를 말한다. 중년의 직업성이 권력적 분야, 의료적 분야, 공학분야 등 무서운 것, 위험한 것을 다루며 살아가는 것을 말하며 중년에 세력을 이룸을 말한다. 일반적으로 사업을 통해 자신의 세력을 만들어 나가려 하고 큰 이권이나 재물, 또는 큰 명예를 세력을 통해 한방에 이루려는 마음을 말한다. 일지에 根을 하고 있으니 부인에게 심적으로 의지하고 위안을 받으려는 심리가 강하다. 그래서 어떤 경우는 집착으로 드러나는 경우도 있고, 부인을 자신의 사업에 참여시키거나 또는 자신의 사회적 역량을 이루는 데 기반이 되어주길 바란다.

시간에 겁재가 있으면 자식대의 재산 분탈을 의미한다. 말년에 편향적 재산 배분이나 자식으로 인한 금전 지출소모가 있게 된다. 또 말년에 대외적여가, 취미, 모임 등 후생복지 쪽으로 금전 지출이 지속적으로 발생되고, 그런 사회활동이 많음을 의미한다. 모양으로만 보면 내 돈이 나가는 것이므로안 좋게 평가할 수도 있으나 그런 사회봉사는 후대에 좋은 영향을 미치며 귀한 후손을 두게 된다.

시지에 겁재가 있으면 미래적이고 대외적인 환경의 세력이나 의지를 말한다. 미래적이고 대외적인 환경이란 먼 곳, 외국, 우리 동네가 아닌 다른 동네를 말하며 여가, 취미, 모임 등에서 생겨난 인간관계를 통하여 세력을 넓혀가거나 의지해서 살아가는 것을 말한다. 또 말년에 자식이 마련해준 사업이나 환경 속에서 살아가는 것을 의미하기도 한다.

3) 식신

식신은 재능과 수단을 말한다. 일반적으로 화려하지 않고 소박하며 전통적이고 자연스럽게 천천히 발휘하는 재능을 말한다. 그래서 식신은 차분하고 급하지 않고 결과와 결실이 많고 빠르지는 않지만 그 깊이가 깊고 역사성을 갖는다. 그리고 식신은 실천하고 수행하며 타인에게 베풀려는 마음을 말한다.

식신은 인간이 살아가는 의식주의 근본의 별이며 삶의 수단이나 표현, 행위의 별이다. 식신은 일반적으로 풍요롭고 여유로운 별로 상징되는데 그로 인하여 대개는 결과가 늦고 느슨하게 일이 이루어지는 특성이 있다.

년간에 식신이 있으면 여유롭고 느긋한 마음가짐을 말한다. 가치관과 사고방식이 여유로우니 인자하고 부드러우며 타인에게 좋은 덕담과 마음을 주려 한다. 그래서 사람들이 자신의 마음을 따라주기를 바라고 자신의 재능을 발휘하여 살아간다.

년지에 식신이 있으면 조상대의 풍요로움을 말한다. 또한 어린 시절 여유롭고 풍요로운 환경에서 자라서 타인에게 베풀기를 좋아하고 활동적이고 건강한 사고관을 형성하게 된다. 또 자신의 재능을 펼치며 살아가길 좋아한다.

월간에 식신이 있으면 교육, 필설 등 말이나 정보를 가지고 살아가는 전공을 따라가며 청년시절 여유로운 사고관을 갖게 된다. 또한 전문 기술이나 예능적 능력을 도구 삼아 전공을 선택한다. 그리고 내가 부모를 리드하며 살아간다.

월지에 식신이 있으면 젊은 시절 전공 선택에 있어 전문기술 분야나 예능 분야를 선택하게 된다. 식신은 일반적인 기술이나 예능이기 때문에 전통적으로 해왔던 분야와 인연이 깊다. 또한 지상에 식신이 있으니 청년시절 원만한 부모의 뒷바라지와 바른 영양보충으로 건강하다. 특히 월지 식신은 조모(할머니)의 보살핌이나 혜택을 의미하기도 한다.

일지에 식신이 있으면 원만한 배우자 덕을 말한다. 원만한 배우자 덕이란 자신의 배우자가 뜻을 잘 따라준다는 의미를 가졌다. 또한 중년에 여자는 자식과 동거하고, 직장생활자는 중년에 직업이 바뀐다.

시간에 식신이 있으면 말년에 사회 활동을 하게 됨을 뜻한다. 식신이란 재능과 능력의 표현이므로 말년에 재능 중심의 사회활동을 한다. 여자는 말년에 남편에게 관심이 부족해지고 자식 중심의 삶이 된다.

시지에 식신이 있으면 말년에 자식 덕이 있음을 말하며 후세에게 재산을 남기고 간다. 또한 말년에 먹을 것을 얻은 것이므로 건강 장수를 말하고 물질적 희사를 의미하기도 한다. 그로 인하여 발생되는 것은 천간에 있는 육친을 보며 파악하면 된다.

4) 상관

상관은 큰 재능과 수단 능력을 상징한다. 남들 못하는 기발한 아이디어나 재능, 기법, 장비, 아이디어 등을 동원하여 늘 새로운 문화를 열어가고 새로운 패러다임을 만들어가는 주체가 된다. 그러나 때로는 그것이 시기상조이거나 무리가 되어 구설이나 시비가 따르기 때문에 문제와 시비 거리를 늘 달고 살아가게 된다. 과거 고서에서는 상관을 나쁘게만 취급했다. 그러나 상관은 남을 크게 돕고자 하는 마음이 있어 봉사정신이 투철한 편이고 때로는 큰 희생도 마다하지 않는다. 만약 사주에 식신이나 상관이 없다면 남을 배려하고자 하는 마음이 적다. 이런 상관은 각박하고 급변하는 현대사회에 없어서는 안 될 귀중한 별이다.

년간에 상관이 있으면 기발한 아이디어나 재능을 말한다. 어려서 부모와의 불화나 오락 풍류에 일찍 눈을 뜨는 것을 말하며 조상대의 불명예를 말하기도 한다. 일반적으로 룰을 따르는 관직생활보다는 자유직업이나 아이디어가 번뜩이는 분야 혹은 탁월한 언변이나 재능이 필요한 분야로 진출하기를 원한다.

년지에 상관이 있으면 조상대의 이혼, 풍류, 도박, 오락으로 인한 가산 탕진을 말한다. 본인은 어린 시절 연예, 예능성 강화로 인한 특수한 분야의 학문성이나 기술, 예능성을 따라간다. 그로 인해 일반적 학문 성취에 장애가 따른다. 그러나 오늘날에는 예능, 스포츠만 잘 해도 좋은 세상이니 큰 문제가 될 것은 없다.

월간에 상관이 있으면 청년기의 반항을 의미한다. 청년기의 반항이란 일반적인 공부의 틀을 깨고 마음껏 살아보고자 하는 마음이기 때문에 학창시절의 이른 연애사의 발생, 오락, 풍류적 성향을 보인다. 또 부모의 불신이 있을 수 있고, 예능이나 기발한 재능이 요구되는 학문을 추구하기도 한다.

월지에 상관이 있으면 현실로 드러난 상황을 뜻한다. 상관은 일반적인 틀을 깨는 것이니 집의 가세가 기울거나 부모의 이혼, 부모의 풍류로 인한 불명예가 있을 수 있다. 그러니 본인은 부모가 망한 자리에서 일어나야 하기에 일반적인 방법보다는 남들보다 특이하고 특출난 능력을 갖추어 살아가길 원한다. 의료, 공학, 철학, 종교, 정치, 연예 등 무언가 남보다 특별한 재능을 발휘하고, 잘 되었을 때는 인생이 바뀔 수 있는 분야를 말한다. 또한 청년시절의 이른 동거생활, 혼전임신, 직장생활 방해 등이 있을 수 있다.

일지에 상관이 있으면 결혼 이후 일반적인 가정의 틀을 지키지 못하는 것을 말한다. 주말부부, 별거생활, 이혼, 남녀의 임무가 바뀐 것, 중년의 풍류, 오락성 강화, 중년에 들어 예능활동 강화 등을 의미하며 특별한 기술을 발휘하며 살아갈 때에는 그렇지 않을 수도 있다.

시간에 상관이 있으면 말년에 구설수, 망신, 풍류, 오락, 예능활동 강화, 말년에 탁월한 능력의 개발, 자식의 불효 및 불화를 말하며 말년 들어 왕성한 활동성을 의미하기도 하고 지나친 에너지 소비로 인해 건강 악화로 이어지기도 한다.

시지에 상관이 있으면 말년에 집안의 형식이 깨지는 것을 말한다. 말년에 망신, 자식 부부의 불화, 이혼 등 자신의 가정 형식을 깨는 것이니 말년의 고독을 의미한다. 말년에 스스로 먹을 것을 구해야 한다는 의미가 있고 말년의 여유로움보다는 말년이 더 다사다난하다.

5) 정재

정재는 사회적인 정법을 말하고 자신에게 주어진 능력을 다하여 최선을 다해 결실을 이루는 것을 말한다. 정재는 크게 이득을 얻자는 것이 아니라 합리적으로 이득을 얻고자 하는 마음이다. 그래서 모험을 싫어하고 일정한 노력에 일정한 결과를 얻고자 하는 안정된 마음을 의미한다. 정재는 일정한 거리를 유지하면서 손익계산을 따지는 계산된 마음이다.

년간에 정재가 있으면 조상대의 금전 번영을 의미한다. 천간의 정재이므로 그것이 계속적인 번영인지 잠시의 번영인지는 지지의 육친을 참조하여야 하겠지만 천간에 정재가 있다는 것은 안정적인 번영이 있었음을 말한다. 또한 어린 시절부터 재물을 쳐다보니 소년시절부터 금전 벌이에 관심을 두어 청년기 아르바이트나 소년사장의 꿈을 꾼다.

년지에 정재가 있으면 조상대의 세력을 말한다. 조상의 번영으로 인해 그로 인하여 먹고사는 존재들이 많았다는 의미로 집안이 부자 집안이었다는 것을 의미한다. 그리고 정재는 남자 입장에서는 여자를 말하는 것이니 이른 연애나 성혼을 말하며 빠른 사회진출을 의미한다.

월간에 정재가 있으면 부모대에 부자였다. 또한 아버지의 현달, 부인의 내조나 효도를 말한다. 또 상과(경영, 경제, 회계, 마케팅, 무역 등) 방면의 학문성과 인연이 깊고 먹을 것은 풍요로우니 적당주의로 학업의 방해가 우려되고 남자는 연애사 발생을 뜻한다.

월지에 정재가 있으면 부모를 봉양한다. 배우자의 내조가 있고 청년시절 많은 무리를 이끈다. 지도력을 발휘하는 쪽으로 진로를 정하며 많은 사람을 이끌거나 돈을 다루는 분야로 진출하게 된다.

일지에 정재가 있으면 바른 배우자를 말하고, 처가 나의 손발을 대행해 주는 것이므로 처덕이 원만하다. 또한 중년시절에 경영이나 세력을 갖추려는 마음이며 처의 내조를 통해 지원을 받기를 원한다. 또는 처가 덕을 보거나 장모를 모실 수 있다. 여자는 남편의 출세를 돕는다.

시간에 정재가 있으면 말년의 금전 활동을 말한다. 또한 말년의 금전 풍요나 자식의 재물적 현달을 말하기도 한다. 남자는 애인을 뜻하기도 하고, 말년에 만나는 여인을 말하기도 한다. 젊은 사람은 금융 상품의 투자를 말한다.

시지에 정재가 있으면 말년에 재복이 원만하고 자식이 손발이 된다. 만약 연월일에 정재가 없는 가운데 시지에만 정재가 있다면 부인과 떨어져 주말부부로 사는 것을 말하고, 남자에게는 말년에 연애사가 생길 수도 있다.

6) 편재

편재란 주변의 사물과 도구를 수단삼아 그것을 사회적으로 응용하고 이용하며 살아가는 응용전문가의 별이다. 편재는 그것을 통해 대재를 꿈꾸며 무엇이든 세상에 못할 것이 없다는 자신감에 차 있는 것을 말한다. 즉 세상의 돈과 법을 잘 이용하여 재물을 크게 주무르는 것은 물론이거니와 타인의 능력과 재능을 잘 개발하여 적재적소에 활용하고 이용하는 요즘 세상에서 가장 필요로 하는 큰 능력의 소유자라 할 수 있다. 편재도 정재와 마찬가지로 계산된 마음인데 편재는 이익이 된다고 생각하면 희생을 아끼지 않고 덤벼들지만 그렇지 않을 경우에는 아주 냉정한 사람이 되는 손익계산에 밝은 능력을 가졌다고 할 수 있다.

년간에 편재가 있으면 합리적이며 계산된 마음을 말한다. 계산된 마음이란 반드시 금전적 계산을 말하는 것이 아니라 모든 관계에 있어서 이해득실의 잣대를 적용하는 것을 말한다. 어려서부터 일확천금을 꿈꾸고 주변의 환경을 잘 활용하여 성과를 잘 얻어낸다. 자신감이 가득하고 큰 사회활동을 꿈꾼다. 또한 조상이 한 때 대부호였으나 그 번영을 끝까지 지키지 못하는 것을 뜻하니 어린 시절 부친의 번영을 상징하기도 한다. 남자는 어린 시절부터 일찍 연애한다.

년지에 편재가 있으면 신강하면서 나를 따르는 세력을 만들어 사회참여를 일찍 시작한다는 것을 의미한다. 일찍부터 이해타산에 눈을 뜨고, 어려서부터도 학문적 관심보다 사회적 참여에 관심이 많다. 그래서 어린 시절부터 이미 아르바이트를 하는 등 돈벌이에 관심이 많고, 타인이나 주변의 활용능력이 좋아 넓은 인간관계를 형성하고 정보력 또한 대단하다.

월간에 편재가 있으면 부모가 한때 부자였음을 말한다고 할 수 있다. 편재라는 것은 기울어진 재물이기 때문에 나의 입장에서 볼 때 편재가 있다는 것은 음양이 짝지어지지 않아 혜택을 보기 어려운 부모의 재산을 의미한다. 또한 학문의 선택이 상과, 경영, 경제 등 돈을 다루는 분야의 학문을 선택하거나 아니면 공부에 관심이 적다.

월지에 편재가 있으면 청년시절부터 투자하여 큰 돈을 벌 수 있는 분야로 진출한다. 이른 나이부터 돈을 융통하다보니 실수도 따르고 실패하는 예도 있지만 훗날 큰 재물을 다룰 수 있는 능력을 섭렵하는 것이라 보아야 한다. 그리고 학문 방해, 젊은 시절 잘 맞지 않는 배우자 인연 등을 말하며 적당히 일하면서 돈 벌려는 마음이 크다. 부모가 나에게 의지하려 하니 부모를 봉양해야 한다.

일지에 편재가 있으면 중년에 얻는 세력을 말한다. 중년의 세력이란 내 부하, 휘하 직원, 하청 등을 말한다. 또한 남자는 기울어진 배우자 인연을 말하고, 여자는 남편 봉양, 시부모 봉양을 말하며 중년의 사회활동을 말한다.

시간에 편재가 있으면 말년에도 경제활동을 한다. 또한 먼 곳에서 자금을 차용하거나 재테크, 투자활동을 말한다. 남자는 대문 밖의 애인을 상징하여 혼외정사나 애인이 있다.

시지에 편재가 있으면 말년에 재산을 희사하거나 여자에게 의지한다. 또한 애인을 말하기도 하고 남자는 자식에게 일부 재산을 상속하거나 아니면 자식에게 투자하며 사는 경우도 있다.

7) 정관

> 정관은 선비의 별로서 사회적 도리나 규칙, 룰을 지키려는 바른 마음을 말한다. 법을 정하고 규정하여 사회 질서가 바로 잡히길 원하는 마음이며 조직사회에 의지하여 살게된다.

년간에 정관이 있으면 바르게 살아가려는 마음을 말한다. 사회 규범과 틀에 신경 쓰고 세속적으로 정해진 법과 틀을 정확하게 지키려고 하고 그 안에서 살아가기를 원한다. 그리고 조상 때에 명예가 있었고, 어린 시절부터 이미 바른 사고와 이성관 정립이 되어있다. 또한 어린 시절부터 회장, 반장 등 임원이 되는 등 명예가 될만한 일에 관심이 많다.

년지에 정관이 있으면 공직이나 큰 회사 등 조직사회에 의존하고 편입하려는 것을 말하며 사회적인 룰과 규칙을 지키려 하고 집안 대대로 공직과 인연이 있다.

월간에 정관이 있으면 명예나 인기를 얻는 일을 따라간다. 일반적으로 직장 또는 유명해질 수 있는 분야로의 진출을 말한다. 월에 정관이 있다는 것은 부모도 바른 사람이고 명예를 소중히 여긴다고 본다. 일반적으로 유명 브랜드를 선호하는 편이다.

월지에 정관이 있으면 조직사회를 통해서 살아가려는 경향을 말한다. 일반적으로 차근차근 단계를 밟아 높은 감투를 쓰게 되거나 결재권을 얻을 수 있는 분야로 진출하게 되고 직업적 방식이 안정되고 체계적인 기관을 선호한다. 남자는 나를 이끌어주는 자식을 둔다. 여자는 이른 연애 성혼을 통해 남편에게 의지한다.

일지에 정관이 있으면 바른 배우자를 말한다. 또한 집안에도 법과 원칙이 엄하다. 집을 직장으로 하는 재택근무를 할 수 있다. 또한 남자는 자식과 동거하며 여인은 남편의 조력을 얻어 사회 활동을 할 수 있다. 일반적으로 중년 이후 년월에 관성이 없고 일에만 있는 경우 중년 이후 사회조직을 만들어 명예를 세우는 일을 하게 된다.

시간에 정관이 있으면 말년의 명예를 말한다. 일반적으로 말년에 명예가 따르는 임명직 직장을 갖게 되고, 사회적 이권과 상관없는 친목, 모임이나 봉사 단체의 장이 되기도 한다.

시지에 정관이 있으면 남자는 자식의 현달이나 명예를 말한다. 또한 먼 곳에 직장이 있으며 취미가 직업이 되기도 한다. 말년에 단체, 시설, 회사에서 불하하고 관리하는 공간에서 살아가거나 의지한다. 또한 복지시설이나 사회시설, 종교시설 등 말년에 이해타산이 없는 조직사회에 관여하여 살아간다.

8) 편관

편관이란 무서운 호랑이의 별을 말한다. 그러므로 시기적으로 그것이 권세가 될 수도 있고 호랑이처럼 나를 극하는 살로 변할 수도 있다. 편관은 보편적인 질서와 룰을 따르는 것이므로 정관보다 유연하고 탄력적인 넓은 사회활동을 하고자 하는 것이다.

년간에 편관이 있으면 조상이 한때 이름 날리거나 권세가 높았다. 또한 법과 정의를 수호하기 위해 목숨을 불사하는 대단한 사상가나 혁명가가 많다. 그러나 사주 구조가 나쁠 경우 깡패나 건달 생활을 하기도 한다.

년지에 편관이 있으면 어린 시절 호랑이를 만난 격이니 낙상, 추락, 사고 등 깜짝 놀랄 일이 있거나 유행성 질병에 노출될 수 있다. 또한 공직이나 조직사회에 몸담고 살아가기를 원한다. 정관과 다른 것은 정관이 고정적인 것이라면 편관은 권력성이나 유동적인 것이다.

월간에 편관이 있으면 사상이 무장이므로 무력, 강제성 등 법무, 세무, 경매, 철거, 구난, 깡패 등의 강제적으로 무력이 오가는 분야를 전공하고 직업으로 삼는다. 또한 엄하거나 까다로운 부모를 말하고 여자는 기울어진 인연의 발생을 말한다. 주로 사회적으로 명예롭거나 의로운 일을 선호하여 거친 일을 자청하고 직업으로 삼는다.

월지에 편관이 있으면 정관과 마찬가지로 조직사회를 선호하고 의지해서 회사나 사회적 시스템을 이용하여 살아가려고 하는 마음을 갖게 된다. 그러나 정관과 다른 것은 개혁적이고 파괴적인 힘을 다루는 무시무시한 사회적 공간을 말하며, 그런 직업을 갖게 된다. 일반적으로 건설, 토목, 법무, 의료 등의 공간을 말한다. 만약 신왕하면서 관성이 재성과 연합하면 경영자이고 신약하면 그런 공간의 직장인이다.

일지에 편관이 있으면 피곤한 배우자나 까다로운 배우자를 말한다. 여자는 잘 맞지 않는 배우자를 말하고 중년에 큰 수술이나 횡액(구속, 사고, 큰 질병 등)이 있음을 말한다. 남자는 자식과 동거하며, 중년에 권력자를 만나 생기는 자신의 권세를 의미하기도 한다.

시간에 편관이 있으면 말년의 선출직 명예를 말한다. 명예는 명예이나 싸워서 이기는 명예이므로 선출직 명예이다. 또한 자랑할 만한 자식이 있다. 대문 밖 자식이므로 서자나 입양, 재혼을 통한 이복 자식을 얻을 수 있다.

시지에 편관이 있으면 말년에 횡액, 질병, 구속 등 감당하기 힘든 일을 당하게 될 수 있음을 암시하고, 말년에 개인적 작은 시설이나 단체 등에 의지해서 살거나 봉사하며 살아갈 수도 있다.

9) 정인

정인은 어머니의 별이며 학문의 별이다. 또한 믿는 것이 있는 의지가지를 말한다. 정인은 과거에 이루어 놓았던 감투나 이권, 자격, 부동산을 통하여 삶을 살아가려고 한다. 일반적으로 받고자 하는 마음이며 타인에게 기대려는 심리가 많다.

년간에 정인이 있으면 윗사람에게 의지하고자 하는 마음이 강하고 후원인을 얻어 살아가려는 마음이 강하다. 글과 학문을 좋아하고 부동산이나 이권, 감투, 자격 취득에 관심을 갖게 된다. 또한, 조상대에 자랑할 만한 문서, 재산 등이 있거나 학식이 있는 집안임을 뜻한다. 또한 어머니가 조상자리에 있으니 어머니의 맏며느리 역을 말하며 어린 시절 어머니의 왕성한 활동성이 있었음을 말한다. 인성이란 원래 기다리는 것이기 때문에 인내심이 강해 원하는 것을 이루기 위해 끈기 있게 노력하는 성격이며 때를 기다리는 정신 자세의 확립을 말한다.

년지에 정인이 있으면 조상대의 재산이나 유산을 말한다. 인성은 기대고 의지하는 것이니 나는 그 터전을 바탕으로 안정된 어머니 덕과 혜택을 봤음을 의미한다. 또한 년의 인성은 조상덕이나 소년시절의 원만한 부모덕을 의미한다.

월간에 정인이 있으면 자격증 중심의 사회 진출을 말한다. 식상에 근이 있으면 기술 자격증이고, 재성에 근이 있으면 금융 관련 자격증 등 지지의 육친을 부합해서 해석하면 된다. 또한 부모 때의 학식이나 원만한 부모 후원을 말하며 젊은 시절 이루어 놓은 업적이나 실적, 자격 등을 통해 평생 먹고 살아가려는 마음으로 교수직, 선생, 의사, 변호사 등이 이런 경우이다. 또한 어머니가 가정을 이끌고 주도했음을 말한다.

월지에 정인이 있으면 글과 학문을 수단으로 한 수입을 말한다. 또 부모 때의 부동산이나 유산 등 부모의 원만한 후원을 말하고 인자롭거나 자식의 성공을 기다려 주는 어머니의 뒷받침을 말한다.

일지에 정인이 있으면 중년에 부모와 가깝게 살거나 함께 동거하는 것을 말하며 부모가 나의 뿌리가 되어주니 중년에 부모에게 물질적이거나 정신적으로 의지하는 세월을 말한다. 중년에 배우자에 대해 무관심으로 작용될 수 있으며 중년에 들어서도 학문을 계속하고 성취를 통한 사회 진출을 의미한다.

시간에 정인이 있으면 말년 학문성을 의미하기도하며 먼 곳에서 이룬 자격이나 학위 등을 말한다. 또한 말년에 이루어 놓은 빛나는 업적이거나 그로 인한 혜택을 의미한다.

시지에 정인이 있으면 말년에 임대사업 등 젊어서 이루어 놓은 결과물에 의지해 살아가는 세월을 말한다. 자식과는 인연이 적으며 말년에 부모를 공양하는 것이니 조상제사를 모시거나 선산을 관리하게 된다.

10) 편인

편인의 별이란 남들 못하는 엉뚱한 생각이나 특별한 생각을 말한다. 정인은 누구나 생각하는 보편타당한 생각이고 제도권 내의 일반적인 생각과 사고라고 한다면 편인은 한 차원 더 높은 생각과 사고방식이기 때문에 이상적인 사고관을 말한다. 그래서 편인은 항상 생각이 미래에 가 있고 신비주의적이거나 남들 못하는 일을 상상한다. 남들이야 알아주든 말든 자기만의 생각에 도취하여 살아가고 묵묵히 그런 세상이 만들어지길 기대하며 살아간다. 일반적으로 사상가, 철학가, 정치가, 과학자, 종교인 등 새로운 세상을 선도하고 이끌어 가는 사람이 많고 또 엽기적인 사건이나 범죄를 저지르는 생각도 모두 편인성에 해당한다. 편인성도 정인과 마찬가지로 의존성이나 치우친 의존성을 말하여 대단한 집중력과 집착을 발휘하는 별이다.

년간에 편인이 있으면 철학적이고 이상적인 사고관이 강한 사람이다. 그래서 남들이 생각하지 못하는 엉뚱한 생각을 잘한다. 보편적인 인생을 살아가지 않고 남들이 보기에 특별해 보이는 인생이라고 할 수 있다. 글과 학문을 바탕으로 자격증이 필요한 특수 분야를 말한다. 또한 조상대의 육친이 불안정했다는 뜻이고 자신은 어린 시절에 부모혜택을 덜 받았다고 할 수 있다.

년지에 편인이 있으면 조상 때부터 내려온 팔아먹기 힘든 재산이나 가보가 있다는 것을 말한다. 일반적으로 선산이나 작고 비뚤한 땅도 포함하고 오래된 재산도 포함된다. 기울어진 조상덕을 말하고 학문적으로 이공, 기술, 철학 등 특수 분야로의 진출을 말한다.

월간에 편인이 있으면 철학적, 공학적, 과학적, 의학적 분야로 진출하여 자신의 사회적 성취를 득한다. 월간이란 앞으로 인생을 어떤 목적으로 살아가겠다는 슬로건이다. 즉 업적을 이룰 수 있는 분야나 남들이 하지 못하는 특별한 지식을 갖추어 살아가려는 마음이고 그 분야의 학자로서 살아간다.

월지에 편인이 있으면 특별한 재능이나 특별한 학문성을 밑천삼아 살아가는 것을 말한다. 일반적으로 이공, 철학, 사학, 과학, 예능 등의 분야를 바탕으로 평생 밑천 삼아 살아가려는 마음이다. 세계적 피겨 스케이팅의 여왕 김연아 선수가 바로 이런 케이스이다. 밥만 먹고 스케이트만 탈 수 있는 집중과 끈기는 바로 이 편인성 때문이다. 또한 기울어진 부모혜택을 말한다. 김연아 선수의 경우 부모후원이 지극하지만 해외 전지훈련 등 집을 비우는 일이 잦아 부모덕을 부분적으로만 보는 경우가 된다.

일지에 편인이 있으면 중년에 부모와 동거하나 여자는 고부간의 갈등을 말한다. 남자는 장모와 동거한다. 남녀 모두 배우자에게 지나치게 의존하며 후원을 바란다. 여자는 중년에 자식과 동거하지 못한다. 학문적으로는 집에서 공부하고 사업적으로는 집문서로 사업한다.

시간에 편인이 있으면 말년에 현금화되기 어려운 문서 보유나 말년의 학문성을 말한다. 또한 말년에 글과 학문에 심취하여 학자로서 살거나 집필하거나 스승을 모신다.

시지에 편인이 있으면 젊어서 이루어 놓은 이권을 가지고 살아가는데 특허, 인세, 임대, 대여 등의 것으로 살아가지만 그 특성이 특별난 것이고 작은 것이다.

5. 근묘화실적 선용관계

위에서 육친의 근묘화실적 관계를 알아보았다. 근묘화실은 이처럼 세월에 따른 시간적 흐름에 따라 적용방식이 다르다. 또한 세월이 아닌 판단에 근거하여도 신용관계를 갖는다. 예를 들면 년월에 인성이 있고 일시에 식상이 있다면 이 사람은 먼저 의지하고 받기를 원하다가 일단 받고 나면 주려는 마음으로 바뀐다. 또 년에 재성이 있고 월에 식상이 있고 일에 인성이 있다면 이 사람은 먼저 이리저리 계산해보고 투자할 가치가 있으면 과감히 투자하고 선행하여 베푼 다음 받기를 기대할 것이다. 이처럼 심리적 사고와 행동 변화를 판단하는 관점에서도 근묘화실 이론은 매우 중요하다.

6. 근묘화실로 보는 지장간

위 육친적 해설에서 일반적으로 천간의 육친은 오행이 하나로 되어 있지만 지지는 지장간이 있어 그렇지 않다. 지지는 외면적인 모습을 말하고 지장간은 내면의 이해관계를 말한다.

‖ 샘플 86 ‖

	壬		甲	
			寅	乾

가령 壬일주가 년에 木식신을 보았을 때 육친적으로 천간의 甲木도 지지의 寅도 식신이긴 하지만 寅은 지장간이 있어 여러 가지 육친적 요소를 가지고 있다. 寅中에 戊丙甲이 지장간에 있으므로 편관, 편재, 식신의 성분이 섞여 있는 것이다. 이처럼 세 가지의 요소를 함께 해석해야 한다.

또한, 지장간에서 이루어진 것이므로 내면에 감추어진 행위나 양상을 말한다. 예를 들면 위 사주의 경우 寅中에는 戊丙甲을 해석하면 편관은 동네에서 세력을 가지고 있었고 편재가 있었으니 한때 돈 쓸 만큼 있었으며 외면적으로 식신이니 남을 도와주었다고 본다. 느긋하고 마음이 부드러우며 기술직이거나 기술을 가르치는 사람이었다고 해석하면 된다. 사회적으로 해석할 때는 식신을 쓸 때 재성의 행위와 관성의 행위가 내면적으로 결합된다는 뜻이다. 재성의 행위를 하는 것이니 밑에 부하직원을 두게 되고, 관성의 행위를 하게 되니 직장생활을 한다는 뜻인데 년에 있으니 큰 회사와 인연이 있다는 뜻이다. 이처럼 지장간의 요소, 합형충파해, 원진, 공망 등의 요소를 더부합하여 부모와의 관계, 내게 미치는 영향과 연결성 등은 모두 집약하고 해석하여 최종적인 판단을 해 나가는 것이다. 지장간은 보이지 않는 내면에서 이루어지는 행위이므로 사주해석에 그 사람의 속마음이나 보이지 않은 이해관계를 알아내는데 중요한 요소로 쓰인다는 것을 명심해야 한다.

오해와 착각

우리 삶은 오해와 착각의 연속입니다.

그것은 우리의 감각 체계인 눈, 코, 입, 귀, 감각이 완전하지 않기 때문입니다. 그럼에도 우리는 의식적으로 그 감각이 완전하다 생각하기 때문에 항상 착각을 하게 됩니다.

그 착각 때문에 오해도 하고 화를 내기도 하여 남을 미워합니다. 그 착각 때문에 철천지원수라고 생각하며 분노에 치를 떱니다.
그 착각 때문에 자신을 비관하고 슬퍼합니다.
그 착각 때문에 항상 자신이 옳다고 여기며 자만합니다.

자신이 착각을 하고 있다는 것을 아는 것이 자각입니다.
자각하는 사람은 깨어 있는 사람이고 그렇지 않고 착각에 의한 감정에 취해 있는 사람은 깨어 있지 못한 것입니다.

이는 어떠한 사건과 사안을 바라볼 때 짧은 순간 관찰하고 판단하기 때문에
일어나는 어리석음입니다.

넓고 긴 안목으로 판단하면 이 세상 어떤 일도 그렇게 괴로운
일이 아니란 것을 깨닫게 됩니다.

자신의 판단이 항상 옳지 않을 수 있다는 생각을 가지고 세상을 살면 좋은 일
이 많이 있게 될 것입니다.

여러분 모두 행복해지시길 기원합니다.

제8장

실제 그릇 해설

◆ 한랭한 사주가 좋으려면

‖ 샘플 87 ‖

乙	庚	丙	甲	
酉	午	寅	戌	乾

　위 사주는 寅月의 酉時에 태어났다. 寅月은 만물이 소생하는 계절이지만 추위가 아직 가시지 않았다. 寅月에 午火가 있고 戌土가 있으며 酉金까지 투출하였다. 결국 木生火, 火生土, 土生金으로 사주가 시작에서 결과까지 구슬을 꿴 듯 연결되어 있다. 이 사주를 寅午戌 火局을 지어 뜨겁겠다고 판단하면 굉장히 큰 오판을 하게 된다. 寅月의 酉時는 매우 추운 편이다. 그런 추운 환경속에 火가 국을 이뤘으니 좋은 평가를 받을 수 있는 사주다. 만약 한랭한 때 火가 드러나지 않으면 만물이 생육되지 않기 때문에 무엇보다

火의 조화 여부가 그 사람의 그릇에 지대한 영향을 미치게 된다. 위 사주의 주인공은 사업을 해서 크게 성공한 사주이다. 경영자가 된 것은 재성과 관성, 그리고 겁재가 무리 짓고 있기 때문에 경영자가 된 것이다. 또한 천간에 丙火가 드러났는데 甲木의 생을 받고 있기 때문에 인기가 있고 타인의 주목을 받게 되는 사주이다.

◆ 한랭한 사주가 火를 보지 못하면

‖ 샘플 88 ‖

戊	辛	壬	丁	
戌	亥	寅	酉	乾

寅月의 戌時에 태어났다. 寅月의 戌時는 해가 기울었다. 한랭한 가운데 지지에 火를 보지 못했다. 그래서 빛나는 직업을 갖지 못한다. 寅月에 丁火가 돋보인다. 丁火는 관성이다. 그래서 사람이 예의 바르다. 그러나 寅月에 壬水는 한랭한 기운을 더 돕기 때문에 丁火의 세력을 약화시킨다. 다시 말해 壬水가 丁火를 탁하게 만들었다. 운에서 火운을 만나면 돈은 벌겠지만 사주 구조가 완전히 좋지도 나쁘지도 않게 복잡하다. 이렇게 구조가 애매하고 복잡하면 좋은 사주가 아니다. 좋은 사주는 구조가 명확하고 확실하다. 丁火가 있더라도 酉金 위에 올라가 있고 甲木이 투출해 丁火를 살리는 모습

이 아니니 좋은 것이 아니다. 다시 말해 모양만 그럴 듯하다. 그러므로 사람은 매너 좋은 사람일지라도 사회적으로 크게 펼치지는 못하는 사람이다.

◆ 명(名)은 잃었으나 실(實)을 얻은 사주

‖ 샘플 89 ‖

己	乙	辛	辛	
卯	亥	卯	巳	乾

　卯月의 이른 아침에 태어났다. 이른 아침에 태어났으니 부지런하다. 초목이 무럭무럭 자라야 하는데 지지의 환경의 亥水가 卯木을 생하는 가운데 巳火가 드러나 있어서 좋다. 巳火는 자체로 금화교역을 하는 것이기 때문에 능히 결과를 만들 수 있다. 천간에 관성이 투출되긴 하였으나 火를 보지 못하였기 때문에 대외적으로 타인에게 드러나는 것을 꺼려한다. 그래서 사회적으로 유명세를 얻거나 업적을 이루지는 못하여도 개인적으로 물질적 소득은 얻을 수 있는 사주다. 위 사주는 가난한 집 장남으로 태어났으나 20대 부인을 얻고 난 후 부인과 청바지 공장, 부동산을 하여 기반을 잡은 뒤 중년부터는 대형 슈퍼마켓으로 많은 재물을 모았다. 부인이 巳中戊土로 부인은 火를 갖고 있어 부인을 만나면서 사회적인 앞길이 열린 것이다. 지지의 관성은 卯월의 金이기에 약하고 록이 강하기 때문에 사업가로서 살아왔으며 천

간에 관성이 투출되어 대외적인 매너와 처세가 좋은 사람이다. 사주가 대체로 음이 강하기 때문에 안정 지향적이고 내성적인 성향을 가졌다. 오행적으로 金이 허약한데 운에서 金운을 만나 인생이 잘 풀린 사주다.

◆ 水가 부족한 사주

‖ 샘플 90 ‖

癸	辛	辛	丙	
巳	巳	卯	戌	坤

위 사주는 ‖ 샘플 89 ‖ 사주의 부인 사주다. 봄날에 태어나서 태양이 활짝 피었다. 봄날 낮 시간이니 丙火의 세력이 약하다고 볼 수 없다. 丙火는 거듭 辛金과 금화교역하여 사회적 가치를 만들고 癸水까지 투출하여 음양의 조화를 잘 갖춘 사주라 할 수 있다. 다만 지지에 水가 부족하여 돈을 잘 지키지 못하는 단점이 있다. 그래서 남편이 돈 관리를 한다고 한다. 두 사람에게는 그것이 현명한 판단이다. 운로가 음대운으로 흐르면 지지의 음양조화가 잘 맞아 부자로 잘 살아갈 수 있는 구조인데 다행히 대운이 음대운으로 흘렀다. 卯月이란 계절은 水의 조절을 잘 받고 火의 조화도 잘 받아야 좋은 사주이다. 위 사주는 水가 부족하여 완벽한 조건을 갖추지 못하여 격이 조금 떨어지긴 하였으나 운이 음대운으로 흘러 잘 사는 것이다. 火가 빛나니 남편

덕이 좋은 것이고, 자식인 식상은 세력이 약하기 때문에 잘난 자식을 두지는 못한다. 대체적으로 사주가 양의 세력이 강하니 대외적이고 타인을 도와주는 것을 좋아한다. 그래서 인기가 좋다.

◆ 卯月생이 火를 보지 못하고 水가 강하면

‖ 샘플 91 ‖

癸	甲	乙	癸	
酉	辰	卯	丑	坤

卯월의 酉시에 태어났으니 부지런하면서도 자신의 실리욕이 강하다. 지지에 火를 보지 못하였으니 빛나는 직업을 갖기는 어려우나 水生木, 土生金이 잘 되어서 실리는 있다. 천간에 드러난 글자도 모두 일간을 중심으로 水生木 하길 원하니 욕심이 많고 인색하며 받으려는 마음이 크다. 卯月 사주는 위 설명처럼 火를 보지 못하면 큰 그릇이 되기 어렵다. 水火의 조화를 갖추면서 결실인 金을 보아야 좋은 사주이며 火를 보지 못한 金은 작은 성취에 불과하니 큰 부자가 될 수는 없다. 위 사주처럼 火를 보지 못하고 水의 세력이 강하면 외적으로는 부드러워 보이지만 크게 펼치지 못하여 안정과 보수적인 삶을 살아가기 때문에 잘 먹고는 살아도 큰 번영을 누리지는 못하는 것이다.

◆ 능력은 있으나 실리가 부족한 사주

‖ 샘플 92 ‖

丙	丁	甲	壬
午	卯	辰	子

坤

辰月의 午時에 태어났다. 辰月은 만물이 활짝 개화하는 시기로서 왕성한 사회활동을 하게 되며 일간이 丁火이기 때문에 타인에게 주목받아 활짝피는 것이 이 사주의 삶의 목적이다. 년간에 壬子가 水生木을 잘 해주고 다시 甲辰이 木生火를 해주어 인기 있는 강사로 활동하는 사주이다. 그러나 사주에 金이 없다. 金이 없으면 결과 결실이 부족한 것이므로 고부가가치는 자신의 것이 아니다. 인기는 좋으나 부가가치와 관계없는 인기와 유명세는 있을 것이다. 운에서 金운을 만날 때 사회적으로 큰 결실과 재물을 축적할 수 있고, 그렇지 않을 때는 적당히 월급을 받으며 안정적으로 살아간다. 봄 태생한테 金은 이상세계이거나 보이지 않는 정신세계와 같으니 정신세계 쪽 일을 할 때 부가가치를 많이 올릴 수 있다.

◆ 巳月생 소통이 좋은 사주

‖ 샘플 93 ‖

辛	丙	癸	辛	
卯	寅	巳	丑	乾

巳月의 卯時생이다. 巳月의 卯시는 세속적인 구간으로 사회적 고부가가 치를 따라가는 절기의 아침에 태어났으니 매우 부지런한 사람이다. 지지에 丑土가 水氣의 근원을 삼고 있고 천간에 辛金이 투출하여 癸水를 생하고 있으나 甲木이 투출되지 않은 것이 아쉽다. 지지에 金이 투출되지는 않았지만 木生火 하고 巳中 庚金과 丑中 辛金이 금화교역이 되고 있는 모습이다. 또한 천간도 금화교역이 되고 있으니 사회적으로 큰 결실을 얻고자 하는 뜻도 있다. 운에서 丑土를 무너뜨리는 글자만 오지 않으면 이 사주는 잘 산다. 예를 들어 辰이나 午, 未 등과 같은 글자가 올 때 좀 힘들고 그 외의 운이 올 땐 대체로 무난하게 잘 넘어간다. 위 사주의 주인공은 삼성을 다니다 퇴직하여 현재 기업 교육을 하는 회사 CEO 사주다. 운이 중년에 水대운으로 흘러 앞으로의 삶도 무난한 흐름이라 할 수 있다.

◆ 천간의 조화는 사회적인 지위를 말한다.

‖ 샘플 94 ‖

甲	壬	丁	戊	
辰	午	巳	申	乾

巳月의 辰時에 태어났다. 辰時는 습한 시간이다. 만물이 개화하고 피어나기 좋은 환경을 가졌다. 년지에 申金이 드러나 있어 巳火와 금화교역을 이루었다. 천간의 모양은 水, 木, 火, 土가 투출되어 있어 오행은 고르나 金이 없는 것이 아쉽다. 위 사주의 운이 양대운으로 흐르면 음기가 약할 수 있는 구조를 가지고 있기 때문에 기복이 큰 삶을 살아가게 되지만 다행히 세 번째 대운부터 金대운을 만나 금화교역을 잘하여 운이 좋아졌다. 위 사주는 코스닥 등록 회사 임원이다. 임원인 이유는 천간에 금이 투출되지 않아 자신이 결과를 보려하지 않음이다. 어려서 火운은 운세가 좋지 못하여서 사주 틀에 비해 좋은 학교를 나오지 못했을 것으로 생각된다.

◆ 출세하는 사주

‖ 샘플 95 ‖

己	己	戊	戊	
巳	巳	午	戌	乾

여름날 낮 시간에 태어났다. 여름이란 시간은 세속적인 시간이다. 火가
많다는 것은 세상 사람들과의 경쟁에 능수능란하고 처세와 세상 이치가 밝
다는 것을 뜻한다. 그러나 火도 너무 지나치면 경거망동하게 되고 화려한 것
만을 쫓다 결국 흩어지게 되는 것이기 때문에 火의 경거망동을 제어해줄 수
있는 글자가 있어야 좋은 사주가 되는 것이다. 위 사주에서는 戊土가 그런
좋은 역할을 하고 있다. 戊土는 火의 입묘지로서 火가 함부로 날뛰지 못하도
록 제어해주는 역할을 한다. 또 가만히 지지를 살펴보면 巳中에 庚金이 들어
금화 교역을 하고 있고 午戌이 만나서 금화교역이 잘 일어난다. 천간은 戊
戊己己로 되어 있어서 일기로 순일(純一)하다. 그런 형태는 정신적으로 한
방향만을 추구하고 잡기를 꺼린다. 己土는 甲木을 대화작용하고 戊土는 癸
水를 대화작용하여 관록과 재성을 허자로 불러드린다. 관직운도 있어 고관
대작으로 살아갈 수 있는 운명이다. 물론 운에서 火운을 만나면 戊土가 火의
조절 작용을 상실해 火가 날뛰어 관재구설이 일어나지만 위 사주는 다행히
사주가 음으로 흘러 음양의 조화가 잘 맞춰졌다. 서울대학교를 나와 행시에
합격하고 군수까지 올랐으며 국회의원을 4선까지 한 사주다.

◆ 여름생 지지에 金이 없으면

‖ 샘플 96 ‖

丙	庚	丙	壬	
子	辰	午	子	乾

午月 子時에 태어났다. 午月의 子時는 만물이 휴식하고 충전하며 안정을 취하기 좋은 시간이다. 그 옆에 辰土가 있으니 木의 기운도 갖추고 있지만 아쉽게 金이 지지에 드러나지 못했다. 그러므로 타고난 자신의 것이 없는 사주이다. 다시 말해 고부가가치를 추구하지 않는 사주이다. 그러나 운에서 金운을 만난다면 오행의 조화가 고루 갖추어지는 사주이기도 하다. 金운을 만나면 크게 발전하기는 하나 천간의 구조가 木기가 부족하고, 丙火가 투출하여 庚金을 만나 금화교역은 되었으나 丙火가 庚金을 제련하지 못하므로 큰 그릇이 되지는 못한다. 위 사주는 金대운에 대기업 인터넷 교육 사업 본부장까지 하였으나 金대운이 끝나면서 퇴직하게 되었다. 金대운시절 한때 조직에서 상당한 매출을 만들어내면서 고속으로 승진하였으나 그 결과가 내 것이 아닌 것은 사주에 金이 없는 이유이고 세운에서 寅卯 세운을 만날 때 매출이 저조해지면서 辰년에 퇴직을 하였다. 운에서 水대운을 만나면 水生木, 木生火하면서 살기 때문에 작은 소득을 많이 만들어가며 살아가는 운이라 할 수 있다.

‖ 샘플 97 ‖

庚	壬	辛	甲	
子	戌	未	辰	乾

未月의 子時에 태어났다. 未月은 더위가 지나쳐 만물이 늘어지고 습해지는 계절이다. 未月에 子時는 시원하고 음양의 조화가 잘 맞는 때 태어났다. 지지에 辰土가 있어 木氣가 있고 未月에 태어났으니 火氣를 얻었으며 戌日에 태어났으니 金氣도 얻었고 子時에 태어났으니 水氣도 얻었다. 그러므로 오행을 두루 갖춘 사주라 할 수 있다. 천간의 구조는 아쉽게 火가 없다. 젊은 청년시절 사업에 매진하다 중년에 들어오면서 동양철학 대학원에 진학하여 풍수지리학 박사가 되었다. 그 이유는 운에서 천간에 火를 얻었기 때문이고 인성인 庚이 子를 지지에 두고 있어 보이지 않는 정신적인 학문을 하게 된 것이다. 未月의 子水는 천하 만물을 휴식하게 하는 것이고 안정하도록 하는 것이기 때문에 힐링이다. 그것이 양인이면서 祿支에 있으니 강의를 하게 되고 컨설팅을 하게 되는 것이다. 또한 위 사주는 최면에도 능통하다. 그것은 양인 子水가 깊은 곳을 파고드는 살기를 가졌기 때문이고 빙의 등의 퇴마와 침술에도 능하게 되는 것이다.

◆ 종교에 빠졌다

‖ 샘플 98 ‖

甲	壬	丁	丁	
辰	辰	未	未	坤

未月의 辰時에 태어났다. 未月은 열 두 계절 중 가장 더운 시기를 말한다. 辰은 더위가 아니고 양기가 활짝 핀 것을 말한다. 여기서 혼돈하지 말아야 할 것은 양기와 더운 것은 다르다는 것이다. 辰은 火를 말하고 未는 서(暑)를 말하는 것이다. 그러므로 양이 극렬하다는 뜻이다. 만약 未月에 未時에 태어났다면 오히려 더위가 지나쳐 만물은 쳐지고 늘어진다. 그러나 未月의 辰時는 더운 가운데 양기의 활동이 활발한 것을 뜻하니 천간의 구조를 보면 壬水에서 水生木, 木生火 하여 火에서 오행의 소통이 끝난다. 그러므로 이 사주는 양의 활동이 활발하면서도 지나치다고 할 수 있다. 양은 밝은 것이나 너무 지나치면 火의 태과지기 혁희(赫曦)와 土의 태과지기 돈부(敦阜)가 되어 이상적인 세계에만 치우치고 가사를 탕진하고 광기가 성하게 된다. 위 사주는 사이비 종교 단체에 빠져 사는 사람이다. 천간의 구조는 水生木, 木生火하여 소통하기 때문에 그곳에서는 높은 위치에 이를 수 있었다.

◆ 申월생을 판단하는 법

‖ 샘플 99 ‖

乙	庚	庚	癸	
酉	寅	申	丑	坤

申月은 더운 계절이다. 申月을 음기라며 춥다고 생각하면 오해다. 申月은 서(暑)하고 습(濕)하면서 조(燥)를 여는 계절이다. 申月은 24절기의 처서가 포함되어 있는데 처서가 지났느냐 아니냐에 따라 음양의 경중이 다를 수 있다. 申월은 더운 계절이기는 하나 기운의 방향은 겨울로 가고 있다. 그러므로 태어난 시간이 오전이냐 오후냐에 따라 삶의 방향은 다를 수 있다. 申月의 酉時는 하루를 마감하고 석양이 지는 시기이기 때문에 안정과 휴식이 삶의 목표라 할 수 있다. 즉 결실을 만드는 것이 아니라 현재에 있는 것을 가지고 잘 관리하여 편히 지내고 싶은 마음과 같은 것이다. 사주에 火가 드러나 있으면 적당히 사회적 성취와 안정을 추구하며 살겠지만 위 사주의 경우는 火가 드러나지 않았기 때문에 번화한 세속적 환경을 싫어한다. 만약 운이 陰運으로 가면 더욱 정신적인 세계로 향할 것이고, 陽運으로 간다면 고요하고 정신적인 삶을 그리지만 세속 사회에서 살아갈 것이다. 위 사주는 여명이기 때문에 운이 순행하여 음대운으로 흘렀다. 위 사주는 마음수련 단체의 지도자로 살아가고 있다.

◆ 공무원 사주

‖ 샘플 100 ‖

戊	庚	甲	庚	
寅	辰	申	戌	乾

申月의 寅時에 태어났다. 申月은 무더위가 극렬하지만 기운의 방향은
음지를 향하고 있어 음지를 향한 마음이 강하다. 위 사주는 申月에 태어났어
도 寅時에 태어났으므로 부지런하고 사회활동의 방향이 양지를 향했다. 그
런 가운데 辰이 투출하여 양기의 작용을 하니 공무원 사주의 틀이 되었다.
공무원이 된 이유는 戌中에 丁火가 관성으로 작용하였기 때문이고 운에서
丁亥 대운을 만났기 때문이다. 戊土는 권력성 글자이고 金氣이므로 세무 공
무원이다. 이처럼 같은 申月생이라도 몇 시에 태어났고 주변에서 간섭하는
글자가 무엇이냐에 따라 인생의 방향이 달라질 수 있는 것이다. 독자 여러분
들께서는 그 느낌을 이해하여야 한다. 삶이란 딱 떨어지는 방정식이 아니다.
기온이나 습도를 느끼듯 그 느낌을 감지해낼 수 있어야 한다.

◆ 금화교역이 잘 된 사주

‖ 샘플 101 ‖

丁	壬	辛	戊	
未	午	酉	申	乾

酉월의 未時에 태어났다. 酉月은 조(燥)한 시기다. 여름의 열기가 완전히 가시고 오곡백과가 모두 결실을 이루는 시기다. 가을의 결실은 반드시 火를 보아야 한다. 그것은 金과 火가 만나 큰 결실을 이루어내는 금화교역을 말한다. 또한 건조하면 만물은 마르기 때문에 水가 필요하고, 결실이 단단해지기 위해서는 木이 필요하다. 위 사주는 水가 없는 것이 흠이지만 水의 근원지인 申金이 있고, 木은 없지만 未중 乙木이 있어 木기를 살리고 있다. 未土의 乙木은 12운성상 양(養)이기 때문에 乙木을 살리는 것이다. 자세히 보면 사주가 午未申酉로 구슬처럼 꿰어 있다. 천간을 보면 가을에 水와 火가 드러나 오행의 조화를 갖추고 있어 戊土로 양기가 흩어지지 않게 가두고 있기 때문에 완벽하지는 않지만 좋은 구조를 가지고 있다고 본다. 위 사주는 운에서 水운을 만나 오행의 조화를 갖추게 되면서 국내 대기업에 입사하여 해외지사 OIL딜러로 활동하고 있다. 대기업에 간 것은 년에 관성이 있기 때문이며 해외로 나간 것은 申酉공망이고 시에 火가 있기 때문이다.

◆ 사업가 사주

‖ 샘플 102 ‖

戊	癸	己	壬	
午	亥	酉	寅	乾

酉月의 午時에 태어났다. 酉月 午時는 금화교역이 활발히 일어나는 시기이므로 고부가가치를 이루어가려는 시기이다. 亥水가 寅木을 생하고 寅木이 午火를 생하며 午火가 酉金을 다시 금화교역하니 오행의 소통이 원활하여 좋은 사주라 할 수 있다. 천간은 건조한 가을에 壬水와 癸水가 투출되었으나 火가 투출되지 못해 아쉽다. 癸水가 록을 이루고 중년시절 祿旺지운으로 걸어가 사업을 하였으며 관성과 재성이 무리지어 경영을 하였다. 寅木 상관이 투출되어 있으니 새롭게 만드는 일이다. 위 사주는 지방 건설회사를 운영하는 경영인으로 천간에 火가 투출되었다면 상장기업사 CEO쯤 되는 사주가 될 뻔했지만 아쉽게 그릇이 조금 작아졌다. 이처럼 지지의 구조만 좋아도 좋은 사주가 될 수 있고 천간의 구조가 갖추어지면 더 큰 규모로 발전하게 되는 것이다.

◆ 庚金은 丁火를 만나야 한다.

‖ 샘플 103 ‖

丁	庚	丙	乙	
亥	子	戌	卯	乾

戌月의 亥時에 태어난 사주다. 戌月은 가을과 겨울의 변화가 일어나는 시기이며 亥時에 태어났으니 건조하면서 한랭한 바람이 분다. 그런 환경에서 乙卯가 드러나 丙火와 丁火를 살리면서 庚金을 제련하니 좋은 사주가 되었다. 庚金은 丁火를 만나야 큰 그릇이 된다. 만약 庚金이 丁火를 만나지 못하면 유명무실할 뿐이다. 한랭한 기운이 도는데 丙火가 온기를 비추고 하늘을 밝히니 명예가 빛나는 사주다. 위 사주는 서울대학교 법대를 나와 변호사가 되었다. 재성과 관성이 투출되어 있으니 火대운을 만나면 법률단체를 경영하게 될 것이다. 戌月에 火는 구원의 등불이다. 현실을 버리지 않고 고수익을 내는 불꽃이다. 그래서 변호사인 것이다.

‖ 샘플 104 ‖

辛	乙	壬	癸	
巳	未	戌	卯	乾

戌月은 건조하면서 한랭해지는 시기다. 한랭하다는 것은 음한 것이지만 습한 것은 아니다. 戌月에 水가 부족하면 만물의 수렴이 잘 이루어지지 않는 것이다. 그러면서 火로 밝히면 사주가 좋은 것이다. 위 사주는 사시에 태어났으나 水가 부족하다. 운에서 水운을 만나면 만물이 잘 수렴되고 운세가 좋다. 그러나 남자면 운이 역행하니 水운을 만나지 못한다. 말년에 다행히 木대운을 만나면 건조한 상황이 해결된다. 천간의 水를 지지의 水로 보아서는 안 된다. 천간은 형이상적인 것이고 지지는 형이하적인 것으로 천간에 水가 투출하여 처세가 좋고 인품이 다정하다. 아쉬운 것은 천간에 金은 있으나 火가 없는 것이다. 위 사주는 현재 역학 공부 중이며 마음공부 등 정신세계에 관심이 많다. 앞으로 직업적으로 하게 될 것이다. 그 이유는 辰巳공망으로 시주가 辛巳간지가 공망이고 辛이 관성이기 때문이다.

◆ 조후는 얻었으나 결과가 부족한 사주

‖ 샘플 105 ‖

辛	壬	辛	丁	
亥	辰	亥	未	乾

亥月의 亥時에 태어났다. 亥月의 亥時는 한랭하고 어둡다. 년주의 丁未가 아름답다. 위 사주는 서울대학교를 나왔다. 겨울의 火는 영혼을 밝히는 불로 정신세계에 관심이 많으며, 지지에 金이 없어 물욕이 부족해 돈 버는 일에 관심이 적다. 젊은 시절 잠시 마음 수련 단체에 근무하다 퇴직하여 다시 동국대학교 연극영화학과에 들어가 영화 공부를 하였다. 그러나 흥미를 잃고 다시 한의대를 가기 위해 공부중이다. 천간의 丁火가 金을 보아 금화교역하니 사회적으로는 좋은 학교나 멋진 감투의 결과를 얻을 수 있지만 지지에 金이 없기 때문에 현실성이 부족한 것이다. 부모 덕이 있어 돈을 벌지 않아도 가능한 일이지만 배운 것을 사회적인 결과로 잘 쓰지 못하는 것은 金이 없기 때문이다. 亥월에 辰土와 未土는 관성으로서 매우 좋은 것이다. 왜냐하면 양기가 강한 것이기 때문이다. 그래서 매너가 좋고 인품이 준수하다. 水生木, 木生火 까지는 잘 되었기 때문에 운에서 金대운을 만나면 운이 좋아지는 것이다. 그러나 金운은 젊은 시절에 모두 지나가 버렸으니 중년에 火운과 木운을 만나 물질보다는 활인 구제에 관심이 더 많은 것이다.

‖ 샘플 106 ‖

辛	辛	乙	己	
卯	丑	亥	未	乾

亥月의 卯時에 태어났다. 亥月의 卯時는 춥지만 만물이 깨어나는 시기다. 그러므로 부지런하다. 또한 木에서 火로 나아가려 하니 현실적인 사람이다. 亥月에 水生木, 木生火, 火生土, 土生金이 잘 된 사주이다. 년에 未土가 있어 자격인데 未中 丁火가 있어 관직이기도 하다. 이 사주는 관직이 좋으면서 일지에 丑土가 있어 지지에 金이 있다. 未土에 丑土는 刑으로 이 사주의 관직은 형벌을 다루는 관직이다. 서울대학교 건축학과를 졸업한 후 건축가의 길을 포기하고, 사법고시에 도전하여 합격하였다. 년의 未중 丁火 관성이 있고 己土가 투출되어 관록을 먹게 된다. 검사가 되려면 양인살이나 壬癸水가 투출하여야 하고 변호사가 되려면 중년의 운세가 록을 이루어야 하는데 관대운이라 판사 사주다.

◆ 겨울의 양기와 음기를 보는 법

‖ 샘플 107 ‖

癸	辛	壬	丁	
巳	酉	子	未	乾

子月의 巳時에 태어났다. 이 사주도 巳火와 未土가 좋다. 未중에 乙木이 양(養)하고 있다. 또한 酉金이 투출하여 오행의 소통이 잘되는 사주다. 양기와 火는 세속적으로 유명이나 인기를 말한다. 특히나 겨울태생은 더욱 그러하다. 겨울에 水기는 살기로 무서운 칼을 휘두르는 것을 말한다. 위 사주는 양기와 水기를 함께 쓰기 때문에 살리는 것과 죽이는 것을 같이 하는 것이다. 위 사주는 한양대학교를 졸업하고 금감위 직원이 되었다. 겨울에 子水와 酉金은 예리하고 깊이 파고드는 것을 말하고 子水는 군화로서 정의 수호를 위한 것을 의미하며 丁未는 희망의 등불이지만 未土는 중립과 조정을 뜻하기 때문에 금감위라 할 수 있다.

◆ 겨울태생이 火를 보지 못하면

‖ 샘플 108 ‖

丙	乙	壬	壬	
子	丑	子	戌	乾

子月의 子時에 태어난 사주다. 겨울의 밤 시간은 음이 강한 시간이다. 음이란 내면의 세계를 말하고 비세속적인 환경을 말한다. 다시 말해 세상이 요구하는 문화나 가치관을 말하는 것이 아니다. 즉 자기 좋아하는 일을 뜻하고 타인과 경쟁하는 것이 아니고 남의 눈치 보지 않는 것을 말한다. 그러므로 인기직종의 직업이 아니다. 겨울에 불을 밝히고 있다는 것은 정신을 밝히는 절대적인 불꽃을 말하며, 절대적인 무형의 정신세계를 말한다. 위 사주는 정신세계에 관심이 많은 사주다. 기수련이나 무술, 철학, 역학, 종교 등과 인연이 많다. 戌이 공망이기 때문에 정신세계 직업을 가질 사주다. 乙木이 록이 없기 때문에 조직사회에 들어가 활동하게 된다. 火대운을 만날 때 정신세계를 사회적인 쓰임으로 활용하지만 木대운에는 두각을 나타내지 못한다. 그 이유는 子月은 음이 지나쳐 木을 생하지 못하고 火가 없으면 양생이 되지 않아 木도 살릴 수 없기 때문이다.

◆ 丑月生 辰巳를 보면

‖ 샘플 109 ‖

己	甲	己	庚	
巳	辰	丑	申	乾

　丑月의 巳時에 태어났다. 丑月은 가장 한랭한 계절이긴 하지만 내부에 木이 생하고 있어 무엇보다 火의 조화가 필요하다. 巳時는 한기를 달래주는 시간으로 얼었던 얼음이 잠시 녹아 물이 되어 땅을 질척거리게 만든다. 辰土가 있어 木이 생하고 巳火와 申金이 만나 금화교역을 이루니 만물이 소생하기 좋은 기운이 되어 좋은 사주가 되었다. 천간의 구조를 보면 추운 겨울날인데 火가 투출하지 못하였다. 그러므로 큰 업적이나 이상을 꿈꾸는 사람은 아니다. 현실적인 사람이라 안정적으로 잘 살면 된다는 생각을 한다. 甲木일주에 巳火가 빛나기 때문에 빛나는 재능을 가지고 있으며, 고부가가치를 창출할 수 있는 재능이다. 巳申합하니 그 재능이 직장을 열어준다. 이 사주는 사진을 전공하고 해외 유학을 통해 스펙을 쌓았으며, 귀국 후 실력을 인정받아 연예인 사진 촬영을 하고 있다.

◆ 요식업체 직원

‖ 샘플 110 ‖

甲	戊	己	庚	
寅	戌	丑	子	乾

丑月의 寅時에 태어났다. 겨울에 태어났는데 火를 보지 못했다. 甲木과 寅木은 있지만 천간지지 어디에도 火가 드러나지 않았다. 木은 있으나 火가 없으니 만물이 얼어붙어 성장과 열매가 작을 수밖에 없다. 겨울에 火를 보지 못하니 멀리 보지 못하고 시야가 넓지 못할 수밖에 없다. 운에서 火운을 만나게 되면 지지가 소통하니 먹고 사는 것은 무리가 없다. 겨울에 金水를 쓰니 기술, 기계를 다루고 힘들고 거친 일을 할 사주다. 위 사주는 방적회사에서 기술직으로 근무하고 있으며 관리자로서 활동하는 사주이다. 관리자가 된 것은 재성이 지지에 있기 때문이다. 직장생활을 하는 것은 시주에 있는 寅木을 쓰는 것을 반기니 寅중에 丙火가 있기 때문이며 이 丙火는 세속적인 사회활동을 열어준다. 寅木은 관성이고 간여지동으로 우뚝 서 있기 때문에 큰 회사가 되는 것이다.

자식교육

아이를 키울 때 부모들은 자식이 자신들이 원하는 대로 행동하길 바랍니다. 부모들은 보통 공부 열심히 하고 부모 말 잘 듣는 것이 옳은 길이다 생각하고 그 틀에 맞추어 자식들이 자라주기를 바랍니다.

아이가 공부를 못하거나 안하면 마치 큰 문제가 생긴 것처럼 야단법석을 피웁니다. 그것은 공부를 잘해야 좋은 대학에 가게 되고 좋은 직장을 얻게 되고 돈을 많이 벌면 행복하게 살 수 있을 것이라는 고정관념을 갖고 있기 때문입니다.

그런데 성공한 사람들이 반드시 행복한 것은 아닙니다. 또 공부만 열심히 한다고 해서 반드시 성공하는 것은 아닙니다. 그럼에도 불구하고 그것이 마치 외길인양 자식들에게 강요합니다.

그래서 자식과 갈등을 일으키고, 결국 현재의 자신과 자식의 삶을 불행하게
만듭니다.

이는 모두 부모의 욕심에서 비롯된 것입니다.

모든 자연만물은 때에 따른 분수가 있습니다.

어려서는 뛰어 놀아야 하고, 몸이 성장을 하면 공부를 해야 하고, 공부가 끝
나면 사회에 나가 활동을 해야 합니다. 그리고 때가 되면 결혼을 해야 하고,
때가 되면 자식을 낳아야 합니다.

이런 과정들은 모두 자연의 질서이며 때에 맞추어 이루어져야 하는 것입니
다. 어린 시절에 뛰어 놀지 못하고 공부만 한다면 나이 들어 좋은 곳을 놀러
다녀도 어린 시절의 추억은 가질 수 없습니다. 아이의 작은 사회관계는 어려
서부터 놀이를 통해 배우고 형성되며 익혀 나가는 것인데 이 시절에 공부만
한다면 훗날 사회에 나가 잘 적응할 수 없게 됩니다.

또 공부를 해야 하는 시기에 공부하지 못하면 나이 들어 공부를 아무리 해도
그때에 익히고 습득할 수 있는 공부나 수준을 얻을 수 없는 것입니다.

결혼도 자식도 마찬가지입니다.

과일도 제철 과일이 영양이 풍부하고 몸에 좋은 것처럼 모든 것은 나이대별로 거치고 익혀야 하는 것입니다. 우리 아이들에게 매일 밤낮으로 공부만 시킨다면 어린시절 형성되어야 할 풍부한 감성과 이성을 어른이 되어서는 얻지 못하게 됩니다. 결국 사회 활동은 물론 가정에서도 이기적이고 건조한 인생을 살아가게 될 것입니다.

성적 좋은 것보다, 좋은 대학 가는 것보다, 좋은 직장을 가는 것보다 더 중요한 것은 그 사람의 감성과 성품이며 그것에서 비롯된 의식과 이성이 우선입니다. 그 다음에 좋은 성적과 대학, 직장이어야 합니다. 정신만 올바르면 미래에 그 아이가 성장한 후에 성공할 수 있습니다. 사랑하는 내 자식을 너무 경쟁의 세계로 몰아 넣지 마시기 바랍니다.

성인이 되면 자연스럽게 그렇게 될 텐데 어려서부터 그런 환경 속에서 자라게 된다면 삶이 행복해질 수 없습니다. 부모님의 욕심은 버려야 합니다. 콩은 콩인 대로 팥은 팥인 대로 잘 가꾸고 기다리면 결국 자신의 타고난 운명대로 자라게 됩니다.

부모의 욕심대로 콩을 팥으로 바꾸려한다고 절대 바뀌는 것이 아닙니다. 갈등만 생기고 가정만 불행해질 뿐입니다.

기다려주고, 지켜봐주고, 도와주는 것이 부모님들의 역할이 아닐까 생각됩니다. 내가 아이 때문에 스트레스 받고 있다면 분명 그것은 나의 욕심인 것입니다.

제 9 장

에필로그

1. 음양의 세계와 인간의 운명

운명의 근원은 인간이 우주 만물을 닮은 소우주물이라는 전제에서 비롯된다. 이 세상은 대우주 속에 존재하고 자연의 도(道)에 따라 운행되고 있으며 인간은 대우주를 닮은 소우주이기 때문에 자연의 섭리대로 그 운명이 결정된다는 의미이다. 그 대우주의 운동 원리를 동양에서는 음양오행설로 귀결 지었으며 자연의 사물도 음양오행의 섭리에 따라 생겨나고 결정된다는 뜻이다. 자연에 존재하는 사물은 기(氣)와 틀(機)의 원리에 의해 만들어진다. 즉 氣가 어떤 틀에 담기게 되느냐에 따라 그 모양과 성질이 결정되는 것이다. 기와 틀의 원리도 두 가지 방식으로 나뉘는데 첫째, 풀(草), 나무(木), 흙(土), 돌(石), 쇠(金)와 같은 것은 기립지물(氣立之物)이라 한다. 기립지물은 먼저 틀을 갖추고 생기(生氣)를 외부에 두어 외부의 기를 통해 존재를 유지하는 것이다. 둘째는 사람(人), 짐승(獸), 새(鳥), 벌레(蟲), 물고기(魚) 등 걸어 다니고, 기어 다니고, 날아다니고, 헤엄쳐 다니는 것들을 신기지물(神

氣之物)이라 한다. 신기지물은 생기가 몸속에 근원하고 그 몸속의 생기를 바탕으로 틀을 갖추고 존재하는 것이다. 신기지물의 기는 신기(神氣)라 하는데 신기지물은 신기를 활동의 주체로 삼고 외부에 틀을 갖추게 된다. 다시 말해 내부의 기에 의해 외부의 틀이 유지되고 결정되며 만약 내부의 기가 어떤 영향에 의해 교란되면 형체는 흔들리고 무너진다. 정리하면 기립지물은 내부에 음이 있고 외부에 양이 있고, 신기지물은 내부에 양이 있고 외부에 음이 있다. 그러한 신기지물인 인간은 태어나는 시점이 시발점이 되어 우주의 기운에 의해 내부적 기가 완성되고 자연법칙에 따라 운행되는 것이므로 각각의 기운이 상이할 수밖에 없고, 각자 다른 패턴의 변화를 겪게 된다. 그렇기 때문에 신기지물들은 같은 조건에서 생육하더라도 그 성격도 다르고 변화가 모두 다르다. 그러나 기립지물인 나무나 풀 등은 외부에 생기를 두기 때문에 그 생김새가 모두 비슷하고 기질과 변화과정도 같게 된다.

인간의 정신인 신기는 하늘과 이어져 있고, 틀이 되는 육체는 땅과 이어져 있어 정신이 끊어지면 육체를 거동할 수 없게 되고 기가 완전히 끊어지면 모든 조화의 도(道)가 끊어지게 되어 틀이 무너지고 육체가 다시 땅으로 흡수된다. 무릇 음양오행의 기운이란 승(昇), 강(降), 출(出), 입(入)의 운동으로 생기를 운행하게 되는 것이다. 음양은 승강(昇降)이나 출입(出入)이 반드시 하나로 이루어져 있으며 오르거나 내리는 것, 들거나 나가는 것이 모두 하나로 이루어져 있다. 가령 창문으로 바람이 들어오려면 나가는 바람이 있어야 하고, 불이 살아나기 위해서는 기름은 없어져야 한다. 또한 빈병에 술을 담기 위해서는 공기가 빠져 나가야 하는 것이니 공기가 나가지 않고서는 술을 병속에 담을 수 없는 것이 음양오행의 법칙이다. 만약 나가면서도 들어오는 것이 없거나, 들어가는 것만 있고 나오는 것이 없거나, 올라가기만 하고 내려오지 않거나, 내려가기만 하고 올라오지 않으면 음양오행의 법칙에 반하는 것이며 기(氣)가 틀을 떠나 변고가 일어나게 된다. 아무리 가벼운 공기라 할지라도 어떤 틀 속에 계속 담기만 한다면 그 틀은 결국 깨지고 형체를 잃게 된다.

인간의 길흉화복을 보는 것은 음양오행의 자연스러운 순환과 교환이 잘 일어나는지 아닌지를 보는 것이다. 이치는 의외로 간단한 것이다. 모든 관점은 음양오행의 기본 틀 속에서 전혀 벗어나지 않는다. 일이 잘 풀린다는 것은 순환이 잘되는 이치요, 일이 잘 풀리지 않는다는 것은 순환이 안 된다는 이치를 말하는 것이다. 몸도 순환이 안 되면 병에 걸리게 되고, 사업도 순환이 안 되면 결국 망하게 된다. 사주는 그러한 순환을 보는 것이다. 사주는 신강이나 신약의 관점을 보는 것도 아니고, 희기나 용신만을 보는 것도 아니다. 신강이나 신약은 기질과 삶의 해결방식을 말하는 것이고, 용신이나 희기는 추구하고자 하는 것을 보는 것일 뿐이니 삶의 길흉화복과는 관계가 없다. 사람이 고기를 좋아한다고 계속 고기만 먹으면 결국 건강이 좋아지지 않는 것처럼 모든 해석의 관점을 용신만 보면 좋을 것이란 해석은 잘못된 것이다.

사주팔자를 감명한다는 것은 타고난 여덟 글자를 분석하는 것이다. 결코 운만을 분석하는 것이 아니다. 모든 변화는 타고난 여덟 글자 내에서 선택되고 이루어진다. 운명을 바꾸는 것도 운명을 그르치는 것도 모두 내가 가지고 태어난 여덟 글자에 의해 결정되는 것이다. 그것이 선천이다. 선천적으로 어쩔 수 없이 선택되어진 운명을 말한다. 내가 한국인이라면 한국인으로서 선택할 수 있는 운명적 선택이 있다. 좁게 바라보면 마치 내가 똑똑하고 현명하여 잘 선택하여 운명을 바꾼 것으로 보인다. 그러나 넓게 보면 우리는 우주라는 큰 틀 속에 갇혔고, 지구라는 작은 틀 속에 갇혔고, 한국인이라는 틀 속에 갇혔고, 내 가족관계라는 틀 속에 갇혔고, 그래서 내가 선택할 수 있는 몇 가지 제한된 선택권을 행사하며 살아갈 뿐이다. 그것이 팔자다. 그 제한된 틀 속에서 후천적으로 선택하는 작은 선택이 있다. 이름이나 풍수, 배우자, 학교, 직업 등등은 내가 선택하는 것이긴 하지만 제한된 선택일 수밖에 없다. 가령 내가 유명 연예인하고 결혼하고 싶다고 하여 선택할 수 있는 것이 아닌 것처럼 나의 선택은 제한된 선택일 수밖에 없는 것이다. 그 속에서 가장 최선의 선택이 오직 내 삶의 제한된 풍요를 누리게 할 뿐이다. 그 중 제한된 선택이 때가 되어 어느 정도 꽃을 피우면 사람들은 자신이 운명을 바꾸었다고 말한다. 과연 그것이 자신의 운명을 극복하였다 말할 수 있는 것일까? 혹시 그러한 성공도 팔자 속에 있었다면 그것을 극복한 것이라 말할 수 있는 것일까? 늙음이 싫다면 그 또한 극복 가능한 것인가? 운명을 극복한다면 죽음도 피할 수 있단 말인가? 판단은 여러분 독자들의 몫으로 돌리겠다.

인간은 신기지물인지라 자신이 주체적으로 자신의 우주를 주재하려 한다. 그러나 현실적으로는 대우주의 먼지와도 같은 존재이니 자기 마음대로 할 수 있는 것이 실은 그리 많지 않다. 그날의 기분, 생각 모두 우주의 지배를 받고 있기 때문이다. 그것을 우리는 보이지 않는 힘이라고 한다. 겨울에 옷을 두껍게 입는 것은 음기가 나로 하여금 옷을 두껍게 입도록 한 것이지 사실 내가 선택한 것이 아니다. 결국 사람은 내부의 기와 외부의 후천적 기운의 조화에 의해 어떠한 선택을 하고 그로 인해 길흉화복이 생겨나는 것이다.

2. 정신과 감정 그리고 육체의 조화

인간의 정신과 육체는 水火의 조화에 의해 생겨났고 영향 받게 된다. 신체로는 심장과 신장을 의미하고, 인간의 정신도 水火의 조화에 의해 정신(精神)의 허실과 총명이 결정된다. 즉 신장은 水를 담당하여 근원의 에너지와 같고, 심장은 火로서 水를 발판삼아 신(神)을 만들어낸다. 이 두 가지는 인간의 정신과 육체 형성에 큰 축을 담당하여 자오소음군화(子午少陰君火)의 역할을 하게 된다.

사람은 氣로 존재하는데 여기에 천인지(天人地)사상이 더해져 의식을 관장하는 신기(神氣), 마음을 관장하는 심기(心氣), 육체를 관장하는 정기(精氣)로 나눠진다. 의식의 신기는 사물을 관찰하고 분석하며 판단하는 작용을 하고, 심기는 감정의 작용을 일으키며, 정기는 육체적 작용을 관장하게 된다. 이 세 가지의 氣는 서로가 서로를 의지해서 유기적으로 운행되고 작용한다. 가령 의식의 작용은 안(眼), 이(耳), 비(鼻), 설(舌), 신(身), 즉 눈, 귀, 코, 입, 감각에 의해 판단하여 의식작용이 이루어지니 神은 결국 육체의 기운인 精가지고 의식작용을 행하는 것이다.

감정의 작용은 의식작용 중의 하나인 기억력에 빗대어 현재의 의식작용을 통해 감정을 일으키게 된다. 또한 몸이 안 좋거나 하면 과거에 좋았던 것도 안 좋게 느껴지는 것은 감정의 작용도 의식작용과 육체적 작용에 빗대어서 이루어지는 것이기 때문에 심(心)의 작용 또한 홀로 이루어지지 않는다고 보아야 하는 것이다. 감정의 작용은 희(喜), 노(怒), 우(憂), 사(思), 비(悲), 공(恐), 경(驚)의 즐거움, 성냄, 근심, 생각, 슬픔, 두려움, 놀람의 감정을 만들어낸다.

精의 작용인 육체적 작용은 의식과 감정의 작용에 뿌리를 두고 있으며 육장육부(六臟六腑)의 작용을 운행해 간다. 그러므로 의식과 감정의 작용에 의해 육체는 반응하고 변화해 나간다. 마음이 괴롭거나 우울하면 식욕이 없어지고, 당황하면 심장이 빨리 뛰는 등의 작용을 하게 되는 것은 육체가 감정에 뿌리를 두는 것이기 때문이다.

인간의 심리작용은 일반적으로 그냥 정신의 작용이라 생각하지만 실은 감정과 육체의 작용에 의해 생겨난 의식작용을 의미한다. 그러므로 사람의 심리를 판단할 때 천간이나 지지만 보아서는 안 되며 이제까지 공부한 여러 가지를 통하여 복합적으로 판단해야 한다.

성공이라 말하는 물질의 작용은 바로 인간의 정신작용에 뿌리를 두고 있으며 감정과도 밀접한 연관을 가지고 있다. 예를 들면 성공을 간절히 바라는 사람이 있는가 하면 막연한 사람도 있다. 또 성공하기 위해 너무 몰두하는 사람이 있는가 하면 유연하게 대처해 가는 사람도 있다. 누구나 성공은 하고 싶지만 실지로 성공하는 사람은 드물다. 그것은 욕심이라는 감정만 있을 뿐 정신이나 육체의 작용이 이에 상응하지 못하기 때문이다. 그러면 무엇이 정신이나 육체에 상응하는 것인가? 바로 오행의 소통이다. 오행이 소통되면 만물은 무한 변화의 개벽이 일어난다. 씨를 뿌리고 난 후 물을 넉넉하게 주고 적당한 태양이 비추면 다음날 씨는 자라난다. 물을 주고 태양을 비추는 행위가 바로 음양의 조화인 것이다. 하루라는 시간은 木, 火, 土, 金, 水의 조화가 이루어지고 소통된 것을 말한다. 그렇게 맑은 하루가 지나면 새싹은 자라게 된다. 그것이 개벽이고 무한한 변화를 일으키며 만물을 성장 발전시키는 원동력이다. 만약 물을 너무 많이 주거나 온도가 너무 낮으면 씨는 발화하지 않는다. 그것은 양이 너무 작고 음이 너무 크기 때문에 생겨난 결과이고, 이러한 환경에서는 큰 나무도 결국 형체를 잃어버리고 죽어 버린다. 사업으로 치면 망하는 것이다. 또 물은 안주고 태양만 너무 비춘다거나 온도가 너무 뜨거우면 만물은 말라죽는다. 이 상태에서도 발화는 물론이거니와 만물은 형체가 무너지고 축소될 것이다.

우리의 육체와 정신도 서로 상호작용하여 양이 너무 지나치면 간이나 심장의 작용이 너무 활발하여 의욕적이고 진취적이며 용감해지고, 음이 너무 지나치면 폐나 신장의 작용이 너무 활발하여 소극적이고 안정 지향적이 되어 폐해가 발생하게 되는 것이다. 이러한 문제를 신기, 심기, 정기의 개념을 연관시켜 설명한다면 양기가 너무 지나칠 경우 의식작용은 세상 정보에 밝고 처세에 능수능란하며 가식과 허세의 의식이 작용한다. 또한 감정에서 희(喜), 노(怒)가 주도적으로 작용하여 모든 일을 긍정적인 면만 판단하고 염두에 두면서 일을 확장하고 무모한 투자를 하게 된다. 그로 인한 소비지출이 많아져 결국 재물은 흩어지고 신뢰를 잃게 된다. 또한 기쁨과 즐거움을 따르니 방탕하게 되고 뜻에 맞지 않으면 타인을 미워하고 다툼이 잦아진다. 육체적으로는 火가 너무 지나쳐 水가 허결해지니 신장에 병이 들고 火가 너무 태과하여 심장에 병이 들게 된다.

반대로 음기가 너무 지나칠 경우 의식작용은 세상 정보에 어둡고 자기만의 세계에 빠져 있으며 타인과의 소통이 잘 이루어지지 않는다. 또한 감정에서는 우(憂), 공(恐)이 주도적으로 작용하여 매사 근심과 두려움이 작용하여 폐쇄적이고 소극적인 태도로 일관한다. 그래서 처세가 우매하고 답답하다. 결국 신뢰와 명성을 얻지 못하여 재물을 얻지 못하고 고정된 틀을 벗어나지 못해 난국을 타개할 수 없고 답답한 삶을 살아가게 된다. 육체적으로는 水가 너무 지나쳐 火가 허결해지니 위장과 심장에 병이 들거나 근심이 지나쳐 폐가 상한다.

이는 결국 사람의 의식작용과 심리가 길흉화복에 복합적으로 영향을 미쳐 정신적 육체적으로 손상을 입게 된다는 뜻이다. 그래서 어떤 사람의 모습이나 목소리, 행위, 말투 등 어느 하나만 보더라도 능히 그 사람의 상황을 가늠할 수 있는 것이다. 이렇듯 음양의 조화는 정신의 조화는 물론이거니와 육체의 조화까지 관장하여 서로 밀접한 연관관계를 갖게 되어 그 사람의 길흉화복에 크나큰 영향을 미치게 되는 것이다.

3. 운명의 완성

사람은 선천적 사주팔자를 지니고 태어난다. 모든 만물은 기운이 동하여 시생(始生)할 때 운행의 틀을 갖추게 된다. 사람도 태어나 첫 숨을 내쉴 때 비로소 하늘의 기운이 폐의 기운에 닿아 그 운행이 시작되는 것이므로 태어난 생년월일시가 의미를 갖게 된다. 같은 사주팔자를 가지고 태어난 사람이 비슷한 운명을 걸어가는 경우도 있고, 전혀 다른 운명을 걸어가는 경우도 있다. 이것은 무슨 연유 때문인 것인지 고찰해 보지 않을 수 없다.

사람의 운명은 반드시 태어난 생년월일시의 틀 속에서만 결정되는 것이 아니라 후천적 환경에 의해서도 영향 받게 된다. 여기에서도 천인지(天人地)사상이 적용된다. 내 몸은 아버지와 어머니로부터 부여 받았다. 그래서 생김새나 체질, 유전자가 비슷하다. 그러나 정신은 하늘에서부터 부여 받은 것이다. 그것은 반드시 부모에게 유전 받았다 할 수 없으며 살아가면서 생활 습관이나 환경에 젖어들기 때문에 비슷해 보이지만 실제로는 전혀 다른 각각의 객체들이다. 가령 어린 아이를 입양해서 키워도 양 아버지와 어머니를 어느 정도 닮는 것은 후천적인 환경에 의한 영향 때문이지 유전적으로는 아무런 상관이 없는 것과 같다. 정리하면 첫 번째, 사람의 정신은 하늘에서 부여 받았으며, 태어난 생년월일시의 기운이 폐에 닿는 그 순간, 그 기운이 시점이 되어 평생 운행하는 그것이 사주팔자가 되는 것이다. 두 번째, 부모의 환경에 의해 영향받게 되므로 생김새가 다르고 체질도 다르게 되며 약간의 후천적 변화가 생겨난다. 이것은 천인지 사상에서 人에 해당된다. 세 번째, 어느 곳에서 태어났는지 살아가면서 어디서 살았는지가 가장 큰 후천적 길흉화복을 결정짓는다. 이것은 地에 해당한다. 즉 좋은 땅에서 살면 잘되고 나쁜 땅에서 살면 잘 안 되는 것이다. 하늘에서 부여받은 사주팔자는 씨앗과 같고, 땅은 밭과 같으며 부모 등 인간관계는 날씨와 같은 것이다. 그러므로 같은 사주팔자를 가지고 태어났다 할지라도 현실에서 성공의 여부와 길흉화복은 반드시 정해졌다고만 이야기 할 수는 없다. 다만 같은 사주팔자를 가지고 태어났다면 같은 씨앗을 가지고 태어났기 때문에 비슷하게 될 가능성을 가지고 태어났다고는 말할 수 있다. 가령 좋은 대학을 가는 운을 가지고 태어났다면 한 사람은 원만한 환경에서 자라 무난하게 좋은 대학을 가고 다른 한 사람은 시골의 척박하고 가난한 환경에서 태어나 대학갈 실력이 되어도 못갈 수 있는 것이다. 그러면 일차적으로 두 사람의 상황이 달라지고 또, 사회에 나가서도 편차가 생겨 좋은 대학을 나온 사람이 먼저 우위를 점할 수 있다. 하지만 좋은 학교를 못나온 사람은 열등감과 분발심 때문에 더욱 열심히 노력하여 중년에 인생을 역전하는 경우도 있다. 이 두 경우 현실에서 보기에는 전혀 다른 삶으로 보이지만 실지로는 같은 사주팔자를 가지고 태어났다. 하지만 이렇게 전혀 다른 삶을 살아갈 수 있다. 사주팔자를 알면 타고난 그릇을 알 수 있고, 발전하는 시기와 쇠락하는 시기를 알 수 있으니 현실적 삶에 비추어, 보다 현명한 선택을 할 수 있게 된다.

동일 사주의 경우 삶이 다르다 하여 사주 전체를 불신하는 것은 옳지 않으며 노자는 인간은 땅에 의해 결정되고, 그 땅은 하늘에 의해 결정된다 말하였기에 더욱 깊은 연구를 통해 선조들의 지혜를 깨달아가야 할 것이다.

현대시대는 과학기술이 과거에 비해 발전한 것은 사실이나 인문과 철학은 오히려 뒤떨어졌다 해도 과언이 아니다. 과학문명의 발달로 인하여 경험에서 얻어지는 지혜는 오히려 퇴보하게 되었으며 사람들은 그저 눈으로 보이는 것만 신뢰하고 보이지 않는 세계에 대해서는 무지(無知)하게 되었다.

4. 무지(無知)와 무명(無明)

이 세상은 보이지 않는 것에 의해 운행된다. 서양에서는 그것을 에너지라 표현하고 동양에서는 氣라고 표현한다. 이 세상 모든 것은 氣다. 기는 공기 중에 떠다니는 기체일 수도 있고, 보이지 않는 중력이나 자력같은 것일 수도 있다. 손으로 만질 수 있는 물건도 氣다. 다만 氣의 형태가 아주 작으면 눈에 보이지 않고 크면 눈에 보이고 만져질 뿐이다. 결국 같은 것이다. 이 모든 것은 인간에게 영향을 미친다. 사물이나 현상에 대해서 정확히 알지 못하는 것을 우리는 無知라고 말한다. 예를 들면 눈에 보이는 물이 곧 증발할 것이라는 것을 알고 또 증발한 물이 모여 구름이 되고 구름이 다시 비가 되어 떨어질 것을 아는 것은 진정 아는 것이다. 그러나 물이 물로서 영원할 것이라 생각하는 것은 사물의 이치를 정확히 알지 못하는 무지에 해당된다. 즉 전후사정을 모두 헤아린다는 것은 지혜로운 것이나 당장 눈에 보이는 것만을 가지고 판단하고 이해하려 한다면 그것은 눈에 보이는 사물이나 현상은 인지할 수 있는 것이지만 무지한 것이다. 그 이전과 이후에 존재하는 변화에 대해서 알지 못한다면 무지한 것이다. 이러한 무지는 자신이 알고 있다고 확신하는 것이기 때문에 자신이 무지한 것조차도 모른다. 앞으로 일어날 변화는 당장 눈에 보이는 것이 아니기 때문에 그것을 잘 알지 못하며 그 변화에 대해 당황해 하고 신기하게 생각하는 것도 무지했기 때문이다. 이 세상에 드러난 현상은 그 어떤 것도 그냥 우연히 생긴 것이 없다. 다만 그것이 왜 어떻게 발생되었는지 모르기 때문에 신기하고 생소할 뿐이다.

무지는 무명으로부터 비롯된다. 무명이란 밝지 못한 것이니 음양오행 중 火의 불꽃이 잘 피어나지 못했다는 뜻이다. 그것은 지혜의 불꽃이며 총명한 정신이다. 그 무명을 밝히는 길은 심신을 닦아 자연의 이치를 공부해야만이 가능하다. 음양오행 공부는 그러한 대자연의 이치를 깨달아가는 공부이다. 소우주인 인간은 작은 자연이므로 인생 존재와 변화를 깨달아 가는 것은 곧 대우주의 일부가 되는 길이기도 하다. 스스로 무지함을 깨닫는 것은 곧 무명의 세계를 탈출하는 열쇠이다. 무명한 자들은 스스로 무지하다 생각하지 않는다. 자신은 다 알고 있다는 착각의 늪에 빠져 희, 노, 애, 락의 고통의 파도 속에서 평생 허우적거릴 뿐이다.

동양철학을 공부하는 사람들은 최소한 무지의 때를 벗어 던지려는 사람들이다. 나의 근본을 알고 미래를 헤아린다면 현재를 잘 살아갈 수 있는 지혜를 얻게 된다. 어찌 보면 우리에게 미래는 존재하지 않는다. 미래는 언제나 현재가 되어야 만이 존재할 수 있는 것이다. 현재가 될 수 없는 미래는 사람을 망상에 빠뜨릴 뿐이다. 우리가 사주팔자를 공부하는 이유는 막연한 미래의 세계에 빠져서 살려고 하는 것도 아니고 이유 없는 판타지 세계를 살아가려는 이유도 아니며 현재를 현명하게 잘 살아가기 위함이다. '사주팔자'라는 것은 환상의 세계도 아니고 믿기 싫은 숙명의 세계도 아니다. 다만 그렇게 태어나서 현재를 살고 있는 나를 바라보기 위한 도구로 사용하는 것일 뿐이다.

5. 사주분석의 순서

사주 분석의 순서는 다음과 같다.

① 원국을 먼저 분석한다.
　(寒暖燥濕에 의한 風, 火, 暑, 濕, 燥, 寒을 판단)

② 천간 지지를 오행으로 분석하여 무엇이 있고, 무엇이 없는지를 판단
하여 그 특성이나 기질, 삶의 도구 등을 파악한다.

③ 오행과 근묘화실적인 관계를 판단하여 선행되는 것과 후행되는 것
을 시간적, 공간적으로 판단하고 합충형파해 등의 신살 관계를 파악
해 간다.

④ 판단된 형태와 모습에 육친을 붙여 직업이나 애정관계, 재물관계, 심
리적 작용 등을 최종 판단한다.

⑤ 원국의 분석이 끝나면 대운의 변화를 적용하여 현재의 큰 틀 속에서
직업, 애정, 재물, 심리 등 삶의 제반 사항을 최종 판단한다.

⑥ 대운의 환경 분석이 끝나면 올해의 운세를 적용하여 현재 어떤 문제와
변화가 일어나고 있는지를 판단한다.

사주 분석은 위와 같은 순서대로 판단해 가는 것이고 현재 과정은 격과
그릇에 관한 과정이므로 사주 원국을 판단하는 공부에 주력하여야 한다. 사
주 원국을 분석하지 못하면 다가오는 행운의 해석은 의미가 없다. 사주 원국
의 주체가 정확히 어떤가에 따라 다가오는 운의 적용은 달라질 수밖에 없다.
원국은 그 사람이 타고난 선천적 기질을 알아가는 것을 의미한다. 항간에 원
국의 공부는 대충하고 운만 찾으려고 하고 그 속에서 답을 찾으려는 사람들
이 있다. 혹 내 자신이 그렇다면 지금부터는 운을 판단하는 공부는 잠시 멈
추고 원국에 관한 이해도를 높이는 공부를 하길 바란다. 예를 들면 원국은 나

자신이다. 타고난 성격이나 가치관, 생김새 등 선천적으로 타고난 것이다. 운은 맞이하는 후천적 환경이나 변수를 말한다. 운이 좋다고 얼굴이 바뀌지 않고 선천적으로 타고난 성격이 바뀌지는 않는다. 다만 좋은 입지에 설 수 있고 환경이 조성된다면 내가 가진 능력을 최대한 발휘할 수 있게 된다는 의미이지 주체가 달라지는 것은 아니다. 운을 보는 법에 관해서는 다음 편에서 상세히 다룰 예정이므로 본 책『지천명리 격과 그릇』을 깊이 공부하고 다음 편『지천명리 행운법』을 공부하면 사주해석의 틀이 모두 정리될 것이다.

독자 여러분 수고 하셨습니다. 내용이 다소 어려울 수 있다고 생각합니다. 기존에 공부하였던 분들은 기존 명리서적과 개념의 차이가 많이 있기 때문에 새로운 개념을 이해하는데 어려움이 있을 수도 있을 것이라 생각됩니다. 본 책은 필자가 공부하고 깨달은 내용을 그대로 담으려고 많은 노력을 했습니다. 논리가 어렵고 복잡하기 때문에 글로써 표현하는데 어려움이 많았으나 필자는 독자 여러분께 올바른 명리 공부법을 설명하려고 노력하였습니다. 지금에 와서 깨달은 것이 있다면 외우는 공부만 하여서는 이치가 통하지 않는다는 것입니다. 필자는 명리 공부 외에 이런 저런 공부도 함께 접하게 되었습니다. 정역, 구성기학, 한의학, 물리학, 천문학, 주역, 도학, 동서양 철학 등을 두루 조금씩 공부하게 되면서 우주변화의 이치를 조금씩 이해하게 되었습니다. 특히 불교 경전에 대한 공부를 하게 되면서 마음을 닦을 수 있게 되었습니다. 그러면서 차츰 의식이 열리기 시작해 막연했던 세계관이 열리기 시작했습니다. 사람의 운명을 푸는 방법에 대해서 연구하던 중 불현듯 깨우침이 다가왔고 그 신비의 문을 여는 열쇠를 손에 쥐게 되었습니다. 물론 다양하고 깊은 여러 가지 응용방식을 본 편에 올리지 못한 점은 아쉽게 생각합니다. 책에서 전달하지 못한 부분들은 강좌를 통해 알려드리도록 하겠습니다. 저는 여러분께 사주팔자 보는 법을 전달하고 싶지 않습니다. 여러분께 지혜로워지는 법을 전달하고 싶고 나아가 깨달음으로 가는 또 하나의 메시지를 전달하고 싶습니다. 독자 여러분 사랑합니다. 깊이 깨닫게 되시기를 진심으로 기원합니다. 이상 『지천명리 격과 그릇』을 마치겠습니다.

甲午年 淸明月 덕연 올림.

음양오행 사주 비결서

지천명리 격과 그릇

초판 인쇄 2014년 5월 11일
초판 발행 2014년 5월 12일
 2쇄 발행 2015년 5월 25일
 3쇄 발행 2018년10월 5일
저자   덕연
발행인   덕연
발행처   도서출판 지천명(등록 제2013-27)

주소   서울시 관악구 은천동 925-31 3층
전화   02-875-2444
웹사이트 www.sajuacademy.com

정가 28,000원
ISBN 979-11-951347-4-8 94180
     979-11-951347-2-4 (세트)